La protection juridictionnelle par la Cour de justice dans l'ELSJ et la PESC après le Brexit

Le droit aujourd'hui

La collection « Le droit aujourd'hui » regroupe des études juridiques concernant des problèmes d'actualité nationale et internationale, dans divers domaines (éthique, politique, questions de société…).

Déjà parus

François CAMPAGNOLA, *Précis de droit de l'énergie*, 2023.
Sébastien DEMAY, *La charge de travail à l'ère du numérique*, 2023.
Meganne NATALI, *Le droit international face au trafic illégal de biodiversité sauvage,* 2023.
Rahma BENTIROU MATHLOUTHI (dir.), *Proportionnalité, droits fondamentaux et juge, Proportionality, fundamental rights and judges*, 2023.
Aécio Filipe COELHO FRAGA DE OLIVEIRA, *L'exécution des mesures à titre provisoire rendues par un tribunal arbitral situé à l'étranger*, 2022.
Naivi CHIKOC BARREDA, *Succession internationale et dispositions spéciales de la lex rei sitae. Contribution à l'étude de l'impérativité internationale en matière successorale*, 2022.
Boris BARRAUD, *Éthique de l'intelligence artificielle*, 2022.
Boris BARRAUD, *Dignité, liberté, égalité*, 2022.
Boris BARRAUD, *Humanisme et intelligence artificielle*, 2022.
Michel BOUDJEMAÏ, *La territorialisation de l'aide sociale légale*, 2022.
Carine VAYSSE, *La théorie générale du contrat administratif*, 2022.
Thomas LARDEUX, *La sécurité juridique et le contentieux international des investissements*, 2021.
Coffi Dieudonné ASSOUVI, *L'influence du droit international des changements climatiques sur le droit de l'environnement de l'Union européenne*, 2021.
Zohra Aziadé ZEMIRLI, *Le statut juridique des non-musulmans en Algérie. L'exemple des évangéliques et des ahmadis,* 2020.

Marcel Yannick Minsongui

La protection juridictionnelle par la Cour de justice dans l'ELSJ et la PESC après le Brexit

L'Harmattan

5-7, rue de l'Ecole-Polytechnique, 75005 Paris
http://www.editions-harmattan.fr
ISBN : 978-2-14-048522-0
EAN : 9782140485220

Avant-propos

Cet ouvrage consacré au *Brexit* est l'aboutissement d'un long travail de recherche sur la juridictionnalisation de l'ELSJ et de la PESC. Ce travail se détache assez nettement de nombreux travaux excellents sur le déficit de protection juridictionnelle des justiciables du droit de l'Union européenne dans les domaines de l'ELSJ et de la PESC. L'analyse produite ici a pour mérite de reprendre et d'actualiser la protection juridictionnelle de la Cour de justice dans les domaines de l'ELSJ et de la PESC à la suite du retrait du Royaume-Uni de l'Union. Notre travail de recherche s'inscrit dans une approche originale. Le champ d'analyse s'ouvre à des interrogations nouvelles. L'axe central propose un renouvellement conceptuel dans l'analyse juridique sur l'approfondissement des compétences de la Cour de justice. Le processus de juridictionnalisation de l'Union examiné met en évidence les compétences de la Cour de justice après le *Brexit*.

La question n'est pas seulement celle de la nécessité d'un contrôle juridictionnel. Elle est aussi celle de son contenu, de sa nature et de son intensité dans l'amélioration et l'organisation contentieuse des voies de droit. Le contrôle juridictionnel de la Cour de justice pour renforcer les voies contentieuses de l'ELSJ et de la PESC, doit être considéré comme l'expression d'une garantie constitutionnelle au sein de l'Union. Dans l'ensemble la juridictionnalisation de l'Union s'est trouvée au cœur du *Brexit*. Certes le propos n'est pas nouveau et la volonté de faire de l'Union un ordre constitutionnel pesant sur les enjeux de l'intégration européenne est inhérente à l'amélioration des compétences de la Cour de justice. Pour améliorer la compréhension des mécanismes de contrôle juridictionnel des actes de l'Union, l'aspect externe de la PESC après le *Brexit* représente désormais un intérêt doctrinal important. Selon cet ordre d'analyse la protection juridictionnelle de la Cour de justice est essentielle pour les valeurs de l'Union en faveur de la coopération internationale. Il s'agit de préciser pendant la période de transition et après le *Brexit,* les compétences de la Cour de justice en matière de relations extérieures, au confluent des inquiétudes et des espoirs. L'objectif d'affirmation de l'Union européenne sur la scène internationale se heurte donc incontestablement à l'incapacité de la construction européenne à renforcer le contrôle juridictionnel de la Cour de justice en matière de PESC et de l'ELSJ. Dans le contexte du *Brexit* la politique extérieure de l'Union européenne ne pouvait plus se passer de la coopération internationale et du multilatéralisme.

Sommaire

Introduction

La protection juridictionnelle effective des justiciables du droit de l'Union a relancé la réflexion sur les bases juridiques de l'Union européenne dans les domaines de l'espace de liberté de sécurité et de justice (ELSJ) et de la politique étrangère et de sécurité commune (PESC). Étudier la protection juridictionnelle par la Cour de justice après le *Brexit* suppose d'appréhender cette notion en faisant dialoguer différentes approches.

L'idée c'est d'approfondir la compréhension du processus d'intégration européenne notamment la protection juridictionnelle. L'objectif de cet ouvrage est d'analyser et d'évaluer l'incidence des interactions normatives entre le droit de l'Union européenne et le droit anglais sur la garantie d'une protection juridictionnelle effective après le *Brexit*[1]. À cette question centrale s'ajoutent celle des limites des compétences de la Cour de justice dans le cadre de l'ELSJ et de la PESC. Pour notre part cet ordre de problématique s'inscrit dans une logique d'amélioration des compétences de la Cour de justice dans les domaines de l'ELSJ et de la PESC après le retrait du Royaume-Uni de l'Union. *A fortiori* le *Brexit* permet d'analyser la question des compétences de la Cour de justice sous un angle différent. Il s'agit de présenter l'émergence d'une nouvelle approche de la protection

[1] *Cf.* Règlement (UE) n° 2019/500 du Parlement européen et du Conseil du 25 mars 2019, établissant des mesures d'urgence dans le domaine de la coordination de la sécurité sociale à la suite du retrait du Royaume-Uni de l'Union (*JOUE* n° L 85 du 27.3.2019, p. 35). Le 29 mars 2017, le Royaume-Uni a notifié son intention de se retirer de l'Union en application de l'article 50 du traité sur l'Union européenne (TUE). Les traités cesseront d'être applicables au Royaume-Uni à la date d'entrée en vigueur de l'accord de retrait. Conformément à l'article 50 TUE, l'Union européenne a négocié avec le Royaume-Uni un accord fixant les modalités de son retrait en tenant compte du cadre de ses relations futures avec l'Union européenne.

juridictionnelle accordée aux justiciables du droit de l'Union dans un contexte plus large qui intègre le retrait du Royaume-Uni de l'Union européenne. Bien entendu la construction progressive de la protection juridictionnelle effective est conçue comme une contribution à la compréhension de l'accès au juge de l'Union après le *Brexit* en soulignant les forces mais aussi les approfondissements possibles des cadres conceptuels. Dans l'objectif d'améliorer la compréhension des mécanismes d'accès au juge au sein de l'Union, toutes nos préoccupations se portent prioritairement sur la juridictionnalisation effective de la PESC et de l'ELSJ[1].

Pour cette raison après le *Brexit* la protection juridictionnelle effective des personnes physiques ou morales nécessite des investigations nouvelles et plus approfondies. Dans ce cadre d'analyse notre contribution vise à souligner les caractéristiques particulières de la protection juridictionnelle et son incidence sur l'ELSJ ainsi que sur la PESC. L'objectif de cette contribution est de fournir des outils pour comprendre la protection juridictionnelle de la Cour de justice dans les domaines de l'ELSJ et de la PESC après le *Brexit*. En ce sens la réflexion sur le changement du statut épistémologique de l'Union de droit est nécessaire. Dans ce contexte l'Union de droit est comprise comme fondée sur l'impératif d'assurer une protection juridictionnelle efficace au sein de l'Union européenne en améliorant les compétences de la Cour de justice. Dans le même temps l'accord de retrait du *« Royaume-Uni de Grande-Bretagne et d'Irlande du*

---

[1] Règlement (UE) 2020/1784 du Parlement européen et du Conseil du 25 novembre 2020, relatif à la signification et à la notification dans les États membres des actes judiciaires et extrajudiciaires en matière civile ou commerciale (signification ou notification des actes) (*JOUE*, n° L 405 du 2.12.2020, p. 40).

Nord»[1] de l'Union européenne, entré en vigueur le 1er février 2020 est un impératif qui interroge les schémas explicatifs mis en avant par la doctrine et la jurisprudence pour approfondir les compétences de la Cour de justice. Concrètement après le *Brexit* nous avons besoin de nouveaux concepts plus aptes à saisir la complexité juridique de l'Union européenne et susceptibles d'éclairer plus en profondeur le projet d'intégration porté par la Cour de justice. Les prémices de cette réflexion se fondent sur l'extension globale du droit au juge et de l'étendu du contrôle juridictionnel de la Cour de justice dans les domaines de l'ELSJ et de la PESC. Sous l'angle de l'affirmation du droit au droit et du droit au juge sur la scène internationale dans le sillage du *Brexit*, l'engagement de l'Union européenne dans la lutte contre le terrorisme et la criminalité internationale constitue un intérêt majeur de notre analyse. Partant de ce schéma d'analyse une place importante est accordée à l'articulation entre préoccupations sécuritaires et respect des droits de l'homme.

Le *Brexit* est une invitation à faire évoluer les schémas explicatifs mis en avant par la Cour de justice pour analyser la protection juridictionnelle au sein de l'Union. Cet aspect essentiel du droit au juge permet de rappeler les limites du système de protection juridictionnelle dans le cadre de la PESC et de l'ELSJ. Sur ce point la contribution de notre étude est particulièrement importante. Rappelons utilement que le système contentieux de l'action extérieure de l'Union ne permet pas de garantir le respect des droits

---

[1] Le 30 janvier 2020 à la suite de l'approbation du Parlement européen, le Conseil a adopté la décision (UE) 2020/135 relative à la conclusion de l'accord sur le retrait du Royaume-Uni de Grande Bretagne et d'Irlande du Nord de l'Union européenne. L'accord de retrait est entré en vigueur le 1er février 2020 et prévoit une période de transition pendant laquelle le droit de l'Union s'applique au Royaume-Uni et sur son territoire conformément audit accord.

fondamentaux dans toutes les politiques de l'Union européenne, puisque la PESC continue d'échapper au contrôle du juge. Logiquement l'extension du contrôle juridictionnel aux domaines de la PESC permet *a priori* d'inclure dans les accords extérieurs de l'Union européenne des questions de sécurité et des sujets relevant de l'ELSJ. Le terme *Brexit* est un néologisme utilisé ici pour désigner la sortie du Royaume-Uni de l'Union. Il vient de deux mots anglais *« British »* qui veut dire britannique et *« Exit »* qui veut dire sortie.

L'élaboration doctrinale sur le *Brexit* offre différentes perspectives et grilles de lecture. En toute logique dans nos développements sur la protection juridictionnelle de la Cour de justice après le *Brexit,* toutes nos préoccupations se portent sur le contrôle effectif des actes de la PESC et de l'ELSJ. La spécificité de l'étude est d'insérer cette problématique dans un contexte plus vaste. Dans le prolongement de cette lecture, il nous a paru indispensable de revisiter particulièrement les voies contentieuses de la PESC et de l'ELSJ. Sur le plan international la réflexion sur la protection juridictionnelle de la Cour de justice a évolué dans « le contexte du *Brexit* »[1]. Ainsi la politique étrangère de l'Union européenne après le *Brexit* représente dès lors un intérêt doctrinal majeur. La terminologie employée par la Cour de justice en matière de relations extérieures, dont la protection juridictionnelle effective est l'un des champs exploratoires qui vise à sauvegarder les valeurs de l'Union et ses intérêts fondamentaux dans le domaine des relations internationales.

---

[1] Par décision (UE) 2019/476, le Conseil européen a prorogé une première fois, en accord avec le Royaume-Uni, le délai prévu à l'article 50, paragraphe 3, du TUE jusqu'au 12 avril 2019. Ce délai a ensuite été prorogé jusqu'au 31 octobre 2019 par la décision (UE) 2019/584 du Conseil européen, prise en accord avec le Royaume-Uni, puis jusqu'au 31 janvier 2020 par la décision (UE) 2019/1810 du Conseil européen prise en accord avec le Royaume-Uni.

Eu égard à l'importance de cette approche, on s'oriente vers « l'objectif d'affirmation de l'Union européenne sur la scène internationale »[1] après le *Brexit*. En un mot le point problématique de notre recherche est surtout l'approfondissement de la protection juridictionnelle de la Cour de justice de l'Union. En considérant la coopération internationale comme un préalable pour relever les défis auxquels le monde est confronté, la volonté ferme de l'Union européenne de contribuer à un multilatéralisme efficace suppose de prendre au sérieux les règles mondiales. Les implications à long terme du *Brexit* sur la politique étrangère de l'Union ont eu un impact sur le droit de l'intégration, principale source de supranationalité de l'Union. Pour assumer un rôle crédible sur la scène internationale, le droit de l'intégration semble ne pas pouvoir jouer à lui seul le rôle d'impulsion de la protection juridictionnelle face au caractère intergouvernemental des coopérations renforcées. À notre sens il en découle l'absence d'une garantie judiciaire adéquate à l'échelle de l'Union. Désormais une telle analyse conduit à dire que la Cour de justice ne constitue pas vraiment un contrepoids judiciaire adéquat du troisième pouvoir face aux pouvoirs législatif et exécutif de l'Union européenne. Dans cet ordre de lecture le *Brexit* a impacté sérieusement l'ensemble des moyens dont dispose l'Union européenne pour promouvoir sur la scène internationale ses intérêts et son influence à savoir la défense, la diplomatie et l'aide au développement. Ainsi la réflexion sur la protection juridictionnelle effective dans l'ELSJ et la PESC après le *Brexit* passe nécessairement par un examen du droit au

[1] Rapport de la Commission au Parlement européen et au Conseil – Rapport annuel 2020 sur la mise en œuvre en 2019, des instruments de l'Union européenne pour le financement de l'action extérieure, Direction générale Bruxelles, (COM (2020)) 804 final du 14 décembre 2020.

juge dans ces domaines. À cela s'ajoute l'effectivité du droit à une protection juridictionnelle au sein de l'Union dans la mise en œuvre des coopérations renforcées. L'étude de la protection juridictionnelle effective permet d'améliorer les conditions d'accès au juge de l'Union mais aussi de présenter une nouvelle approche de l'intégration juridique européenne qui intègre de nouveaux cadres conceptuels dans le contexte du *Brexit*. La protection juridictionnelle exercée par la Cour de justice est l'objet de cette étude. La démarche consiste à étudier son évolution dans le cadre du *Brexit*.

Dans l'objectif d'améliorer la compréhension des mécanismes de protection juridictionnelle et de contrôle des actes de l'Union, l'étude de plusieurs arrêts de la Cour de justice permet de structurer les postulats dominants du droit au juge. Autrement dit, il s'agit d'étudier la manière dont le *Brexit* et le modèle de protection juridictionnelle ont évolué au sein de l'Union européenne. La spécificité de l'analyse est d'insérer la problématique de la protection juridictionnelle dans un contexte plus vaste. Les prémices de cette réflexion se fondent sur l'extension globale du droit au juge et à une protection juridictionnelle effective. Ainsi plusieurs arrêts[1] majeurs de la Cour de justice de l'Union permettent d'étendre l'application du droit à une protection juridictionnelle effective. Il est clair que les grands équilibres acquis[2] par la Cour de justice sont

---

[1] CJCE, 18 janvier 2007, *PKK et KNK a. c / Conseil,* aff. C-229/05 P, *Rec.*, p. I-439.

[2] Règlement (UE) 2021/693 du Parlement européen et du Conseil du 28 avril 2021 établissant le programme « Justice » et abrogeant le règlement (UE) n° 1382/2013 *(JOUE* n° L 156 du 5.5.2021*)*. Le programme « Justice » pour la période 2014-2020, établi par le règlement (UE) n° 1382/2013 du Parlement européen et du Conseil continuera à soutenir la poursuite de la mise en place d'un espace de justice fondé sur l'Etat de droit, l'indépendance et l'impartialité des magistrats.

aujourd'hui mis en question par le *Brexit*. Déterminer l'étendue de la protection juridictionnelle de la Cour de justice consiste à mettre en place de nouveaux concepts plus aptes à éclairer en profondeur le projet d'intégration européenne après le *Brexit*. En réalité c'est une lecture plus fine des enjeux de la protection juridictionnelle pour renforcer les voix contentieuses de la PESC et de l'ELSJ. Le cadre étant posé, il est donc temps d'étudier les compétences de la Cour de justice à travers deux aspects fondamentaux de notre étude. L'extension de l'acquis juridictionnel de l'Union dans le développement de l'ELSJ et la PESC après le *Brexit* **(Première Partie)** et l'action extérieure de l'Union européenne dans le contexte du *Brexit* **(Deuxième Partie)**. Dans cette perspective l'affirmation et la structuration d'une approche de l'action extérieure de l'Union européenne deviennent des enjeux majeurs de la Cour de justice.

PREMIÈRE PARTIE

L'acquis juridictionnel de l'Union dans le développement de l'ELSJ et la PESC après le Brexit

Le retrait du Royaume-Uni de l'Union européenne a des répercussions sur les justiciables du droit de l'Union européenne et sur les citoyens britanniques. Depuis le 1er février 2020, le Royaume-Uni s'est retiré de l'Union européenne et est devenu un pays tiers. L'accord de retrait prévoit une période de transition qui a pris fin le 31 décembre 2020. Pendant la période de transition, le droit de l'Union européenne dans tous les domaines d'action reste d'application sur le territoire du Royaume-Uni, à l'exception des dispositions du traité et des actes qui n'engageaient pas le Royaume-Uni avant l'entrée en vigueur de l'accord de retrait. À cet effet le rôle de la Cour de justice en tant qu'organe suprême chargé d'interpréter le droit de l'Union est préservé. Dès lors l'étude de l'acquis juridictionnel de l'Union dans le développement de l'ELSJ et la PESC après le *Brexit* replace pleinement la thématique de la protection juridictionnelle effective des justiciables du droit de l'Union au cœur de nos préoccupations. Dans cet ordre d'analyse l'Union européenne et le Royaume-Uni ont convenu dans « la déclaration politique »[1] que leurs relations futures devraient reposer sur les valeurs telles que le respect des droits de l'homme et des libertés fondamentales, les principes démocratiques, l'État de droit et un ordre international fondé sur les règles qui permettent d'inclure la Charte des Nations unies. D'un point de vue théorique « l'intégration est par principe dépendante de la détermination par le constituant des relations entre droit interne et droit international et la loyauté européenne des

---

1 Recommandations pour les négociations en vue d'un nouveau partenariat avec le Royaume-Uni de Grande Bretagne et d'Irlande du Nord – Recommandation du Parlement européen du 18 juin 2020 pour les négociations en vue d'un nouveau partenariat avec le Royaume-Uni de Grande Bretagne et d'Irlande du Nord (2020/2023 (INI)) – (2021/C 362/12) (*JOUE* n° C 362 du 8.9.2021, p. 92).

États se nourrit du respect de leur Constitution »[1]. En principe avec l'évolution des traités et de l'aménagement des voies de droit dans l'Union européenne, il paraît difficile de remettre en cause les évolutions et le renforcement de la protection juridictionnelle après le *Brexit*. *A fortiori* le traité de Lisbonne étend également les domaines d'intervention du pilier de l'intégration, par une sorte de communautarisation, mais très indirectement au travers du régime des coopérations renforcées. Par conséquent la Cour de justice s'est d'ailleurs fait le défenseur de cette communautarisation. L'idée c'est de protéger l'ex-premier pilier de l'Union et son droit original contre les incursions des piliers intergouvernementaux. En effet la juridictionnalisation de l'Union européenne permet de dégager les restrictions à l'accès direct au prétoire du juge de l'Union dans les domaines liés aux coopérations intergouvernementales (Titre 1). Chemin faisant à défaut d'améliorer les compétences de la Cour de justice dans lc cadre des piliers dits intergouvernementaux, le traité de Lisbonne assure le contrôle complet de la légalité « des actes de l'ELSJ »[2]. Il unifie les différents recours à la disposition des institutions, des États membres et les individus.

---

[1] H. FLAVIER, *La contribution des relations extérieures à la construction de l'ordre constitutionnel de l'Union européenne,* Bruxelles, Bruylant, coll. Droit de l'Union européenne, 2012, p. 49.

[2] Le mandat d'arrêt européen a contribué à mettre en place et consolider un espace de liberté, de sécurité et de justice. Les directives sur les droits procéduraux et la directive 2012/29/UE du Parlement européen et du Conseil sur les droits des victimes constituent des éléments cruciaux du cadre de l'ELSJ. Le programme « Justice » pour la période 2014-2020 établi par le Règlement (UE) n° 1382/2013 du Parlement européen et du Conseil continue à soutenir la poursuite de la mise en place d'un espace de justice de l'Union européenne fondé sur l'Etat de droit, l'indépendance et l'impartialité des magistrats, la reconnaissance mutuelle et la confiance mutuelle, l'accès à la justice et la coopération transfrontalière.

Partant de ces idées après le *Brexit* le contrôle des actes de la PESC et de l'ELSJ par la Cour de justice donne lieu à des interrogations nouvelles (Titre 2). Selon l'article 21 TUE l'action de l'Union sur la scène internationale repose sur les principes qui ont présidé à sa création, à son développement et à son élargissement qu'elle vise à « promouvoir dans le reste du monde : la démocratie, l'État de droit, l'universalité, l'indivisibilité des droits de l'homme et des libertés fondamentales »[1]. Une lecture de cet article atteste de « l'ambition de la mise en œuvre des principes de l'Union de droit sur la scène internationale »[2]. La projection de la protection juridictionnelle sur la scène internationale après le *Brexit* exige des « instruments juridiques »[3] pour exporter le système de valeurs de l'Union. Dans cette optique le droit au juge, la protection juridictionnelle et l'étendue du contrôle juridictionnel effectif de la Cour de justice en matière de PESC et dans l'ELSJ permettent d'apprécier « les effets du Brexit »[4] dans le processus d'intégration européenne.

---

[1] E. NEFRAMI, « Le rapport entre objectifs et compétences : de la structuration et de l'identité de l'Union européenne », *in* E. NEFRAMI, (sous la dir.), *Objectifs et compétences dans l'Union européenne*, Bruxelles, Bruylant, coll. Droit de l'Union européenne - Colloques, 2012 p. 19.

[2] Rapport annuel sur la mise en œuvre de la politique étrangère et de sécurité commune. Résolution du Parlement européen du 15 janvier 2020 sur la mise en œuvre de la politique étrangère et de sécurité commune – Rapport (2019/2136(INI)) *(JOUE* n° C 270 du 7. 7. 2021, p. 41).

[3] Recommandations du Parlement européen du 18 juin 2020 pour les négociations en vue d'un nouveau partenariat avec le Royaume-Uni de Grande-Bretagne et d'Irlande du Nord (2020/2023 (INI)), (2021/C 362/12), *op. cit.*, p. 110.

[4] Règlement (UE) 2021/947 du Parlement européen et du Conseil du 9 juin 2021 établissant l'instrument de voisinage, de coopération au développement et de coopération internationale – Europe dans le monde.

Assurément le rôle que joue la Cour de justice doit être préservé à cet effet. Mieux encore les parties conviennent que leurs relations futures devraient reposer sur des valeurs communes telles que, le respect et la protection des droits de l'homme et des libertés fondamentales.

Titre 1

La juridictionnalisation de l'Union européenne

Les concepteurs et les plus fervents théoriciens de l'Union de droit envisagent l'intégration européenne en termes de renforcement du contrôle juridictionnel et politique au sein de l'Union. Compte tenu des évolutions « l'histoire a confirmé à la fois leurs espérances et leurs inquiétudes »[1]. À la vérité le *Brexit* est une invitation à un rapprochement conceptuel permettant de mieux comprendre les mécanismes intégrateurs de l'Union. Dès lors traiter du développement de la juridictionnalisation de l'Union européenne revient à s'interroger sur l'étendu du contrôle juridictionnel effectif de la Cour de justice et des conditions d'accès des personnes physiques et morales aux voies de droit. À ces propos c'est la référence à l'idée d'Union de droit qui a permis à la Cour de justice d'étendre de manière significative le champ de son contrôle au-delà de ce que prévoit la lettre du traité au nom du principe du droit au juge. Dans la ligne de mire de la jurisprudence de la Cour de justice « cette évolution s'inscrit dans un mouvement général de quête de juridictionnalisation qui ne peut être satisfaite qu'au prix de certains aménagements »[2]. Entre autres cette quête se traduit par un mouvement de revendication en faveur de l'élargissement des conditions de recevabilité des recours des justiciables et plus particulièrement de l'extension du contrôle juridictionnel de la Cour de justice.

---

[1] G. VANDERSANDEN, « Le traité de Lisbonne et le contentieux de la politique étrangère et sécurité commune », *in Chemins d'Europe. Mélanges en l'honneur de Jean Paul Jacqué,* Paris, Dalloz, 2010, p. 674.

[2] F. PICOD, « Le développement de la juridictionnalisation », *in* J. RIDEAU (sous la dir.), *De la Communauté de droit à l'Union de droit. Continuités et avatars européens,* Paris, LGDJ, 2000, p. 270.

Autant dire que les compétences de la Cour de justice sont limitées dans l'espace de liberté, de sécurité et de justice. De surcroît en ce qui concerne la politique étrangère et de sécurité commune, la compétence de la Cour de justice est très limitée. D'ailleurs selon une appréciation doctrinale la juridictionnalisation est le processus par lequel « le règlement des litiges et plus largement l'ensemble de la régulation juridique tend à s'effectuer dans un cadre et dans la forme juridictionnelle »[1]. Le contrôle par la Cour des actes de l'Union européenne.

Dans le cadre de la juridictionnalisation de l'Union européenne, ce processus décrit un phénomène tout à la fois formel « la soumission des litiges à la Cour de justice »[2] et substantiel « la soumission du litige au droit du procès équitable »[3]. Si bien que le contrôle par la Cour de justice de la validité de tout acte de l'Union, au regard des droits fondamentaux doit être considéré comme l'expression dans une Union de droit d'une protection juridictionnelle effective des justiciables. À ce propos le développement de la juridictionnalisation des anciens piliers intergouvernementaux répond à l'idée selon laquelle, le procès juridictionnel par les garanties procédurales qui l'entourent et qui assurent « l'équilibre des différents intérêts en présence est le meilleur moyen d'assurer la protection des droits des justiciables »[4].

---

[1] G. DRAGO, « Le contrôle juridictionnel », *in* B. MATHIEU, M. VERPEAUX et F. MÉLIN-SOUCRAMANIEN (sous la dir.), *Constitution et construction européenne,* Paris, Dalloz, 2006, p. 140.

[2] CJUE, 26 janvier 2010, *Internationaler Hilfsfonds/Commission*, aff. C-362/08 P, *Rec.,* p. I-669, point 52.

[3] CJCE, 16 juillet 2009, *Mono Car Styling*, aff. C-12/08, *Rec.,* p. I-6653, points 47 et 49.

[4] G. VANDERSANDEN, « Le traité de Lisbonne et le contentieux de la politique étrangère et de sécurité commune », *in Chemins d'Europe. Mélanges en l'honneur de Jean Paul Jacqué*, Paris, *op. cit.,* pp. 678 et s.

En règle générale les dispositions spécifiques de la PESC produisent des actes juridiques. Il en ressort clairement un régime juridique et contentieux qui tend à perturber l'ordonnancement de l'Union de droit. À notre sens la PESC est en effet destinée à permettre de formaliser dans un acte juridique international créateur de droits et d'obligations pour les parties, un accord diplomatique dans lequel l'Union européenne s'efforce de défendre ses intérêts et ses valeurs à savoir « un modèle institutionnel mais surtout politique, dont le respect des droits de l'homme, du droit au droit, du droit au juge et la démocratie sont des principes fondateurs »[1]. Les actes juridiques de la politique étrangère nécessitent plus de visibilité et de contrôle juridictionnel. Ce qui n'est pas d'ailleurs le cas. Au nom de la sauvegarde de la sécurité juridique, la protection juridictionnelle effective des justiciables, réclame « un contrôle de la légalité des actes décisionnels propres au domaine de la PESC »[2] par la Cour de justice de l'Union. En admettant cette hypothèse, l'incompétence de la Cour de justice pour connaître les actes adoptés par la PESC devient alors « l'instrument contesté de l'Union de droit envisagée dans sa dimension internationale »[3]. Deux options sont concevables et également admissibles pour aborder le problème.

---

[1] S. BRICCA-DRUFFIN et C. HENRY, « Juges civils et système de protection des droits fondamentaux de l'Union européenne », *in* J. RIDEAU (sous la dir.), *Les droits fondamentaux dans l'Union européenne. Dans le sillage de la Constitution européenne*, Bruxelles, Bruylant, coll. Droit de l'Union européenne – Colloques, 2009, p. 298.
[2] Sur ce point voir, C. SCHNEIDER, « Brèves réflexions iconoclastes sur la « déconstitutionnalisation » de la politique étrangère, de sécurité commune et de défense », *in* E. BROSSET, C. CHEVALLIER-GOVERS, V. EDJAHARIAN et C. SCHNEIDER (sous la dir.), *Le traité de Lisbonne. Reconfiguration ou déconstitutionnalisation de l'Union européenne,* Bruxelles, Bruylant, 2009, p. 289.
[3] TPICE, 23 octobre 2008, *People's Mojahedin Organization of Iran*, aff. T-256/07, *Rec.*, p. II-3019, points 129-130.

L'une concerne les aspects spécifiques de la juridictionnalisation des actes de l'Union (Chapitre 1). Cela concerne l'articulation entre la judiciarisation de l'ELSJ et la juridictionnalisation limitée de la PESC. L'autre option est une lecture des évolutions supposées de la juridictionnalisation de la politique étrangère et de sécurité commune en termes d'accès au juge de l'Union (Chapitre 2), à travers l'adaptation du système judiciaire de l'Union européenne aux conditions de recevabilité des recours des justiciables et au *Brexit*.

Chapitre 1

Les aspects spécifiques de la juridictionnalisation

Le droit à un recours effectif en cas d'atteinte aux droits des justiciables constitue encore une exigence essentielle du droit au juge. C'est ainsi que la reconnaissance par la Cour de justice d'un droit d'accès à un tribunal en matière de contestation des actes de « l'espace de liberté, de sécurité et de justice »[1] ainsi que de la politique étrangère et de sécurité commune est la conséquence de l'interprétation de l'article 6, § 1, de la Convention européenne des droits de l'homme.

Effectivement pour être en phase avec les principes de l'Union de droit, la Cour de justice s'est référée aux principes de la prééminence du droit et de l'interdiction de tout pouvoir arbitraire, qui soutendent pour une bonne part la Charte des droits fondamentaux de l'Union européenne. Au fond « le droit d'accès à un tribunal »[2] constitue un élément inhérent aux garanties consacrées par l'article 47 de la Charte des droits fondamentaux de l'Union européenne. La clarification de cette question préalable permet de mettre en lumière l'exigence des voies de droit contre les actes des piliers dits intergouvernementaux, permettant ainsi aux justiciables d'accéder à la justice.

---

[1] C. RAPOPORT, « La Cour de justice de l'Union européenne et les mesures restrictives dans le cadre de la lutte antiterroriste. Quelles évolutions après Lisbonne ? », *in* C. FLAESCH et LUCIA SERENA ROSSI (sous la dir.), *La dimension extérieure de l'espace de liberté, de sécurité et de justice de l'Union européenne après le traité de Lisbonne*, Bruxelles, Bruylant, coll. Rencontres européennes, 2013, p. 140.

[2] F. PICOD, « Pour un développement durable des droits fondamentaux dans l'Union européenne », *in Chemins d'Europe. Mélanges en honneur de Jean Paul Jacqué*, Paris, Dalloz, 2010, p. 529.

Le *Brexit* ne remet pas en cause le développement d'une logique profonde d'amélioration des compétences de la Cour de justice. À première vue il est difficile de nier le rôle crucial joué par le droit anglais dans le processus de l'intégration juridique européenne. En revanche suite au « retrait du Royaume-Uni de l'Union »[1], l'ordre juridique de l'Union européenne et le rôle de la Cour de justice en tant qu'organe suprême chargé d'interpréter le droit de l'Union européenne doivent être préservés à cet égard. Dans l'arrêt *E et F*, la Cour de justice a inscrit l'Union de droit dans la filiation de l'État de droit. D'une manière analogue la juridictionnalisation de l'ELSJ s'accompagne par une double exigence accrue de justiciabilité. À la lecture de la jurisprudence, la Cour de justice exprime un attachement sans réserve à la légalité lorsqu'elle fait valoir l'existence d'un système complet de voies de recours et de procédure. L'étendue de la protection juridictionnelle des justiciables du droit de l'Union se voit renforcée dans l'Union de droit. Selon cette approche, l'attribution de droits au profit des sujets d'un ordre juridique doit être garantie par l'existence de mécanismes permettant de sanctionner la violation de ces droits. Sur ce plan l'accès au juge de l'Union devient « une donnée fondamentale du système juridique de l'Union européenne »[2].

---

[1] En cas de situation impliquant le Royaume-Uni, en ce qui concerne les actions judiciaires en vertu des articles 29, 30 et 31 du règlement (UE) n° 1215/2012 du Parlement européen et du Conseil, de l'article 19 du règlement (CE) n° 2201/2003 ou des articles 12 et 13 du règlement (CE) n° 4/2009 du Conseil, les actes ou dispositions suivantes s'appliquent : les dispositions relatives à la compétence du règlement (UE) n° 1215/2012 ; les dispositions relatives à la compétence du règlement (UE) 2017/1001, du règlement (CE) n° 6/2002, du règlement (CE) n° 2100/94, du règlement (UE) 2016/679 du Parlement européen et du Conseil et de la directive 96/71/CE du Parlement européen et du Conseil.

[2] CJCE, 11 septembre 2003, *Safalero*, aff. C-13/01, *Rec.*, p. I-8679.

À proprement parler dans le cadre d'un système complet de voies de droit, la juridictionnalisation de l'Union permet de réinterroger « les obstacles du droit d'accès à un tribunal en ce qui concerne les actes de l'espace de liberté et de la politique étrangère »[1]. Plus exactement ces arguments invoqués en faveur du justiciable permettent de justifier une obligation des compétences de la Cour de justice dans les domaines concernant les piliers dits intergouvernementaux. Il est question pour la Cour de justice de renforcer son contrôle dans ces domaines afin de mieux assurer la protection juridictionnelle effective des personnes physiques ou morales. En réalité la juridictionnalisation de l'ELSJ (Section 1) doit être envisagée comme un espace où le juge de l'Union est tenu de créer des voies de droit permettant de donner sa pleine efficacité au droit de l'Union européenne. La justiciabilité des actes de la coopération judiciaire et policière (Section 2) explique les points d'équilibre des compétences de la Cour de justice à la lumière du droit au juge. À plus forte raison l'analyse axée sur les compétences de la Cour de justice après le *Brexit* apparaît donc indispensable.

Section 1. La juridictionnalisation de l'espace de liberté de sécurité et de justice

Le décryptage des conditions de recevabilité des recours des justiciables du droit de l'Union européenne, à la lumière des exigences du droit au droit et du droit à une protection juridictionnelle effective permet d'affirmer que

[1] I. GOVAERE et V. DEMEDTS, « Quelle définition de « l'externe » en matière d'ELSJ ? Le cadre et les enjeux », *in* C. FLAESCH-MOUGIN et L. SERENA ROSSI (sous la dir.), *La dimension extérieure de l'espace de liberté, de sécurité et de justice de l'Union européenne après le traité de Lisbonne,* Bruxelles, Bruylant, coll. Rencontres européennes, 2013, p. 505.

la juridictionnalisation de l'espace de sécurité, de justice et de liberté ne peut être satisfaite qu'au prix de certains aménagements. Pour mieux centrer la réflexion sur la protection juridictionnelle effective des justiciables du droit de l'Union européenne, la jurisprudence insiste sur le respect du « droit au juge de la légalité des actes de l'Union »[1] par la prise en considération du développement des compétences de la Cour de justice. Aux yeux de la doctrine la quête de la juridictionnalisation de l'espace de liberté, de sécurité et de justice se manifeste également « à l'égard du champ du contrôle juridictionnel »[2]. Pour notre part cette démarche prône une satisfaction du droit au juge par la pluralité des voies de droit et l'extension du contrôle juridictionnel de la Cour de justice dans l'espace judiciaire européen. Désormais le contrôle juridictionnel dans l'espace de liberté (§ 1) conduit à analyser les dispositions de cet espace après le *Brexit* (§ 2).

§ 1. Le contrôle juridictionnel dans l'espace de liberté de sécurité et de justice

La justiciabilité du droit de l'Union dans « l'espace de liberté »[3] appelle d'autres types de considérations notamment, la notion d'espace de liberté, la nécessité d'une intervention juridictionnelle et les avancées en termes de contrôle par la Cour de justice des actes de cet espace.

---

[1] CJCE, 15 mars 2005, *Espagne/Eurojust*, aff. C-160/03, *Rec.*, p. I-2077.

[2] C. CHEVALLIERS-GOVERS, « Le traité de Lisbonne et la différenciation dans l'espace de liberté, de sécurité et de justice », *op. cit.*, p. 284.

[3] J. BAUCHY, F. CORNETTE, S COUTTS, F. DIBOS, C. HOURMAT, D. LARBRE, K. LE BORGNE, A. LOUBEYRE, C. MOILLE, M.-E. MORIN, L. PAILLER, C. PELLEGRINI, T. RACHO et M.-B. VENENCIE, « L'espace de liberté sécurité justice : un droit à géométrie variable ? », *in RTD eur*, n° 4, 2012, pp. 829-838.

Compte tenu de ce qui précède, la notion d'espace paraît centrale. À la faveur de ce propos « la notion d'espace est un concept juridique nouveau, de nature constitutionnelle, inscrit dans le traité, qui conduit à revoir l'approche classique que l'on fait de la souveraineté »[1]. En d'autres termes pour les besoins de l'analyse, cet espace ne parviendra pas à se réaliser complètement qu'au prix d'une soumission toujours plus stricte de l'Union et de ses États membres au respect du droit au juge, des droits de l'homme et des libertés fondamentales. À cet égard la juridictionnalisation de cet espace constitue une des attentes majeures des justiciables.

De fait elle contribue à l'effectivité de la protection juridictionnelle dans l'espace de liberté. Compte tenu de ce qui précède, la juridictionnalisation de l'espace de liberté se traduit alors par « l'expansion de la fonction juridictionnelle au sein de cet espace »[2]. En réalité la nature juridictionnelle de ce processus dans l'espace de liberté permet de développer les garanties et les valeurs de l'Union européenne. Selon certaines lectures sur la question « le recours juridictionnel dans l'espace de liberté, par les garanties du procès équitable qui entourent ce processus apparaît comme le meilleur moyen de réaliser la justice»[3] au sein de l'Union. D'ailleurs la justiciabilité du droit au droit et du droit au juge s'accompagne également d'une extension des pouvoirs des juges (A). La garantie juridictionnelle des droits acquis au sein de cet espace de liberté conduit à renforcer le statut du juge et le contrôle juridictionnel de la Cour de justice (B).

---

[1] *Ibid.*

[2] CJCE, 28 septembre 2006, *van Straaten*, aff. C-150/05, *Rec.*, p. I-9327, point 37.

[3] C. RAPOPORT, « La Cour de justice de l'Union européenne et les mesures restrictives dans le cadre de la lutte antiterroriste. Quelles évolutions après Lisbonne ? », *op. cit.*, p. 147.

A. La justiciabilité du droit au droit dans l'espace de justice

Le syllogisme justiciabilité en tant qu'expression de l'idée de justice, de ce qui est soumis à la justice est une condition fonctionnelle du droit au droit. Par conséquent la création d'un espace judiciaire est une composante essentielle de la justiciabilité du droit au droit. Le principe est d'offrir aux citoyens de l'Union un niveau élevé de protection dans l'espace de liberté, de sécurité et de justice dans « le respect des droits fondamentaux et des différents systèmes et traditions juridiques des États membres »[1]. Pour concilier la mutation en profondeur que doit entreprendre le système juridictionnel de l'Union, la justiciabilité du droit au droit offre plusieurs lectures sur l'essentiel des nouveaux champs d'investigation offerts à la Cour de justice dans l'espace de liberté, de sécurité et de justice. La clarification sur le mécanisme de « la structure en piliers »[2] de l'Union permet de mieux entreprendre l'analyse sur la justiciabilité du droit au droit et du droit au juge dans l'espace de justice. Sur ce point il est précisé que l'Union européenne reposait sur une construction dite en trois piliers. En effet le premier pilier est la Communauté européenne créée en 1957. D'ailleurs ce pilier communautaire est le plus intégré et les processus décisionnels reposent sur la méthode dite communautaire.

---

[1] Règlement (UE) 2021/693 du Parlement européen et du Conseil du 28 avril 2021 établissant le programme « Justice » et abrogeant le règlement (UE) n° 1382/2013, *op. cit.*, p. 22.

[2] I. GOVAERE et V. DEMEDTS, « Quelle définition de « l'externe » en matière d'ELSJ ? Le cadre et les enjeux », *in* C. FLAESCH-MOUGIN et L. SERENA ROSSI (sous la dir.), *La dimension extérieure de l'espace de liberté, de sécurité et de justice de l'Union européenne après le traité de Lisbonne, op. cit.*, p. 492.

Le deuxième pilier désigne la politique étrangère et de sécurité commune « la PESC »[1], qui inclut la politique européenne en matière de défense (PESD)[2] caractérisée par une logique intergouvernementale et la Cour de justice ne peut contrôler la légalité des actes adoptés. Enfin le troisième pilier désigne la coopération policière et judiciaire en matière pénale et les compétences de la Cour de justice sont restreintes. Sous cet angle d'approche « le mode d'intégration de l'ancienne Union résidait donc dans la déclinaison selon des modes juridiques distincts des développements progressifs de la construction européenne »[3]. C'est-à-dire en d'autres termes « le mode de la coopération intergouvernementale »[4] ou interétatique pour les deuxième et troisième piliers « le mode de l'intégration ou de la supranationalité »[5] qui correspond au pilier communautaire. Avec le traité de Lisbonne, la suppression de la structure en pilier contribue à la simplification et à la transparence du fonctionnement de l'Union européenne.

---

[1] E. NEFRAMI, « L'aspect externe de l'espace de liberté, de sécurité et de justice : quel respect des principes et objectifs de l'action extérieure de l'Union », *in* C. FLAESCH-MOUGIN et L. SERENA ROSSI, (sous la dir.), *La dimension extérieure de l'espace de liberté, de sécurité et de justice de l'Union européenne après le traité de Lisbonne*, Bruxelles, Bruylant, coll. Rencontres européennes, 2013, p. 521.

[3] M. TELÓ, « Une idée d'Europe adaptée au XXème siècle », *in Mélanges en l'honneur de Philippe Manin. L'Union européenne : Union de droit, Union des droits*, Paris, Éditions A. Pedone, 2010, p. 570.

[4] H. FLAVIER, *La contribution des relations extérieures à la construction de l'ordre constitutionnel de l'Union européenne, op. cit.*, p. 417.

[5] R. ARNOLD, « Le principe de supranationalité dans l'Union européenne et dans l'Europe orientale : quelques aspects comparatifs », *in Le droit de l'Union européenne en principes. Liber amicorum en l'honneur de Jean Raux,* Renne, Éditions Apogée, 2006, p. 366.

En même temps elle n'entraîne cependant pas une « communautarisation complète des matières relevant des anciens 2e et 3e piliers »[1]. À cet égard la méthode communautaire ne leur est en effet pas intégralement applicable. Ce qui pose le problème de la justiciabilité du droit de l'Union européenne. Dans le même sens le traité de Lisbonne confirme par ailleurs l'importance accordée à la construction d'un espace de liberté, de sécurité et de justice, qui figure parmi les objectifs de l'Union européenne. De manière significative l'article 67 TFUE définit les objectifs principaux de l'espace de liberté, de sécurité et de justice.

Les dispositions dudit article insistent davantage sur les droits fondamentaux, ainsi que l'accès à la justice par le principe de reconnaissance mutuelle. Certes la suppression des piliers n'exclut pas le maintien de certaines spécificités institutionnelles propres à quelques secteurs, afin de tenir compte de la nature particulière de ces matières qui touchent au cœur de la souveraineté des États membres de l'Union. En effet l'article 68 TFUE consacre ainsi le rôle éminent du Conseil européen dans l'espace de liberté, de sécurité et de justice. En outre plusieurs dispositions des traités notamment les articles 4, § 2, TUE et 72 TFUE rappellent que la sécurité nationale et le maintien de l'ordre public restent de la responsabilité des États membres. Plus précisément le nouvel article 73 TFUE insiste sur ce point en précisant que « les États membres peuvent continuer d'organiser entre eux et sous leur responsabilité des formes de coopération entre leurs services compétents en matière de sécurité »[2].

---

[1] C.-A. STEPHANOU, « Le principe d'égalité statutaire des États », *in Le droit de l'Union européenne en principes. Liber amicorum en l'honneur de Jean Raux,* Rennes, Éditions, Apogée, 2006, p. 389.

[2] *Ibid.,* p. 390.

Pour l'essentiel dans le cadre de la consécration constitutionnelle du principe de l'acquis de l'Union européenne, la Cour de justice cherche à protéger le premier pilier de l'Union européenne et son droit original appelé droit de l'intégration contre « les incursions des piliers intergouvernementaux »[1]. L'attitude de la Cour de justice consiste donc à éviter « une régression de l'intégration communautaire ou une sorte de décommunautarisation rampante »[2]. L'affirmation du droit au droit et de la protection juridictionnelle effective des justiciables par la Cour de justice se manifeste ainsi par les limites qu'elle fixe entre le premier et le troisième pilier. Cependant avant le *Brexit* il y avait des différenciations dans l'espace de justice, car les États comme le Royaume-Uni, l'Irlande et le Danemark jouissent déjà de divers régimes particuliers. Depuis le 1er février 2020, le Royaume-Uni s'est retiré de l'Union européenne et est devenu un pays tiers. Il convient de mentionner que l'accord de retrait prévoit une période de transition prenant fin le 31 décembre 2020. Jusqu'à cette date, le droit de l'Union européenne dans son intégralité s'appliquait au Royaume-Uni « à l'exception des dispositions des traités et des actes qui n'engageaient pas le Royaume-Uni »[3] avant l'entrée en vigueur de l'accord de retrait.

---

[1] S. PRECHAL et T. MARGUERY, « La mise en œuvre des décisions-cadres une leçon pour les futures directives pénales ? », *in* J. DUTHEIL DE LA ROCHÈRE (sous la dir.), *L'exécution du droit de l'Union, entre mécanismes communautaires et droits nationaux,* Bruxelles, Bruylant, coll. Droit de l'Union européenne – Colloques, 2009, p. 226.

[2] *Ibid.,* p. 230.

[3] Recommandations pour les négociations en vue d'un nouveau partenariat avec le Royaume-Uni de Grande-Bretagne et d'Irlande du Nord. Recommandations du Parlement européen du 18 juin 2020 pour les négociations en vue d'un nouveau partenariat avec le Royaume-Uni de Grande-Bretagne et d'Irlande du Nord (2020/2023(INI) (2021/C 362/12), *op. cit.,* p. 91.

Les différenciations dans l'espace de liberté et de justice ce sont maintenues pendant la période de transition du *Brexit*.

B. L'émergence du contrôle juridictionnel de la Cour de justice

Les nouveaux champs de compétences offerts à la Cour de justice, dans des matières non communautarisées, telles que la coopération judiciaire et policière n'ont pas été suivis d'un « dispositif contentieux »[1] à la hauteur des enjeux de l'intégration européenne. Dans le fond la jurisprudence de la Cour de justice opte en faveur d'un dispositif contentieux à la mesure des attentes de la protection juridictionnelle. Probablement l'observation du processus normatif de l'Union et le cantonnement de la Cour de justice à une approche supranationale de l'intégration permettent néanmoins d'affirmer les analyses précédentes et de dessiner quelques pistes de réflexion. Dès lors la réécriture de l'espace de liberté, de sécurité et de justice fournit la trame de la réflexion sur les compétences de la Cour de justice au sein de cet espace. Car l'essentiel des nouveaux champs d'investigation offerts à la Cour de justice est concentré au cœur de cet espace. Tout d'abord l'absence de juridictionnalisation de l'espace de liberté, de sécurité et de justice est par ailleurs un thème important de critiques dirigés contre « le déficit juridictionnel de la construction européenne »[2].

---

[1] CJUE, 7 décembre 2010, *Pammer et Hotel Alpenhof*, aff. C-585/08 et C-144/09, *Rec.*, p. I-12527.

[2] K. VANDEKERCKHOVE, « Les règles dérogatoires (*forum more conveniens* et coopération judiciaire) », *in* F. JAULT-SESEKE, J. LELIEUR, C. PIGACHE (sous la dir.), *L'espace judiciaire européen civil et pénal. Regards croisés*, Paris, Dalloz, coll. Thèmes & commentaires, 2009, pp. 67 et s.

Ceci étant la constitution de ce nouvel objectif assigné à l'Union en vertu de l'article 67 TFUE conduit inévitablement la Cour de justice à se situer au regard de ce dernier dans le respect des droits fondamentaux. Par ailleurs « ce positionnement apparaît comme une rupture au regard des choix antérieurs et des préférences de l'approche de la Cour de justice »[1]. Cette démarche souligne la soumission de l'espace de liberté, de sécurité et de justice au contrôle de la Cour de justice. C'est pourquoi l'acceptation de ce principe renforce non seulement la fonction constitutionnelle du juge de l'Union, mais aussi participe à la juridictionnalisation partielle de cet espace. Il s'ensuit que le nouveau titre V du TFUE consacre ce qu'il est convenu d'appeler la communautarisation partielle d'une partie du troisième pilier. Par contre le traité de Lisbonne n'a pas profondément modifié le système des voies de droit existant. Il supprime le troisième pilier de l'Union européenne, au profit d'un cadre institutionnel unique, tout en maintenant certaines « spécificités propres à ce secteur »[2]. Dans l'optique du droit au droit, cette suppression améliore l'efficacité et la légitimité de l'action de l'Union en renforçant « les compétences législatives du Parlement européen »[3] et de la Cour de justice de l'Union.

---

[1] O. DE SCHUTTER, « Le rôle de la Cour de justice des Communautés européennes dans l'espace judiciaire pénal européen », *in* G. DE KERCHOVE et A. WEYEMBERGH (éds.), *Vers un espace judiciaire pénal européen. Towards a European Judicial Criminal Area*, Bruxelles, Éditions de l'Université de Bruxelles, 2000, p. 59.

[2] CJUE, 21 octobre 2010, *Eredics et Sápi*, aff. C-205/09, *Rec.*, p. 10231.

[3] O. DUBOS, « Les instruments d'exécution au niveau proprement communautaire : l'acte unilatéral et ses déclinaisons », *in* J. DUTHEIL DE LA ROCHÈRE (sous la dir.), *L'exécution du droit de l'Union, entre mécanismes communautaires et droits nationaux*, Bruxelles, Bruylant, coll. Droit de l'Union européenne –Colloques, 2009, p. 79.

Au regard des modalités de la protection juridictionnelle et du droit au juge, les limitations du contrôle juridictionnel de la Cour de justice n'étaient pas justifiables, dans une Union qui se veut une Union de droit. À la lumière de cette appréciation, la Cour a mis en place une procédure préjudicielle d'urgence aux renvois relatifs à l'espace de liberté, de sécurité et de justice, lorsque la réponse à la question soulevée est déterminée pour le sort d'une personne détenue ou privée de sa liberté. Ensuite l'extension des compétences de la Cour de justice constitue également un progrès important qui renforce les effets de la Charte des droits fondamentaux de l'Union européenne. Le traité de Lisbonne donne une force contraignante à la Charte.

À première vue c'est une avancée déterminante pour l'espace judiciaire européen au profit des justiciables. En effet le titre IV de la Charte, relatif à la justice garantit le droit à un recours effectif et d'accéder à un tribunal impartial, la présomption d'innocence et les droits de la défense ainsi que les principes de légalité et de proportionnalité des délits et des peines. Finalement avec l'entrée en vigueur du traité de Lisbonne « la juridictionnalisation dérogatoire »[1] des matières de l'ex-troisième pilier disparaît, les matières concernées relèvent désormais du contentieux général c'est-à-dire des voies de droit de l'Union. À titre d'illustration la Cour de justice est compétente d'une manière obligatoire et non plus facultative pour interpréter et apprécier la validité sur renvoi préjudiciel des actes dans ce domaine.

---

[1] E. RUELLE, « Les conflits de compétences entre le premier et le troisième pilier en matière pénale », *in* F. JAULT-SESEKE, J. LELIEUR, C. PIGACHE (sous la dir.), *L'espace judiciaire européen civil et pénal. Regards croisés*, Paris, Dalloz, coll. Thèmes & commentaires, 2009, p. 31.

Pour terminer l'interprétation jurisprudentielle de l'arrêt du 13 décembre 2005, *Commission c / Conseil*[1] est pleine d'enseignement. À l'évidence l'actuelle clause de non affectation prévue dans l'article 47 TFUE donne une compétence à la Cour de justice qui peut déboucher sur un contrôle juridictionnel non négligeable concernant les actes pris dans le cadre de la coopération judiciaire en matière pénale et dans celui de la coopération policière.

§ 2. Les dispositions de l'ELSJ après le Brexit

L'espace de liberté, de sécurité et de justice au service des justiciables du droit de l'Union européenne a toujours constitué un objectif fondamental de la Cour de justice. Au préalable l'espace de liberté, de sécurité et de justice recouvre les politiques de contrôle aux frontières d'immigration et d'asile et la coopération judiciaire civile ainsi que la coopération policière et judiciaire en matière pénale. Par ailleurs le traité de Lisbonne améliore « l'efficacité et la légitimité de l'action de l'Union européenne »[2] en renforçant les compétences de la Cour de justicc et du Parlement européen. Il s'agit de garantir un droit à un recours effectif. En revanche avant le *Brexit* les dérogations c'est-à-dire les *opt out et opt in* dont bénéficient le Royaume-Uni et l'Irlande sont étendues à la coopération policière et judiciaire en matière pénale.

---

[1] CJCE, 13 septembre 2005, *Commission c/ Conseil*, aff. C-176/03, *Rec.*, p. I-7879.

[2] Programme pluriannuel 2010 -2014 concernant l'Espace de liberté, de sécurité et de justice (programme de Stockholm). Résolution du Parlement européen du 25 novembre 2009 sur la communication de la Commission au Parlement européen et au Conseil – Un espace de liberté, de sécurité et de justice au service des citoyens – Programme de Stockholm (2010/C 285 E/02) (*JOUE*, n° C 285, 21.10.2010, p. 14).

Selon le protocole n° 21 du traité de Lisbonne, version consolidée du 7 juin 2016, le Royaume-Uni et l'Irlande ne participent pas à l'adoption par le Conseil des mesures proposées relevant de la troisième partie, titre V du traité sur le fonctionnement de l'Union européenne. En plus le Royaume-Uni ou l'Irlande peut, à tout le moins après l'adoption d'une mesure par le Conseil en application de la troisième partie titre V, du TFUE, notifier au Conseil et à la Commission son intention d'accepter ladite mesure. Dans ce cas la procédure prévue à l'article 331, paragraphe 1, du TFUE s'applique *mutatis mutandis*. À titre de précision, les coopérations renforcées permettent aux États membres qui le souhaitent d'approfondir la construction européenne dans un domaine déterminé.

Depuis le 1er février 2020, le Royaume-Uni s'est retiré de l'Union européenne et est devenu un pays tiers. À l'évidence l'accord de retrait prévoit une période de transition jusqu'au 31 décembre 2020. Au cours de cette période de transition, le droit de l'Union est applicable au Royaume-Uni et sur son territoire. Il convient de mentionner que « certaines dispositions des traités et des actes adoptés par les institutions, organes et organismes de l'Union européenne ne sont pas applicables au Royaume-Uni et sur son territoire pendant la période de transition »[1]. Rappelons utilement que la Cour de justice fait de la protection juridictionnelle effective, un pilier de l'ELSJ de

[1] Les dispositions des traités et des actes qui, en vertu du protocole n° 15 sur certaines dispositions relatives au Royaume-Uni de Grande-Bretagne et d'Irlande du Nord, du protocole n° 19 sur l'acquis Schengen intégré dans le cadre de l'Union européenne ou du protocole n° 21 sur la position du Royaume-Uni et de l'Irlande à l'égard de l'espace de liberté, de sécurité et de justice, ou en vertu des dispositions des traités sur la coopération renforcée, ne liaient pas le Royaume-Uni et n'étant pas contraignantes sur son territoire avant la date d'entrée en vigueur de l'accord de retrait.

liberté, de sécurité et de justice, en assurant le respect par le Royaume-Uni des obligations que lui impose le droit de l'Union européenne. Conformément à l'article 86, paragraphe 1, de l'accord de retrait, la Cour de justice est compétente pour connaître de toute procédure introduite par ou contre le Royaume-Uni avant la fin de la période de transition. Cette compétence s'applique à tous les stades de la procédure, y compris le pourvoi devant la Cour de justice et la procédure devant le Tribunal en cas de renvoi de l'affaire au Tribunal.

L'effort de la Cour de justice est de donner un plein effet au droit de l'Union et à l'accord sur le retrait du Royaume-Uni de Grande-Bretagne et d'Irlande du Nord de l'Union européenne et de la Communauté européenne de l'énergie atomique, par une interprétation intégrative qui suppose la mise en place de mécanismes de contrôle juridictionnel et de garantie dans l'espace de liberté, de sécurité et de justice. À notre sens les dispositions de l'espace de liberté, de sécurité et de justice, après le *Brexit* traduisent la volonté d'approfondissement de la protection juridictionnelle de la Cour de justice dans ce domaine.

Dans le prolongement de ce qui vient d'être dit, la réflexion sur la protection juridictionnelle de la Cour de justice dans le sillage du *Brexit* offre deux perspectives d'analyse. Ce que l'on peut effectivement traduire par des actions judiciaires intentées avant la fin de la période de transition et les actions judiciaires intentées après la fin de la période de transition. Dans un premier temps les actions judiciaires intentées avant la fin de la période de transition et les règles de l'Union européenne relatives à la compétence[1] internationale continuent de s'appliquer au

[1] L'article 67, paragraphe 1, de l'accord de retrait porte sur l'ensemble des instruments de l'Union fixant des règles relatives aux conflits de compétence à savoir le règlement (UE) n° 1215/2012 du Parlement européen et du Conseil du 12 décembre 2012.

« Royaume-Uni et dans les États membres en cas de situation impliquant le Royaume-Uni »[1]. Dans le même temps l'article 67, paragraphe 1 de l'accord de retrait prévoit que les règles de l'Union relatives à la compétence s'appliquent également aux procédures ou demandes liées à de telles actions judiciaires, même si ces procédures ou demandes liées sont intentées après la fin de la période de transition. L'objectif est de garantir dans ces situations l'application des règles de l'Union européenne relatives aux conflits de compétence, lorsque la juridiction a été saisie après la fin de la période de transition dans un État membre de l'Union européenne ou au Royaume-Uni. Cet article concrétise la reconnaissance et l'exécution des décisions judiciaires.

Il en va de même conformément à l'article 87 de l'accord de retrait, si la Commission européenne considère que le Royaume-Uni a manqué à une obligation qui lui incombe en vertu des traités ou en vertu de la quatrième partie de l'accord de retrait, avant la fin de la période de transition, la Commission européenne peut, dans les quatre ans suivant la fin de la période de transition saisir la Cour de justice conformément aux exigences énoncées à l'article 258 TFUE ou à l'article 108, paragraphe 2, deuxième alinéa du TFUE. Il est précisé que durant la période de transition le Royaume-Uni pouvait intervenir ou participer à la procédure devant la Cour de justice de la même manière qu'un État membre de l'Union européenne.

[1] Le règlement (UE) n° 1215/2012 s'applique à la reconnaissance et à l'exécution des décisions rendues dans le cadre d'actions judiciaires intentées avant la fin de la période de transition, ainsi qu'aux actes authentiques formellement établis ou enregistrés et aux transactions judiciaires approuvées ou conclues avant la fin de la période de transition. Le règlement (UE) n° 805/2004 du Parlement européen et du Conseil s'applique aux décisions rendues dans le cadre des actions judiciaires intentées avant la fin de la période de transition.

Dans ces conditions cette analyse consacre à l'évidence le droit au juge dans l'ELSJ. Dans un deuxième temps à la lecture de l'accord de retrait et du droit de l'Union, en ce qui concerne les actions intentées après la fin de la période de transition, les juridictions des États membres de l'Union européenne règlent ces affaires en fonction de leur compétence internationale. Pour respecter pleinement la spécificité de ces actions, il est judicieux de mettre en évidence trois champs d'applications de ces instruments. D'une part pour les questions relevant du champ d'application des instruments de l'Union européenne en matière civile et commerciale, une juridiction d'un État membre peut appliquer ses règles nationales relatives à la compétence internationale. D'autre part pour les questions ne relevant pas du champ d'application des instruments de l'Union européenne, la compétence internationale sera régie par les règles nationales de l'État membre dans lequel la juridiction a été saisie. Pour tout dire en ce qui concerne les procédures intentées devant une juridiction d'un État membre de l'Union européenne après la fin de la période de transition, qui sont liées à des actions judiciaires pendantes[1] devant une juridiction du Royaume-Uni saisie après la fin de la période de transition, les articles 33 et 34 du « règlement (UE) n° 1215/2012 »[2]

---

[1] La décision cadre 2009/315/JAI du Conseil du 26 février 2009 concernant l'organisation et le contenu des échanges d'informations extraites du casier judiciaire entre les États membres (*JO* L 93 du 7.4.2009, p. 23), s'applique en ce qui concerne les demandes de condamnations reçues avant la fin de la période de transition. Après la fin de la période de transition, les réponses à ces demandes ne sont pas transmises via le système européen d'information sur les casiers judiciaires.

[2] Règlement (UE) n° 1215/2012 du Parlement européen et du Conseil du 12 décembre 2012 concernant la compétence judiciaire, la reconnaissance et l'exécution des décisions en matière civile et commerciale (*JOUE*, n° L 351, 20.12.2012, p. 2).

s'appliquent désormais dans les États membres. En se tenant à l'essentiel le droit de l'Union relatif à la coopération judiciaire en matière civile et commerciale prévoit des procédures visant à « faciliter la coopération judiciaire »[1] entre les États membres. Après la fin de la période de transition, les États membres de l'Union ne peuvent plus engager de nouvelles procédures de coopération judiciaire avec le Royaume-Uni sur la base du droit de l'Union européenne. Ces procédures devront plutôt être engagées conformément à la législation nationale relative à la coopération judiciaire avec les pays tiers. Assurément dans le prolongement de cette analyse, pour notre part les dispositions de l'ELSJ après le *Brexit* ont évolué. Concrètement les décisions adoptées par les institutions, organes et organismes de l'Union avant la fin de la période de transition ou après la fin de la période de transition sont contrôlées exclusivement par la Cour de justice de l'Union européenne.

Section 2. La justiciabilité des actes de la coopération judiciaire et policière

D'une manière générale les compétences contentieuses de la Cour de justice dans le cadre intergouvernemental sont limitées. Ceci étant il ne faut pas se leurrer d'évaluer le cadre d'intervention de la Cour de justice dans la coopération judiciaire et policière. Les idées d'Union de droit, de juridictionnalisation et de justiciabilité des actes intergouvernementaux consistent donc à reconnaître la nécessité d'un contrôle juridictionnel de la Cour de justice.

[1] La décision cadre 2003/557/JAI du Conseil du 22 juillet 2003 relative à l'exécution dans l'Union européenne des décisions de gel de biens ou d'éléments de preuve (*JO* L 196 du 2.8.2003, p. 45), s'applique en ce qui concerne les décisions de confiscation reçu avant la fin de la période de transition par l'autorité centrale ou par l'autorité judiciaire compétente.

Sur le plan des principes qui sous-tendent la philosophie de l'action du juge de l'Union, l'admission de recours fondés sur « les garanties procédurales »[1] et donc sur le droit reconnu aux justiciables par la réglementation de l'Union peut être justifiée à la fois par « la concordance entre protection directe des justiciables et l'avancée de l'intégration européenne»[2]. L'appréciation de cette hypothèse, tant en ce qui concerne le fond du droit, « l'entraide répressive européenne »[3], qu'en ce qui concerne le rôle indispensable du juge dans une Union de droit, n'explique pas les justifications des restrictions de la Cour de justice dans ces domaines. Cependant le contrôle de la légalité des actes d'Eurojust[4] permet de nuancer ce propos (§ 1).

---

[1] La directive 2014/41/UE du Parlement européen et du Conseil du 3 avril 2014 concernant la décision d'enquête européenne en matière pénale (*JO* L 130 du 1.5.2014, p. 1).

[2] F. PICOD, « L'étendue du contrôle du juge sur l'activité communautaire d'exécution », *in* J. DUTHEIL DE LA ROCHÈRE (sous la dir.), *L'exécution du droit de l'Union, entre mécanismes communautaires et droits nationaux,* Bruxelles, Bruylant, coll. droit de l'Union européenne – Colloques, 2009, p. 91.

[3] Proposition de décision du Conseil relative à la signature, au nom de l'Union, et à l'application provisoire de l'accord de commerce et de coopération entre l'Union européenne et la Communauté européenne de l'énergie atomique, d'une part et le Royaume-Uni de Grande Bretagne et d'Irlande du Nord d'autre part, et de l'accord entre l'Union européenne et le Royaume-Uni de Grande-Bretagne et d'Irlande du Nord relatif aux procédures de sécurité pour l'échange d'informations classifiées et leur protection (COM (2020)) 855 final/2 du 25.12.2020.

[4] C. BILLET, « Le contrôle des relations extérieures des agences ELSJ après Lisbonne », *in* C. FLAESCH-MOUGIN et L. SERENA ROSSI (sous la dir.), *La dimension extérieure de l'espace de liberté, de sécurité et de justice de l'Union européenne après le traité de Lisbonne*, Bruxelles, Bruylant, coll. Rencontres européennes, 2013, p. 103.

À un autre niveau l'attitude du juge face au contentieux des actes d'Europol[1] permet d'aménager la compétence de la Cour de justice sans reproduire l'intégralité des fonctions qui sont les siennes dans le pilier supranational (§ 2). Progressivement avec le retrait du Royaume-Uni de l'Union européenne, la protection juridictionnelle de la Cour de justice est devenue nécessaire au fur et à mesure que prenait corps la notion de *Brexit*. Ce qui permet d'entrevoir les stratégies d'adaptation et de renforcement du contrôle juridictionnel de la Cour de justice de l'Union dans l'ELSJ.

§ 1. Le contrôle de la légalité des actes d'Eurojust

Le nouveau titre V du traité sur le fonctionnement de l'Union résulte en partie de la communautarisation d'une partie du troisième pilier de l'Union, lié à l'intégration dans le traité de « l'acquis Schengen »[2]. À vrai dire les domaines couverts par ce titre sont au cœur de l'idée de la protection juridictionnelle effective des justiciables. À la suite de ses idées « la création d'un espace de liberté, de sécurité et de justice, mais aussi de la coopération policière et judiciaire en matière pénale tend, d'une part à développer ces droits »[3]. En revanche les règles et les décisions adoptées dans ces domaines sont susceptibles d'affecter ces droits.

---

[1] *Ibid.,* p. 106.

[2] S. BRAMMERTZ, « Eurojust : parquet européen de la première génération ? », *in* G. DE KERCHOVE et A. WEYEMBERGH (éds.), *Vers un espace judiciaire pénal européen. Towards a European Judicial Criminal Area*, Bruxelles, Éditions de l'Université de Bruxelles, 2000, p. 107.

[3] Concl. P. LÉGER, 28 septembre 2006, sous CJCE, 14 décembre 2006, *ASML*, aff. C-283/05, *Rec.,* p. I-12041, points 103 et 105.

Raison pour laquelle une extension des compétences de la Cour de justice de l'Union européenne s'impose par conséquent dans la coopération judiciaire en matière civile et en matière pénale. L'une des caractéristiques de la juridictionnalisation est la recherche d'une plus grande effectivité de la protection juridictionnelle effective des justiciables du droit l'Union. En ce sens la création d'Eurojust par le traité de Nice, le 21 février 2001, entrée en vigueur le 1er février 2003 répond à un double besoin. Tout d'abord de rééquilibrer le rapport de force entre policiers et magistrats au sein de l'Union européenne.

Plus précisément l'idée c'est de placer l'action policière sous une supervision judiciaire. Ensuite pour des raisons d'efficacité et de protection juridictionnelle « certaines techniques spéciales d'enquête devraient être couvertes par un contrôle judiciaire »[1], afin de procurer aux citoyens de l'Union européenne un niveau élevé de sécurité.

Bien que l'objectif paraisse excessivement sécuritaire « le développement du champ d'action et des compétences de la Cour de justice suscite corrélativement une aspiration à une extension du champ du contrôle juridictionnel »[2]. Pour arriver à cette fin, un dialogue est nécessaire entre la Cour de justice de l'Union et les juridictions nationales, notamment anglaises[3] et françaises dans le domaine de la coopération judiciaire.

---

[1] CJCE, 13 juillet 2006, *Reisch Montage*, aff. C-103/05, *Rec.*, p. I-6827, point 22.

[2] H. LABAYLE, « Les nouveaux domaines d'intervention de la Cour de justice : l'espace de liberté, de sécurité et de justice », *in* M. DONY et E. BRIBOSIA, (éds.), *L'avenir du système juridictionnel de l'Union européenne*, Bruxelles, Bruylant, Editions de l'Université de Bruxelles, 2002, p. 90.

[3] Recommandation du Parlement européen du 18 juin 2020 pour les négociations en vue d'un nouveau partenariat avec le Royaume-Uni de Grande-Bretagne et d'Irlande du Nord, *op. cit.*, p. 103.

Justement le champ de coopération judiciaire civile est étendu à de nouvelles matières, qui peuvent se voir appliquer « le principe de reconnaissance mutuelle ou bien faire l'objet de mesure de rapprochement »[1]. En particulier de nouvelles bases juridiques ont ainsi été prévues en ce qui concerne, l'accès effectif à la justice, le développement de méthodes alternatives de résolution des litiges et le soutien à la formation des magistrats et des personnels de justice. L'édification d'une Europe judiciaire est l'une des priorités de la judiciarisation de l'espace de liberté, de sécurité et de justice. Traité au quatrième chapitre du titre V du traité de Lisbonne, la coopération judiciaire en matière pénale repose sur deux principes essentiels: la reconnaissance mutuelle et l'harmonisation.

Les attentes des citoyens sur ces points sont fortes. Du reste l'article 82, § 1 TFUE consacre le principe de reconnaissance mutuelle des décisions judiciaires que « le Conseil de Tampere »[2] a érigé en pierre angulaire de l'Europe judiciaire. Ce principe absent des traités précédents a pour objectif qu'une décision pénale rendue par une autorité d'un État membre soit exécutée par les autorités d'un autre État membre. Dans le même ordre d'analyse, cette confiance mutuelle, récemment consacrée par la Cour de justice devrait être renforcée par la création d'une base juridique visant la formation commune des magistrats et des personnels de justice.

---

[1] G. DE KERCHOVE, « L'espace judiciaire pénal européen après Amsterdam et le sommet de Tampere », *in* G. DE KERCHOVE et A. WEYEMBERGH (éds.), *Vers un espace judiciaire pénal européen. Towards a European Judicial Criminal Area*, Bruxelles, Éditions de l'Université de Bruxelles, 2000, p. 13.
[2] *Ibid.*, p. 12.

Ces considérations permettent de conclure à l'idée de la mise en place d'un espace judiciaire européen plus structuré, en l'accentuant par la reconnaissance mutuelle des décisions de justice. À ce propos le droit à un contrôle juridictionnel s'avère primordial en matière répressive. Le droit à la justice revêt ainsi une importance particulière dans le contexte du titre V du TFUE et « la réalisation d'un espace de liberté, de sécurité et de justice »[1]. Pour preuve, la sensibilité des domaines touchés, surtout l'importance des peines encourues justifient qu'un contrôle juridictionnel effectif assure la garantie des droits individuels susceptibles d'être concernés. Dans le contexte du *Brexit* et à la demande du Royaume-Uni, Eurojust peut sous réserve du respect de l'article 26 bis, paragraphe 7, point a) et de l'article 27 de la décision 2002/187/JAI du Conseil[2], fournir des informations y compris des données à caractère personnel provenant de son système de gestion des dossiers, si cela est nécessaire pour mener à bien les procédures en cours visées particulièrement au paragraphe 1, points a), b), e) et l) de l'article 62 de l'accord de retrait du Royaume-Uni de l'Union.

§ 2. Les compétences de la Cour de justicc face au contentieux d'Europol

L'approche de la juridictionnalisation menée par la Cour de justice cherche à consolider la justiciabilité des actes de l'espace de liberté, de sécurité et de justice. L'idée c'est de préciser le rôle que joue la Cour de justice en tant que garant du respect des traités entendus comme charte constitutionnelle.

---

[1] C. BILLET, « Le contrôle des relations extérieures des agences ELSJ après Lisbonne », *op. cit.*, p. 97.

[2] Décision 2002/187/JAI du Conseil du 28 février 2002 instituant Eurojust afin de renforcer la lutte contre les formes graves de criminalité (*JO* L 63 du 6.3.2002, p. 1).

Une telle mission est d'autant plus délicate en matière d'ELSJ où s'entremêlent les souverainetés nationales et les libertés individuelles. À cette fin la rupture de la structure formelle en pilier de l'Union « communautarise la coopération pénale et la coopération policière »[1]. Par voie de conséquence de cette « communautarisation »[2], on relève l'extension de la codécision, l'adoption des actes à la majorité qualifiée au sein du Conseil et l'accès au contrôle juridictionnel pour ces matières. Ce faisant la création d'Europol donne une nouvelle dimension à la coopération policière en Europe, qui nécessite une attention particulière. Au préalable l'Office européen de police (Europol), créé par « la Convention Europol »[3] du 26 juillet 1995 et opérationnel depuis le 1er juillet 1999, appelle à l'évidence une autre réflexion sur la constitution d'un espace judiciaire européen. Il pose en même temps la question de l'intervention du juge dans ces domaines. Selon certains auteurs « admettre l'intervention de la Cour de justice pose un problème de principe d'autant plus délicat à trancher que l'intégralité des États membres est partie à cette dimension de l'action de l'Union »[4]. Cette prise de position permet de mettre en évidence deux types d'entorses à la compétence de la Cour de justice.

---

[1] H. LABAYLE, « Les nouveaux domaines d'intervention de la Cour de justice : l'espace de liberté, de sécurité et de justice », *op. cit.,* p. 94.
[2] *Ibid.,* p. 100.
[3] W. BRUGGEMAN, « Europol et Interpol », *in* G. DE KERCHOVE et A. WEYEMBERGH (éds.), *Vers un espace judiciaire pénal européen. Towards a European Judicial Criminal Area*, Bruxelles, Éditions de l'Université de Bruxelles, 2000, p. 98.
[4] H. LABAYLE, « Les nouveaux domaines d'intervention de la Cour de justice : l'espace de liberté, de sécurité et de justice », *op. cit.,* p. 75.

Tout d'abord les restrictions imposées par les traités aux compétences de la Cour de justice dans l'espace de liberté, de sécurité et de justice sont presque intégralement supprimées. Seule subsiste une limitation concernant la coopération policière et judiciaire en matière pénale. En réalité dans ces domaines, la Cour de justice ne peut statuer sur la validité ou la proportionnalité d'opérations menées par la police ou d'autres services répressifs dans un État membre de l'Union européenne en matière de maintien de l'ordre public et de sauvegarde de la sécurité intérieure. En tout état de cause, nous observons que l'accès à la justice des citoyens et des entreprises dans l'ELSJ est rendu plus compliqué et moins transparent par l'existence des dérogations nationales.

D'ailleurs la Cour de justice respecte « les impératifs de l'ordre public national »[1], tout en se reconnaissant le droit d'en vérifier le bien-fondé au regard des principes de l'Union européenne. Pour autant la Cour de justice devrait s'interroger sérieusement sur la portée d'une telle immunité juridictionnelle au regard des impératifs de la protection juridictionnelle effective. Ensuite la rénovation du troisième pilier obéit à une autre logique, celle d'une attribution spécifique des compétences à la Cour. Une relecture attentive de ce pilier suffit pour constater que, le contrôle de légalité souffre de dérogations importantes qui l'altèrent très profondément. Après tout, avant le *Brexit* cette réflexion s'est renforcée lorsqu'on constate sans surprise que les régimes[2] dont bénéficiaient le Royaume-Uni et l'Irlande sont étendus à la coopération policière.

---

[1] CJCE, 23 octobre 2007, *Commission/Conseil*, aff. C-440/05, *Rec.*, p. I-9097, points 34-35.

[2] M-Y. MINSONGUI, *Le principe de l'Union de droit de la Cour de justice de l'Union européenne : articulation entre les droits anglais et français*, Thèse de Doctorat, Université Paris-Saclay - UVSQ, 2015, 1 vol. p. 178.

En définitive le contrôle de la légalité de la coopération policière ne paraît donc pas vraiment à la hauteur des impératifs de la protection juridictionnelle. Il faut dans un second temps prendre conscience non seulement de la réorganisation des compétences de la Cour de justice, mais aussi de l'accroissement potentiel des compétences d'Europol. De ce point de vue avec le traité de Lisbonne, le contrôle exercé par la Cour de justice en matière de coopération policière est étendu grâce à la suppression de certaines restrictions, sous réserve des dispositions de l'article 276 TFUE « la Cour de justice de l'Union européenne n'est pas compétente pour vérifier la validité ou la proportionnalité des opérations menées par la police ou d'autres services répressifs dans un État membre »[1].

Cette extension des compétences de la Cour de justice requiert pour les justiciables, la mise en place de « procédures accélérées »[2] pour le traitement des questions préjudicielles concernant l'espace de liberté, de sécurité et de justice. Sur ce point l'article 267 TFUE précise que la Cour de justice devra statuer dans les plus brefs délais lorsque l'affaire faisant l'objet d'un renvoi préjudiciel concerne une personne détenue. Le traité de Lisbonne a ensuite permis de renforcer les pouvoirs d'Europol. La suppression du troisième pilier rend les règlements et les directives dotés d'effet direct applicable à la coopération policière, à la place des décisions cadres et des conventions. Si bien que la convention Europol, par exemple est remplacée par un règlement directement applicable à la majorité qualifiée et en codécision avec le Parlement européen.

---

[1] C. BILLET, « Le contrôle des relations extérieures des agences ELSJ après Lisbonne », *op. cit.*, p. 115.
[2] CJUE, 4 mars 2010, *Chakroun*, aff. C-578/08, *Rec.*, p. I-1839.

Entre autres l'unanimité et la consultation du Parlement sont aussi maintenues pour l'adoption des mesures afin de clarifier dans quelles conditions les autorités policières et judiciaires d'un État membre de l'Union européenne peuvent intervenir sur le territoire d'un autre État membre. À cela s'ajoute que l'accroissement des compétences potentielles d'Europol s'accompagne logiquement d'un renforcement de son contrôle parlementaire, aussi bien par le Parlement européen que par les Parlements nationaux. La preuve en est que l'article 88 TFUE est plus concis et donne au législateur une marge de manœuvre accrue pour développer les compétences de l'Office européen de police. En dépit de l'ouverture de nouveaux domaines de compétence de la Cour de justice et de l'efficacité de ses voies de recours, la juridiction de l'Union européenne ne dispose manifestement pas aujourd'hui des moyens nécessaires à un traitement contentieux[1] de l'espace de liberté, de sécurité et de justice à la hauteur des ambitions de l'Union de droit et de la juridictionnalisation effective de ce domaine. Par ailleurs l'ELSJ est avant tout un espace unique de protection des droits fondamentaux. Pour cette raison la réalisation d'un « espace européen de la justice »[2] doit être approfondie afin de pouvoir mettre en place des mécanismes pour faciliter l'accès à la justice pour les justiciables du droit de l'Union européenne.

---

[1] Décision-cadre 2009/299/JAI du Conseil du 26 février 2009 portant modification des décisions-cadres 2002/584/JAI, 2005/214/JAI, 2006/783/JAI, 2008/909/JAI et 2008/947/JAI, renforçant les droits procéduraux des personnes et favorisant l'application du principe de reconnaissance mutuelle aux décisions rendues en l'absence de la personne concernée (*JO* L 81 du 27.3.2009, p. 24).

[2] Règlement (UE) 2021/693 du Parlement européen et du Conseil du 28 avril 2021 établissant le programme « Justice » et abrogeant le règlement (UE) n° 1382/2013, *op. cit.*, p. 23.

Pour le reste avec la création de l'Union européenne, la logique du contrôle juridictionnel opéré par la Cour de justice est devenue tripolaire, car le niveau européen est scindé en deux sous logiques : la logique supranationale et la logique intergouvernementale.

§ 3. Les procédures de coopération judiciaire et policière après le Brexit

L'accord de retrait du Royaume-Uni de l'Union s'inscrit dans un cadre de gouvernance globale pour un futur partenariat. Pendant la période de transition la Cour de justice était le seul organe responsable de l'interprétation du droit européen. Le *Brexit* a eu des « répercussions sur de nombreux citoyens »[1], qu'il s'agisse des ressortissants britanniques ou des citoyens de l'Union européenne. En ce qui concerne l'impératif de garantir une protection juridictionnelle effective des justiciables, les procédures de la coopération judiciaire (A) et de la coopération policière après le *Brexit* (B) revêtent une importance capitale pour garantir les futurs relations entre l'Union européenne et le Royaume-Uni. Le plein respect de l'État de droit est crucial pour une coopération judiciaire efficace en matière civile et pénale.

A. Les procédures de coopération judiciaire

Les procédures de coopération judiciaire de l'Union traduisent la volonté d'approfondissement de la protection juridictionnelle par la Cour de justice de l'Union européenne après le *Brexit*.

[1] Recommandation du Parlement européen du 18 juin 2020 pour les négociations en vue d'un nouveau partenariat avec le Royaume-Uni de Grande-Bretagne et d'Irlande du Nord (2020/2023(INI), *op. cit.*, p. 91.

Pour assurer l'application uniforme du droit de l'Union, l'Union européenne et le Royaume-Uni se sont entendus sur l'effet direct et la primauté de l'ensemble de l'accord de retrait, aux mêmes conditions que celles applicables en droit de l'Union. En effet la Cour de justice est le seul organe responsable de l'interprétation du droit de l'Union. À l'issue de la période de transition, le Royaume-Uni est devenu un pays tiers. En cette circonstance il ne peut avoir les mêmes droits et bénéficier des mêmes avantages, ni être soumis aux mêmes obligations qu'un État membre de l'Union européenne. Les arrangements en matière de coopération des « services répressifs et judiciaires »[1] de l'Union et du Royaume-Uni en matière pénale ont été modifiés. Les mécanismes fondés sur la reconnaissance mutuelle sont désormais remplacés par l'entraide judiciaire. *A fortiori*, le Royaume-Uni n'est plus membre des services répressifs de l'Union européenne. Son accès aux bases de données est limité ou nul. Dans l'idée de parvenir à un accord permettant une coopération efficace, des progrès tangibles ont été nécessaires dans le domaine de la sécurité et de la coopération des services répressifs et judiciaires en matière pénale. En revanche l'Union s'est fermement opposée à la demande du Royaume-Uni de bénéficier d'un accès direct aux systèmes de données et d'information de l'Union européenne dans le domaine de la justice et des affaires intérieures. Par voie de conséquence le Royaume-Uni, en tant que pays tiers non membre de l'espace Schengen ne peut pas disposer d'un accès direct aux données des systèmes d'information de l'Union européenne.

[1] Rapport de la Commission et du Parlement européen et au Conseil sur la mise en œuvre et l'application de l'accord de commerce et de coopération entre l'Union européenne et le Royaume-Uni de Grande-Bretagne et d'Irlande du Nord (1er janvier – 31 décembre 2021) COM(2022) 126 final du 24.3.2022.

Raison pour laquelle tout partage d'information comportant des données à caractère personnel avec le Royaume-Uni est soumis à des règles strictes de garantie et de contrôle. Certes l'accord de commerce et de coopération entre l'Union et la Grande-Bretagne prévoit une coopération entre les parties. Cette coopération s'effectue désormais selon le principe des relations avec les pays tiers. L'objectif de l'Union est d'instaurer une relation stable et positive avec le Royaume-Uni. À notre point de vue, des progrès satisfaisants ont été réalisés dans la mise en place des structures de coopération et de la protection juridictionnelle. Mais des défis subsistent, entre autres ceux liés à la mise en œuvre du protocole sur l'Irlande et l'Irlande du Nord suite à l'accord de retrait.

B. Les procédures de coopération policière

Le Royaume-Uni a toujours été un proche allié de l'Union dans le domaine de la sécurité. Les deux parties ont donc décidé de poursuivre cette coopération malgré le retrait du Royaume-Uni de l'Union européenne. À la fin de la période de transition « la coopération entre le Royaume-Uni et Europol »[1] s'est poursuivie sur la base du statut de pays tiers et sous réserve d'accords bilatéraux. Ce partenariat prévoit une coopération entre le Royaume-Uni, Europol et Eurojust conformément aux arrangements visant la coopération avec des pays tiers définis dans la « législation pertinente de l'Union européenne »[2].

---

[1] Rapport de la Commission au Parlement européen et au Conseil sur la mise en œuvre et l'application de l'accord de commerce et de coopération entre l'Union européenne et le Royaume-Uni de Grande-Bretagne et d'Irlande du Nord (1er janvier – 31 décembre 2021), COM (2022) 126 final du 24.3.2022, p. 19.

[2] *Cf.* les avis 14/2021 et 15/2021 du comité européen de la protection des données du 13 avril 2021 concernant le projet d'exécution de la Commission conformément à la directive (UE) 2016/680.

À l'évidence le Royaume-Uni est signataire de la CEDH et de la Convention du Conseil de l'Europe pour la protection des personnes à l'égard du traitement automatisé des données à caractère personnel. Évidemment la Cour de justice attend du Royaume-Uni qu'il garantisse le même « cadre minimal de protection des données »[1]. Le partenariat entre l'Union et le Royaume-Uni repose sur les principes directeurs et les objectifs clés. En réalité dans le cadre de cette grille de lecture, il est envisagé de présenter ce partenariat dans son volet sécurité, c'est-à-dire eu égard aux procédures de coopération des services répressifs, coopération policière et échanges d'informations. Après le *Brexit*, le partenariat dans le domaine de la sécurité prévoit une étroite coopération des services répressifs et judiciaires en matière de prévention des infractions pénales ainsi que des enquêtes et des poursuites relatives à ces infractions.

Le partenariat prend surtout en compte le fait que, le Royaume-Uni a désormais le statut de pays tiers non membre de l'espace Schengen. Ce qui soulève le problème de la garantie afférente à une protection juridictionnelle de la Cour de justice. Le but est de préserver l'autonomie décisionnelle de l'Union et l'intégrité de son ordre juridique. Cette relation de coopération repose sur des engagements de respect des droits fondamentaux et notamment d'une protection adéquate des données à caractère personnel. Malgré la mise en place des procédures de coopération policière, le cadre juridique britannique relatif à la protection des données à caractère personnel pose problème, il n'est pas adéquat.

---

[1] Résolution du Parlement européen du 21 mai 2021 sur le niveau de protection adéquat des données à caractère personnel assuré par le Royaume-Uni (2021/2594(RSP)) (2022 / C 15/23) (*JOUE* n° C 15 du 12.1.2022, p. 221).

En revanche le partenariat en matière de sécurité respecte la souveraineté du Royaume-Uni et l'autonomie de l'Union européenne. Les parties conviennent de l'intérêt qu'il y a à faciliter la coopération opérationnelle entre les services répressifs et les autorités judiciaires du Royaume-Uni et des États membres. L'objectif affiché est d'œuvrer ensemble pour définir les termes de la coopération du Royaume-Uni par l'intermédiaire d'Europol et d'Eurojust pour la sécurité de l'Europe et de la sûreté de leurs citoyens respectifs.

Par dérogation de l'article 8 de l'accord de retrait du Royaume-Uni de l'Union, le Royaume-Uni est autorisé à utiliser, pendant une durée maximale d'un an après la fin de la période de transition, l'application de réseau d'échange sécurisé d'information (SIENA). À cet égard la Cour de justice pose des limites à des surveillances de masse et exige que le Royaume-Uni soit soumis à des « règles strictes de garantie »[1], de contrôle et de surveillance, notamment pour avoir un niveau de protection des données à caractère personnel équivalent à celui que prévoit le droit de l'Union européenne. À la suite des attentes de la Cour de justice, dans sa « résolution du 12 février 2020 »[2], le Parlement européen souligne l'idée selon laquelle le Royaume-Uni ne peut pas disposer d'un accès direct aux données des systèmes d'information de l'Union européenne ou participer aux structures de gestion des agences de l'Union dans le domaine de la liberté, de la sécurité et de la justice.

---

1 CJUE, 6 octobre 2020, *Privacy International / Secretary of State of Foreign and Commonwealth affairs e.a,* aff. C-623/17, *Rec.*, p. I-790.

2 Résolution du Parlement européen du 12 février 2020 sur la proposition de mandat de négociation en vue d'un nouveau partenariat avec le Royaume-Uni de Grande-Bretagne et d'Irlande du Nord (2020/2557 (RSP)) (2021/ C 294/04) *(JOUE*, n° C 294 du 23.7.2021, p. 31).

Le Parlement européen fait valoir des lacunes constatées dans la manière dont le Royaume-Uni a mis en œuvre la législation sur la protection des données alors qu'il était encore membre de l'Union européenne. Le partenariat entre l'Union européenne et le Royaume-Uni tient surtout compte de leur proximité géographique et de l'évolution des menaces, parmi lesquelles figurent le terrorisme, la grande criminalité internationale, les cyberattaques, les menaces hybrides, l'érosion de l'ordre international fondé sur des règles et la résurgence de menaces de nature étatique. Finalement l'étude des procédures de coopération policière suggère quelques constatations. En effet conformément à la jurisprudence *Schrems*[1] de la Cour de justice, le cadre juridique britannique en matière de protection des données n'est pas à la hauteur des attentes de l'Union européenne. Le Royaume-Uni doit donc fournir un haut niveau de protection de données équivalent à celui apporté par le cadre juridique de l'Union, notamment en ce qui concerne les transferts vers des pays tiers.

[1] CJUE, 16 juillet 2020, *Schrems II*, aff. C-311/18, *Rec.*, p. I-559.

Conclusion du Chapitre 1

Le droit anglais a joué un rôle crucial dans le processus d'intégration européenne. Pendant la période de transition et après le *Brexit*, la doctrine de la protection juridictionnelle de la Cour de justice s'est adaptée aux mécanismes qui ont été mis en place. La finalité est d'assurer la sécurité juridique une fois que le droit de l'Union européenne aura cessé de s'appliquer au Royaume-Uni, afin de mieux assurer la protection juridictionnelle des justiciables du droit de l'Union. La Cour de justice envisage l'ELSJ comme un espace où le droit au juge à toute sa place. En filigrane l'idée c'est de pouvoir étendre suffisamment les compétences et le contrôle juridictionnel de la Cour de justice de l'Union dans l'espace judiciaire européen. Dans l'appréciation de cette analyse, l'accord de retrait du Royaume-Uni de l'Union européenne et les accords de coopération entre le Royaume-Uni, Europol et Eurojust n'ont pas été suivis d'un dispositif contentieux à la hauteur des enjeux de l'intégration européenne.

Après le retrait du Royaume-Uni de l'Union européenne, l'accord de retrait a prévu une période de transition jusqu'au 31 décembre 2020. Durant cette période, l'approche de la Cour de justice a été de donner un plein effet au droit de l'Union et à l'accord de retrait du Royaume-Uni de l'Union, par une interprétation qui suppose la mise en place de mécanismes de contrôle juridictionnel et de garantie dans l'ELSJ. Progressivement le contrôle de la légalité des actes d'Eurojust et d'Europol s'est posé en termes de stratégie d'adaptation et de renforcement du contrôle juridictionnel de la Cour de justice dans l'ELSJ. Malgré la délimitation des compétences de la Cour de justice face au contentieux d'Europol, le *Brexit* donne une nouvelle dimension à la coopération policière en Europe.

Des progrès ont été réalisés dans la mise en place des structures de coopération après le *Brexit*, mais certains défis subsistent. Le partenariat avec le Royaume-Uni dans le domaine de la sécurité, qui prévoit une étroite collaboration des services répressifs et judiciaires en matière de prévention des infractions pénales n'est pas à la hauteur des attentes de l'Union européenne. Finalement il se révèle que le cadre juridique britannique de la protection des données à caractère personnel n'est pas approprié. Le problème de la garantie afférente à une protection juridictionnelle de la Cour de justice se pose sérieusement d'autant plus que le Royaume-Uni a désormais le statut de pays tiers.

Chapitre 2

La juridictionnalisation de la politique étrangère et de sécurité commune

La PESC est l'un des domaines régaliens des États membres de l'Union de l'Union européenne. Les limites et les insuffisances de la juridictionnalisation de la politique étrangère et de sécurité commune constituent sans doute « la volonté de la Cour de justice de connaître le contrôle de la légalité des actes décisionnels propres au domaine de la PESC »[1]. Il importe de souligner que sur le fond le traité de Lisbonne maintient en règle générale l'incompétence de la Cour de justice dans les domaines de la PESC, notamment dans les articles 24, § 1 TUE et 275 TFUE.

Toutefois la quête d'une juridictionnalisation de la politique étrangère peut trouver certaines justifications solides en phases avec les thèses jurisprudentielles de « la protection juridictionnelle effective des justiciables »[2]. Par ailleurs le traité de Lisbonne renforce légèrement le contrôle juridictionnel exercé par la Cour de justice en introduisant deux tempéraments à ce principe.

D'un côté la Cour de justice est compétente pour contrôler la légalité des mesures restrictives adoptées par l'Union européenne à l'encontre des personnes physiques ou morales dans le cadre de la PESC, alors qu'il n'existe pas de recours actuellement contre ces sanctions.

---

1 C. RAPOPORT, « La Cour de justice de l'Union européenne et les mesures restrictives dans le cadre de la lutte antiterroriste. Quelles évolutions après Lisbonne ? », *op. cit.*, p. 156.

2 T., 23 novembre 2011, *Sison/Conseil*, aff. T-341/07, *Rec.*, p. II-7915, points 77 et 81.

En outre « la Cour de justice peut se prononcer sur la compatibilité d'un accord international relevant de la PESC avec les traités »[1], compte tenu de l'unification des procédures de négociation et de conclusion des accords internationaux. Cette orientation se manifeste par les critères d'appréciation de la juridictionnalisation de la PESC (Section 1) en admettant que les innovations apportées par le traité de Lisbonne (Section 2), ne suffisent pas pour pallier aux insuffisances du contrôle de la Cour de justice. Après le *Brexit* le nouveau partenariat entre l'Union européenne et le Royaume-Uni repose entre autres sur des arrangements en matière de PESC. On notera avec grand intérêt que ce partenariat reflète les conclusions et les orientations[2] du Conseil européen et s'appuie sur la « déclaration politique »[3] fixant le cadre de leurs relations futures entre les deux parties.

Section 1. Les critères d'appréciation de la juridictionnalisation

L'étude des dispositions de la PESC conserve une réalité certaine sur les limites de sa juridictionnalisation, puisqu'elle permet avant tout d'éclairer l'occupation juridictionnelle du terrain rendue plus difficile par la configuration même du « droit de la PESC »[4].

---

[1] E. NEFRAMI, « L'aspect externe de l'espace de liberté, de sécurité et de justice : quel respect des principes et objectifs de l'action extérieure de l'Union ? », *op. cit.,* pp. 524 et s.

[2] *Cf.* Décision (UE, Euratom) 2020/266 du Conseil du 25 février 2020 autorisant l'ouverture de négociations avec le Royaume-Uni de Grande-Bretagne et d'Irlande du Nord en vue d'un nouvel accord de partenariat (*JOUE*, n° L 58 du 27.2.2020, p. 53).

[3] Déclaration politique fixant le cadre des relations futures entre l'Union européenne et le Royaume-Uni (2019/ C 384 I/02) (*JOUE* n° C 384, p. 178).

[4] *Cf.* Déclarations (13) et (14) sur la politique étrangère et de sécurité commune (*JOUE*, n° C 326, du 26 octobre 2012).

Hormis les difficultés d'accéder au contrôle des actes de la PESC, la Cour de justice s'est trouvée confrontée à un droit d'une autre nature que le droit de l'Union européenne à vocation d'intégration. En s'appuyant sur la notion du droit au droit et à celle d'une protection juridictionnelle effective de l'arrêt *Commission/Conseil,* du 20 mai 2008, la Cour de justice s'est refusée de voir dans la PESC « une zone interdite qui exclurait son contrôle et s'assimilerait à une zone de non-droit »[1]. Dans ces conditions et au vu des dispositions de mise en place de la PESC (§ 1), la Cour de justice a affirmé la nécessité en toutes circonstances d'assurer le respect des droits de la défense des particuliers (§ 2). Le retrait du Royaume-Uni de l'Union européenne ne renforce pas les compétences de la Cour de justice dans le domaine de la PESC.

§ 1. La mise en œuvre des dispositions de la PESC

Pour comprendre les critiques portées contre la juridictionnalisation de la politique étrangère et de sécurité commune, une interprétation téléologique de l'article 275 TFUE est nécessaire. Pour mémoire l'interprétation téléologique est fondée sur la finalité poursuivie par l'acte juridique interprété. L'hypothèse de base est selon cette interprétation « les carences concernant le système normatif et le contrôle juridictionnel des actes du deuxième pilier »[2]. Selon une clarification sur la question « compte tenu de telles carences, on ne peut pas qualifier l'Union européenne d'Union de droit »[3].

---

[1] G. VANDERSANDEN, « Le traité de Lisbonne et le contentieux de la politique étrangère et de sécurité commune », *op. cit.,* p. 695.
[2] I. GOVAERE et V. DEMEDTS, « Quelle définition de '' l'externe '' en matière d'ELSJ ? Le cadre et les enjeux », *op. cit.,* pp. 489-508.
[3] L. BURGORGUE-LARSEN, « Les résistances des États de droit », *in* J. RIDEAU (sous la dir.), *De la Communauté de droit à l'Union de droit. Continuités et avatars européens*, Paris, LGDJ, 2000, p. 431.

En critiquant aussi sévèrement cette rhétorique, la doctrine quant à elle trouve cependant que l'article 2 TUE marque un attachement de l'Union à des conceptions bien établies de l'État de droit dans les États membres de l'Union européenne. Cette remarque doctrinale conduit à une autre appréciation. Autrement dit cet article pourrait servir de fondement à la construction progressive d'une protection juridictionnelle effective et ainsi « justifier un développement de la juridictionnalisation de la politique étrangère et de sécurité commune qui a déjà largement été amorcé »[1]. L'analyse de ce raisonnement fait appel aux dispositions du traité de Lisbonne concernant la politique étrangère et de sécurité commune, ainsi qu'à la suppression des piliers de l'Union européenne qui caractérise le droit de la PESC.

À la lecture de l'interprétation du traité de Lisbonne par certains auteurs « la suppression de la structure en piliers de l'Union contribue à la simplification et à la transparence du fonctionnement de l'Union »[2]. En revanche une interprétation jurisprudentielle de la Cour de justice démontre qu'elle n'entraîne cependant pas « une communautarisation complète des matières relevant de l'ex-deuxième pilier »[3]. Et ce n'est pas tout. La spécificité de la PESC est confirmée par son maintien dans le TUE, alors que la coopération policière et pénale a été transférée

---

[1] H. LABAYLE, « Les nouveaux domaines d'intervention de la Cour de justice : l'espace de liberté, de sécurité et de justice », *op. cit.*, p. 75.

[2] V. EDJAHARIAN, « Les compétences dans le traité de Lisbonne : la constitutionnalisation de l'Union européenne interrogée », E. BROSSET, C. CHEVALLIER-GOVERS, V. EDJAHARIAN et C. SCHNEIDER (sous la dir.), *Le traité de Lisbonne. Reconfiguration ou déconstitutionnalisation de l'Union européenne ?* Bruxelles, Bruylant, 2009, p. 243.

[3] G. VANDERSANDEN, « Le traité de Lisbonne et le contentieux de la politique étrangère et de sécurité commune », *op. cit.*, p. 675.

du TUE au TFUE. La fusion des piliers n'a donc pas entraîné celle des procédures. Par la suite la fusion des piliers a pour effet de rendre applicable à la PESC et à la coopération policière et pénale toutes les dispositions des traités ayant un caractère horizontal. Plus précisément cela signifie que « le protocole sur les privilèges et immunités de la Communauté »[1] est étendu à l'ensemble de l'Union ainsi qu'à ses agences. Mais encore la clause de flexibilité de l'article 352 TFUE peut être utilisée en « matière de coopération policière et pénale »[2]. Elle ne l'est pas en revanche pour la PESC compte tenu d'une exclusion expresse.

Du reste le traité de Lisbonne comporte des avancées majeures pour la défense européenne. La politique européenne de sécurité et de défense (PESD) est rebaptisée, politique de sécurité et de défense commune (PSDC) par le traité de Lisbonne afin d'insister sur l'objectif de défense commune. En clair sur le plan sémantique, la PSDC est présentée comme un but de la PESC. Le droit de la PESC est cependant influencé par des dispositions relatives à son évolution. Suite à une logique de renforcement des activités de la PESC, la création du haut représentant de l'Union pour les affaires étrangères et la politique de sécurité vise à donner à l'action extérieure de l'Union davantage de cohérence.

---

[1] O. DE SCHUTTER, « Le rôle de la Cour de justice des Communautés européennes dans l'espace judiciaire européen », *op. cit.,* p. 68. *Cf.* également les dispositions du Protocole sur l'application de la Charte des droits fondamentaux de l'Union européenne à la Pologne et au Royaume-Uni du Traité de Lisbonne (TUE et TFUE).

[2] G. FOURNIER, « Coopération judiciaire de l'Union européenne en matière pénale : quelle contribution à un universalisme pénal ? », *in* C. FLAESCH-MOUGIN et L. SERENA ROSSI (sous la dir.), *La dimension extérieure de l'espace de liberté, de sécurité et de justice de l'Union européenne après le traité de Lisbonne,* Bruxelles, Bruylant, coll. Rencontres européennes, 2013, p. 462.

La démarcation formelle stricte entre une action extérieure noble figurant au traité sur l'Union européenne et une action extérieure figurant sur le TFUE résiste mal à un examen approfondi de la protection juridictionnelle effective des justiciables du droit de l'Union. À titre d'indication « l'essentiel du régime juridique de la PESC figure sur le TUE »[1]. En toute logique, nos préoccupations se portent en partie sur la juridictionnalisation effective de la PESC. Mais les dispositions du TFUE sur la PESC sont nécessaires pour apprécier dans son ensemble le régime juridique de la PESC.

Bien évidemment cela ne facilite pas la visibilité du droit du régime juridique de la PESC qualifié par le législateur sous le vocable le droit de la PESC. De même comme il a été souvent souligné, pour mieux regretter l'absence de contrôle juridictionnel effectif des actes de la PESC et de la PSDC, les limites du contrôle juridictionnel de la Cour de justice ressortent clairement des dispositions du traité de Lisbonne. Assurément le fonctionnement de la PESC reste toujours caractérisé par une logique intergouvernementale. Le fruit de la juridictionnalisation consiste par conséquent à reconnaître la nécessité d'un contrôle juridictionnel effectif des actes de la PESC. Sur cet angle d'approche on ne peut en effet que regretter la timidité qui accompagne la reconnaissance des compétences de la Cour de justice dans le cadre de la politique étrangère et de sécurité commune.

---

[1] I. BOSSE-PLATIÈRE, « Le Parlement européen et le volet externe de l'espace de liberté, de sécurité et de justice », *in* C. FLAESCH-MOUGIN et L. SERENA ROSSI, *La dimension extérieure de l'espace de liberté, de sécurité et de justice de l'Union européenne après le traité de Lisbonne*, Bruxelles, Bruylant, coll. Rencontres européennes, 2013, p. 83.

§ 2. Le contrôle de la légalité des actes décisionnels de la PESC

Selon les dispositions de l'article 275 TFUE « la Cour de justice de l'Union européenne n'est pas compétente en ce qui concerne les dispositions relatives à la politique étrangère et de sécurité commune, ni en ce qui concerne les actes adoptés à la base »[1]. En principe le traité de Lisbonne révèle la volonté des États membres de soustraire le domaine de la politique étrangère et de sécurité commune à la compétence du juge de l'Union. Néanmoins une autre lecture de l'article 275 TFUE renforce cependant le contrôle juridictionnel exercé par la Cour de justice en ces termes « toutefois, la Cour est compétente pour contrôler le respect de l'article 40 du traité sur l'Union européenne et se prononcer sur les recours formés dans les conditions prévues à l'article 263 quatrième alinéa du présent traité »[2]. L'article 263 TFUE détermine les règles applicables à la Cour.

Ceci dit l'appréciation des compétences de la Cour de justice en ce qui concerne les actes de la PESC conduit à une double réflexion. Tout d'abord le contrôle de la légalité des actes décisionnels propres au domaine de la PESC est soustrait à l'examen de la Cour de justice. Selon une lecture du TFUE l'interdiction posée par le premier alinéa de l'article 275 TFUE est claire et radicale : « toute action qui serait portée à la connaissance de la Cour et qui concernerait les dispositions figurant sous le titre V du

[1] C. RAPOPORT, « La Cour de justice de l'Union européenne et les mesures restrictives dans le cadre de la lutte antiterroriste. Quelles évolutions après Lisbonne ? », *op. cit.*, p. 151.

[2] N. SCANDAMIS, « L'intérêt de sécurité à l'œuvre dans l'Union européenne : l'ordre des compétences pris en défaut ? », *in* E. NEFRAMI (sous la dir.), *Objectifs et compétences dans l'Union européenne*, Bruxelles, Bruylant, coll. Droit de l'Union européenne – Colloques, 2012, p. 144.

traité sur l'UE, devrait être déclarée irrecevable pour cause de défaut de compétence »[1]. Force est de constater que cette absence de compétences de la Cour de justice concerne en même temps « les dispositions générales et spécifiques »[2]. Néanmoins l'intérêt attaché au droit au recours juridictionnel effectif n'a pas manqué de placer au premier plan le droit au juge qui apparaît comme étant une condition de l'effectivité des règles juridiques et le fer de lance de l'Union de droit. Pour cette raison l'accès à la justice même dans les domaines impliquant les actes de la PESC est devenu l'expression fondamentale qui doit être concrètement mise en œuvre malgré les résistances du législateur. Rappelons à ce sujet la prise de position de la doctrine.

Pour les auteurs du traité « les actes pris au titre de la PESC sont assimilables à des actes de gouvernement, donc ne justifient pas de contrôle juridictionnel »[3]. Désormais malgré le recours au principe du droit d'accès au juge par la jurisprudence, le traité de Lisbonne interdit à la Cour de justice de se prononcer sur un acte de la PESC même s'il revêt un caractère décisionnel. Cela étant il importe de souligner que la Cour de justice est compétente pour contrôler la légalité des mesures restrictives adoptées par l'Union européenne à l'encontre des personnes physiques ou morales dans le cadre de la PESC. Ce mécanisme qui est une exception à la règle a pour effet d'étendre la compétence de la Cour de justice au contrôle de la légalité des actes pris dans le domaine de la PESC.

---

[1] G. VANDERSANDEN, « Le traité de Lisbonne et le contentieux de la politique étrangère et de sécurité commune », *op. cit.*, pp. 671-697.

[2] H. FLAVIER, *La contribution des relations extérieures à la construction de l'ordre constitutionnel de l'Union européenne, op. cit.*, p. 694.

[3] *Ibid.*, p. 695.

Selon les dispositions de l'article 40 TUE « la Cour de justice reste gardienne des frontières juridiques entre les traités et veille à ce que les procédures et les pouvoirs respectifs attribués aux institutions soient respectés »[1]. En ce sens pour le Conseil de l'Union européenne, la Cour de justice assume un rôle équivalent à celui d'une Cour constitutionnelle. En réalité une interprétation du traité de Lisbonne s'attache à démontrer plus précisément que « le point de repère de ce contrôle est fixé dans les articles 3 à 6 du traité sur le fonctionnement de l'Union européenne qui couvre la partie communautaire des traités »[2]. C'est-à-dire la partie qui correspond au processus d'intégration le plus poussé et qui ne saurait en aucun cas détournée de sa finalité, la mise en place d'une Union de droit.

Après tout l'ex-deuxième pilier, la PESC n'a guère fait progresser la cause du contrôle juridictionnel de la Cour de justice. Plaçant l'ensemble de la politique étrangère et de sécurité commune sous le sceau des méthodes de travail intergouvernemental. L'article 275 TFUE exclut d'emblée un contrôle juridictionnel de la Cour de justice sur les actes de la PESC. Quoi qu'il en soit le progrès limité de la juridictionnalisation de la PESC réalisé par le traité de Lisbonne constitue en quelque sorte « une extension de la justice au-delà du piler communautaire »[3].

---

[1] *Ibid.*, pp. 697 et s. *Cf.* également, l'article 6 de la directive 76/207 concernant l'existence d'un recours juridictionnel effectif (CJCE, 15 mai 1986, *Johnston,* aff. 222/84, *Rec.,* p. 1651).

[2] L. POTVIN-SOLIS, « Compétences partagées et objectifs matériels », *in* E. NEFRAMI (sous la dir.), *Objectifs et compétences dans l'Union européenne*, Bruxelles, Bruylant, Coll. Droit de l'Union européenne – Colloques, 2012, p. 34.

[3] A. BARLETTA, « Le contrôle de la répartition des compétences en matière pénale : la recherche de l'équilibre institutionnel », *in* G. GIUDICELLI-DELAGE et S. MANACORDIA (sous la dir.), *Cour de justice et justice pénale en Europe*, Paris, Société de la législation comparée, 2010, p. 116.

De toute façon la Cour de justice devrait d'abord se contenter d'une juridictionnalisation à minima de la PESC bien loin de ses ambitions. Pour terminer le *Brexit* permet d'analyser la juridictionnalisation la PESC au travers d'un axe différent. D'une certaine manière la Cour de justice trouve dans le *Brexit* une opportunité pour affirmer le rôle renouvelé du contrôle juridictionnel des actes de la PESC. À la lecture de l'accord de retrait, les idéaux défendus par l'Union européenne ne vont pas sans rencontrer « des résistances au Royaume-Uni »[1]. Bien qu'il soit exclu des structures décisionnelles de l'Union européenne, le Royaume-Uni est un partenaire fiable et indispensable pour apporter des réponses communes aux défis en matière de politique étrangère, de sécurité et de défense dans le voisinage immédiat de l'Europe et sur la scène internationale. Contrairement à la déclaration qui prévoyait un partenariat ambitieux et approfondi dans le domaine de politique étrangère, de la sécurité et de la défense, le Royaume-Uni a refusé de négocier sur ces aspects dans le cadre d'un accord. Cependant les nouvelles relations entre l'Union européenne et le Royaume-Uni font l'objet d'une coopération approfondie dans le domaine de la PESC.

Section 2. La dialectique entre codification de la PESC et protection juridictionnelle

Le traité de Lisbonne apporte une simplification dans la structure des traités. Après un préambule rappelant notamment la volonté de changement des signataires, il va aussi loin qu'il était possible d'aller sans codifier les traités existants.

---

[1] Résultat des négociations entre l'Union européenne et le Royaume-Uni. Résolution du Parlement européen du 28 avril 2021 sur le résultat des négociations entre l'Union européenne et le Royaume-Uni (2021/C 506/06) (*JOUE* n° C 506 du 15.12.2021, p. 31).

En outre sous l'intitulé : « la voie vers une Constitution pour les citoyens européens »[1], la Déclaration de Laeken sur l'avenir de l'Union européenne pose des questions relatives à la simplification des traités et de la division en trois piliers de l'Union européenne. Sur ce plan le traité de Lisbonne permet de réaliser la plupart des souhaits de simplification qu'avaient émis les institutions. Mis à part ce que la doctrine qualifie de « la déconstitutionnalisation du traité »[2], le traité de Lisbonne ne tient pas compte de la codification retenue dans le traité constitutionnel.

De toute manière le traité de Lisbonne réunit en effet les anciens premier et troisième piliers, le statut de l'ex-deuxième pilier subsiste y compris pour ce qui est de l'incompétence de la Cour de justice (§ 1). Ces modifications de la compétence du juge de l'Union ne contribuent pas au renforcement de la protection juridictionnelle (§ 2). Suite à l'accord sur le retrait du Royaume-Uni de l'Union européenne, pendant la période de transition, en vertu de l'article 127 paragraphe 1 dudit accord, le droit de l'Union européenne produit à l'égard du Royaume-Uni et de son territoire les mêmes effets juridiques que ceux qu'il produit au sein de l'Union européenne et de ses États membres, selon les méthodes d'interprétation de la Cour de justice de l'Union.

---

[1] F. CHALTIEL, « La séparation horizontale des pouvoirs », *in* B. MATHIEU, M. VERPEAUX et F. MÉLIN-SOUCRAMANIEN (sous la dir.), *Constitution et construction européenne*, Paris, Dalloz, 2006, p. 112.

[2] C. SCHNEIDER, « Brèves réflexions iconoclastes sur la « déconstitutionnalisation » de la politique étrangère de sécurité commune et de défense », *op. cit.*, p. 288.

§ 1. La qualification juridique de la codification du traité de Lisbonne

Dans l'arrêt *Weber/Parlement européen*, affaire C-314/91 « la Cour de justice a reconnu la qualité de charte constitutionnelle de base aux traités »[1]. Autrement dit cette charte est devenue « une charte constitutionnelle d'une Union de droit »[2] avec l'entrée en vigueur du traité de Lisbonne. La qualification juridique de la codification du droit de l'Union européenne englobe le traité de Lisbonne qui a modifié le traité sur l'Union européenne et transformer le traité instituant la Communauté européenne en traité sur le fonctionnement de l'Union européenne. En plus il faut ajouter également la Charte des droits fondamentaux de l'Union européenne.

Pour mieux souligner les limites de cette simplification des traités en matière de PESC, le temps se prête particulièrement à une réflexion approfondie sur la codification qui permet à la doctrine d'introduire le néologisme « déconstitutionnalisation »[3]. Avant tout le traité de Lisbonne est supposé mettre fin à la structure en pilier de l'Union européenne. Nous pouvons noter que le traité de Lisbonne dissocie les volets de l'action extérieure en incluant les dispositions relatives à la PESC dans le TUE et l'essentiel des dispositions relatives aux actions extérieures qui ne sont pas de la PESC dans le TFUE. Dans la mesure où la mise à l'écart de la PESC se trouve confirmer dans le volet intégration de l'Union européenne,

---

[1] CJCE, 23 mars 1993, *Weber/Parlement européen*, aff. C-314/91, *Rec.*, p. I-1093, points 8-9. Il s'agit de préciser le rôle de la Cour de justice en tant que garant du respect des traités, entendus comme « charte constitutionnelle européenne ».

[2] CJUE, 29 juin 2010, *E et F*, aff. C-550/09, *Rec.*, p. I- 6213, point 44.

[3] C. SCHNEIDER, « Brèves réflexions iconoclastes sur la « déconstitutionnalisation » de la politique étrangère de sécurité commune et de défense », *op. cit.*, p. 294.

à cet égard la thèse selon laquelle « la suppression des piliers favorise l'intégration demeure à cet égard largement une apparence »[1]. Dans le même ordre de raisonnement, la lecture de l'article 23 TUE définit le contenu de la PESC. Ainsi la PESC est soumise à des règles et procédures spécifiques, le Parlement et la Commission européenne jouent des rôles spécifiques « la compétence de la Cour de justice de l'Union est exclue sous réserve de certaines exceptions »[2]. En généralisant cette interprétation du traité, l'article 40 TUE maintient malgré la disparition théorique des piliers, une séparation entre la PESC et les autres politiques en excluant les éventuelles interférences réciproques pouvant affecter l'application des procédures et l'étendue respective des attributions.

En même temps selon l'article 275, § 2, TFUE, la Cour a compétence pour veiller au respect de cette délimitation. Cette exigence prend toute sa dimension dans la mise en place d'une Union de droit, dont l'ambition de la Cour de justice est de donner aux citoyens les garanties d'une protection juridictionnelle effective. Au sujet des principes de l'Union de droit l'article 40 TUE confirme l'absence de juridictionnalisation de la PESC. Il apparaît dès lors que la volonté de préciser et d'encadrer la séparation entre la PESC et les autres politiques malgré la suppression des piliers, souligne le dilemme du juge de l'Union face à des obligations contradictoires en matière de protection des droits des justiciables.

[1] A. BARLETTA, « Le contrôle de la répartition des compétences en matière pénale : la recherche de l'équilibre institutionnel », *op. cit.*, p. 117.
[2] *Ibid.*, p. 118.

À la suite de cette réflexion « le traité de Lisbonne n'a pas su revenir sur des lacunes de la constitution matérielle de la PESC et de la PSDC »[1], dénoncées par la doctrine. Il s'agit des insuffisances du système distributif de compétences propres à la PESC et la délimitation résiduelle des compétences de la Cour de justice entre TUE et TFUE. Raison pour laquelle les hypothèses d'une déconstitutionnalisation de la PESD sont avancées. En réalité le retour au premier plan pour l'élaboration du traité de Lisbonne à ces dérives des méthodes dites gouvernementales, qui constituerait ainsi selon cette analyse une première expression d'une certaine déconstitutionnalisation est menée de manière contrastée. En effet la PESC et la PSDC ont en commun le privilège d'être les deux seules à figurer quasi intégralement dans le TUE alors que toutes les autres politiques sont quant à elles ramenées au TFUE. Pour l'essentiel on assiste avec le traité de Lisbonnc à une régression spectaculaire de l'intégration juridique européenne dans l'ex-deuxième pilier de l'Union. Par voie de conséquence le traité de Lisbonne a procédé à « une communautarisation nuancée »[2] d'objectifs intergouvernementaux. S'il a introduit la Cour de justice dans le nouveau Titre V, article 24 TUE, il a tout à la fois restreint son rôle tout en maintenant l'essence intergouvernementale de la PESC. En cette circonstance, ce rapprochement résulte principalement de la mise en place d'un début de contrôle juridictionnel par la Cour de justice.

---

[1] C. SCHNEIDER, « Brèves réflexions iconoclastes sur la « déconstitutionnalisation » de la politique étrangère, de sécurité commune et de défense », *op. cit.*, p. 290.

[2] A. BARLETTA, « Le contrôle de la répartition des compétences en matière pénale : la recherche de l'équilibre institutionnel », *op. cit.*, p. 118.

§ 2. La contribution contestée de la PESC à la protection juridictionnelle

La PESC de l'Union européenne est au cœur d'une controverse sur le renforcement de la protection juridictionnelle effective. Emporté dans son élan de déconstitutionnalisation de la PESC, c'est-à-dire d'élimination de toutes les traces d'influence *constitutionnelle*[1], le traité de Lisbonne supprime la structure en pilier de l'Union. Cependant l'intégration de l'ex-deuxième pilier dans le droit de l'Union s'opère au détriment du contrôle juridictionnel par la Cour de justice des actes de la PESC. Deux hypothèses sont envisageables pour élucider la réflexion sur les limites de la juridictionnalisation de la PESC. Dans la première hypothèse, la constitutionnalisation formelle de l'acquis pose le principe du cadre institutionnel unique. Au regard des enseignements du titre IV du TUE sur les coopérations renforcées l'article 20 TUE indique clairement que « les coopérations renforcées ne doivent pas affecter l'acquis de l'Union »[2]. À cet effet la PESC se doit de respecter et de développer l'acquis de l'Union, dès lors qu'on puisse estimer que l'acquis suppose un minimum de juridicité et de stabilité. Sur cette base le traité de Lisbonne achève l'évolution régressive de l'intégration européenne et peut même être considéré comme portant un coup sévère à l'idée d'une protection juridictionnelle effective. L'appréciation de cette hypothèse permet d'affirmer que les spécificités des coopérations renforcées en matière de PESC sont maintenues et posent surtout des limites à l'idée d'Union de droit.

---

1 CJUE, 6 octobre 2020, *Bank Refah Kargaran / Conseil,* aff. C-134/19 P, non encore publié (e).

2 H. FLAVIER, *La contribution des relations extérieures à la construction de l'ordre constitutionnel de l'Union européenne, op. cit.,* p. 630.

Sans aucun doute le traité de Lisbonne apporte peu de changement à la politique étrangère et de sécurité commune, en dépit de son importance pour la protection juridictionnelle des justiciables. En réalité l'acquis de l'Union compris dans le sens du « pilier supranational de l'Union »[1] ou de « pilier de l'intégration »[2] et la PESC-PSDC obéissent à des principes structurels complètement différents. Dans un tel contexte la question de la relation entre l'ordre supranational et le bloc intergouvernemental constitue une question de premier ordre en ce qui concerne le renforcement de la protection juridictionnelle. Si la notion de juridictionnalisation de la PESC est de nature à favoriser la protection juridictionnelle des justiciables du droit de l'Union européenne, il convient néanmoins de souligner que le droit au droit et le droit au juge contribuent fermement à assurer cette protection des justiciables dans les domaines de la PESC. Dans la deuxième hypothèse, la protection juridictionnelle contre les actes de la PESC affermit le droit du citoyen de l'Union d'accéder à une voie de droit effective en consolidant l'Union de droit. Certes la protection des justiciables de l'Union contre les actes de la PESC peut contribuer à garantir le droit au droit et à assurer les conditions d'un procès équitable. Cependant les limites du contrôle juridictionnel de la Cour aux domaines relevant de la PESC en vertu de l'article 24 TUE conduisent à amplifier la différenciation des rapports entre une intégration européenne supranationale et une intégration dite « intergouvernementale »[3].

---

[1] O. DE SCHUTTER, « Le rôle de la Cour de justice des Communautés européennes dans l'espace pénal européen », *op. cit.*, p. 55.

[2] *Ibid.*, p. 56.

[3] A. BARLETTA, « Le contrôle de la répartition des compétences en matière pénale : la recherche de l'équilibre institutionnel », *op. cit.*, p. 121.

De telles différenciations en fonction de l'ex-premier pilier et de l'ex-deuxième pilier de l'Union appliquées à l'accès au droit et à l'exercice du contrôle juridictionnel n'affermissent pas l'idée d'une protection juridictionnelle. À l'évidence la juridictionnalisation limitée de la politique étrangère et de sécurité commune contribue très peu à la réalisation de l'Union de droit. Ceci étant l'Union de droit paraît en définitive suffisamment fragile. Toutefois face aux critiques liées au « déficit judiciaire »[1], le contentieux de la politique étrangère et de sécurité commune permet de porter une nuance à l'immobilisme supposé de la Cour de justice. Par conséquent les limitations de l'accès au juge de l'Union européenne sont bien connues dans l'ELSJ et dans la PESC.

§ 3. Les dispositions spécifiques liées au retrait du Royaume-Uni de l'Union

Au préalable avant le *Brexit* la position du Royaume-Uni vis-à-vis de l'intégration européenne en matière PESC a toujours été ambiguë. C'est-à-dire caractérisée par une résistance constante à la communautarisation et à l'approfondissement de l'intégration dans ce domaine. En effet sans remettre en cause le processus de construction européenne, le Royaume-Uni fait figure de partenaire difficile de l'Union européenne. Le premier axe de la stratégie britannique a été de ne pas empêcher certaines évolutions de l'intégration européenne, mais de s'en exclure lorsqu'elles allaient dans un sens jugé trop fédéral. Le Royaume-Uni a milité avec succès pour maximiser le rôle des organes intergouvernementaux à savoir le Conseil et le Conseil européen en matière de PESC et au contraire limiter celui de la Commission et du Parlement européen,

[1] E. RUELLE, « Les conflits de compétences entre le premier et le troisième pilier en matière pénale », *op. cit.*, p. 30.

voire exclure totalement l'intervention de la Cour de justice dans le domaine de la PESC. De ce point de vue le traité de Lisbonne en constitue une ultime illustration. Il supprime la structure en pilier mais conserve la spécificité de la politique étrangère. Le deuxième axe permet de mettre en évidence la position du Royaume-Uni et de l'Union dans les négociations après le *Brexit* en vue d'un « nouveau partenariat »[1] impliquant la PESC. La base juridique procédurale pour adopter une décision autorisant les négociations est l'article 218, paragraphes 3 et 4 du TFUE. Au cours de ces négociations le partenariat envisagé devrait prévoir une coopération politique ambitieuse, étroite et durable dans le domaine de l'action extérieure, afin de protéger les citoyens des menaces extérieures, de prévenir les conflits, de renforcer la paix et la sécurité internationale. Par contre les objectifs des négociations indiquent que la PESC sera déterminée exclusivement dans le cadre d'un dialogue amical plus large et d'une coopération entre l'Union européenne et le Royaume-Uni, réduisant ainsi cet aspect clé de la déclaration politique à une relation non institutionnalisée. Le Parlement européen déplore que cette position soit contraire aux dispositions de la déclaration politique qui envisage « un partenariat ambitieux et approfondi en matière de PESC »[2] entre l'Union et le Royaume-Uni. De toute évidence pour le Parlement européen, le Royaume-Uni ne montre aucune ambition pour les relations avec l'Union dans le domaine de la PESC.

---

[1] Recommandation – Décision du Conseil autorisant l'ouverture de négociations en vue d'un nouveau partenariat avec le Royaume-Uni de Grande-Bretagne et d'Irlande du Nord (COM (2020)) 35 final du 3.2.2020, p. 2.

[2] Recommandation pour les négociations en vue d'un nouveau partenariat avec le Royaume-Uni de Grande-Bretagne et d'Irlande du Nord, *op. cit.*, p. 110.

Malgré tout le Parlement européen est favorable à une coopération ambitieuse et durable dans le domaine de la PESC. Le premier argument du Parlement européen repose sur le vif intérêt[1] de l'Union pour un tel partenariat en matière de PESC, compte tenu des avantages mutuels que représentent les sièges permanents du Royaume-Uni et de la France au Conseil de sécurité, de l'efficacité des corps diplomatiques britanniques et européens et du fait que le Royaume-Uni dispose des forces armées les plus puissantes d'Europe. Le second argument du Parlement européen est dans l'intérêt commun de l'Union et du Royaume-Uni, en particulier pour leur « proximité géographique »[2] de coopérer au développement des capacités de défense efficaces et de poursuivre les partenariats très précieux au sein de l'OTAN et de l'Union dans le domaine de la défense et de la sécurité intérieure[3]. En définitive cette analyse démontre un impact différencié du *Brexit* sur la PESC ainsi que la fin de l'alignement réglementaire entre l'Union et le Royaume-Uni.

---

[1] Rapport annuel sur la mise en œuvre de la politique étrangère et de sécurité commune – Résolution du Parlement européen du 15 janvier 2020 sur la mise en œuvre de la politique étrangère et de sécurité commune – Rapport annuel (2019/2136 (INI)) (2021/ C 270/04), *op. cit.*, p. 47.

[2] Décision du Conseil relative à la proposition, au nom de l'Union, à l'égard du Royaume-Uni de Grande-Bretagne et d'Irlande du Nord en ce qui concerne la détermination, en vertu de l'article 540, paragraphe 2, de l'accord de commerce et de coopération entre l'Union et la Communauté européenne de l'énergie atomique, d'une part, et le Royaume-Uni de Grande-Bretagne, d'autre part, de la date à partir de laquelle les États membres peuvent communiquer au Royaume-Uni les données à caractère personnel visées aux articles 530, 531, 534 et 536 dudit accord (COM(2022)) 158 final du 6.4.2020.

[3] Résultat des négociations entre l'Union et le Royaume-Uni – Résolution du Parlement européen du 28 avril 2021 sur le résultat des négociations entre l'Union européenne et le Royaume-Uni (2021/2658(RSP)) (2021/ C 506 / 06) *(JOUE* n° C 506 du 15.12.2021, p. 31).

En ce qui concerne l'impératif de garantir une protection juridictionnelle effective dans le domaine de la PESC, le *Brexit* permet de repenser fortement le contrôle juridictionnel exercé par la Cour de justice dans le cadre de la PESC. Le retrait du Royaume-Uni abouti en effet à renforcer les pouvoirs du Parlement européen, la seule façon pour l'Union d'exploiter pleinement son potentiel est d'agir pour parler d'une seule voix en portant progressivement le processus décisionnel du niveau national au niveau supranational.

Conclusion du Chapitre 2

Le traité de Lisbonne renforce d'une certaine manière le contrôle juridictionnel exercé par la Cour de justice dans le domaine de la PESC. Cependant les innovations apportées par le traité de Lisbonne ne suffisent pas pour pallier aux insuffisances du contrôle juridictionnel de la Cour de justice. En dehors des difficultés pour accéder au contrôle des actes de la PESC, la Cour de justice est confrontée à un droit d'une autre nature que le droit de l'Union à vocation d'intégration. En même temps le *Brexit* permet d'analyser la juridictionnalisation effective de la PESC sous une autre approche. En substance la Cour de justice trouve dans le *Brexit* une opportunité pour affirmer le rôle renouvelé du contrôle juridictionnel des actes de la PESC. La suppression de la structure en pilier de l'Union n'entraîne pas une « communautarisation » complète des matières relevant de l'ex-deuxième pilier. La spécificité de la PESC est donc confirmée par son maintien dans le TUE, alors que la coopération policière et pénale a été transférée du TUE au TFUE.

À ce propos il en ressort clairement une volonté affirmée des États membres de l'Union de soustraire le domaine de la PESC à la compétence du juge de l'Union. Concrètement le fonctionnement de la PESC reste surtout caractérisé par une logique intergouvernementale. À ce sujet le retrait du Royaume-Uni de l'Union offre d'autres perspectives d'analyse sur la juridictionnalisation de nature à favoriser la protection juridictionnelle effective des justiciables contre les actes de la PESC. Dans le sillage du *Brexit*, la relation entre l'acquis de l'Union européenne, compris dans le sens du « pilier supranational » ou « pilier de l'intégration » et le bloc intergouvernemental constitue une question de premier ordre pour le renforcement de la protection juridictionnelle par la Cour de justice.

Il est judicieux de préciser que la position du Royaume-Uni vis-à-vis de l'intégration européenne dans le cadre de la PESC a toujours été ambiguë. Au fond dans le cadre du *Brexit* le Royaume-Uni a préféré que la PESC soit déterminée exclusivement dans le cadre d'un dialogue, réduisant ainsi cet aspect important de la déclaration politique du 12 novembre 2019 à une relation non institutionnalisée. Manifestement le Royaume-Uni ne montre aucune ambition politique pour les relations avec l'Union européenne dans le domaine de la PESC. Pour toutes ces raisons la juridictionnalisation effective de PESC reste caractérisée par la nécessité d'un contrôle juridictionnel des actes de la PESC.

Conclusion du Titre 1

La juridictionnalisation effective de l'ELSJ et de la PESC est le développement d'une logique profonde pour améliorer les compétences de la Cour de justice. La quête de la juridictionnalisation dans l'ELSJ prône une satisfaction du droit au juge par la pluralité des voies de droit et son extension dans l'espace judiciaire européen. Cet espace parviendra à se réaliser complètement qu'au prix d'une soumission plus stricte de l'Union et de ses États membres au respect du droit au juge, des droits de l'homme et des libertés fondamentales. D'ailleurs avant le *Brexit* les nouveaux champs de compétences offerts à la Cour de justice dans les matières non communautarisées n'ont pas été suivis d'un dispositif contentieux à la hauteur des enjeux de l'intégration européenne. Les dispositions de l'ELSJ ont évolué après le *Brexit.* Après la fin de la période de transition, les procédures visant à faciliter la coopération judiciaire sont engagées conformément à la législation nationale relative à la coopération judiciaire avec les pays tiers : le Royaume-Uni est devenu un pays tiers. Mesuré à l'aune des ambitions de la Cour de justice, la protection juridictionnelle n'est pas un échec. Les procédures de coopération judiciaire traduisent la volonté d'approfondir la protection juridictionnelle de la Cour de justice après le *Brexit*. En dépit de ses pouvoirs limités dans le domaine de la PESC, la Cour de justice reste très attachée au droit au recours juridictionnel effectif. Par conséquent les modifications du traité de Lisbonne concernant la PESC ne renforcent pas la protection juridictionnelle. D'ailleurs l'article 40 TUE confirme l'absence de juridictionnalisation de la PESC. L'intégration de l'ex-deuxième pilier dans le droit de l'Union s'opère au détriment du contrôle juridictionnel des actes de la PESC.

Au fond la protection des justiciables du droit de l'Union contre les actes de la PESC peut contribuer à garantir le droit au juge et assurer les conditions d'un procès équitable. Toutefois la juridictionnalisation limitée de la PESC contribue très peu à l'objectif de protection juridictionnelle de la Cour de justice. Finalement la juridictionnalisation de l'ELSJ et de la PESC est caractérisée par une résistance constante à l'approfondissement de l'intégration dans ces domaines. Certes le *Brexit* a donné un autre signal à la Cour de justice mais à la différence de certains États membres de l'Union le Royaume-Uni a toujours milité avec succès pour maximiser le rôle des organes intergouvernementaux en matière de PESC limitant ainsi les compétences de la Cour de justice.

Titre 2

Le contrôle des actes de la PESC et de l'ELSJ par la Cour de justice

Le contrôle juridictionnel de la Cour de justice se rattache de manière plus large dans l'ordre juridique de l'Union européenne à l'ensemble des droits que les citoyens européens tirent du droit de l'Union européenne. L'étude des voies de droit de la PESC et de l'ELSJ s'avère essentielle. Cela dit de ces voies de droit dépend la garantie de l'effectivité du droit au juge. Le traité de Lisbonne a envisagé de manière détaillée le contrôle juridictionnel en confiant à la Cour de justice des pouvoirs de pleine juridiction. Pour aller plus loin il est précisé que le système juridictionnel mis en place a toutefois rapidement révélé des insuffisances[1] auxquelles la Cour de justice s'est efforcée de remédier, notamment le contrôle des actes de la PESC et de l'ELSJ. Le champ des actes susceptibles de faire l'objet d'un recours paraît trop étroit compte tenu des compétences limitées de la Cour de justice de l'Union européenne. La notion de protection juridictionnelle effective est analysée dans une perspective se rattachant au « système des voies de droit »[2]. Cette conception de la protection juridictionnelle effective a pour but d'écarter les limitations du contrôle juridictionnel

---

[1] Programme pluriannuel 2010-2014 concernant l'espace de liberté, de sécurité et de justice (programme de Stockholm) – Résolution du Parlement européen du 25 novembre 2009 sur la communication de la Commission au Parlement européen et au Conseil – Un espace de liberté, de sécurité et de justice au service des citoyens – Programme de Stockholm (2010 C 285 E/02), *op. cit.*, p. 15.

[2] Conclusions de l'avocat général M. NILS WAHL présentées le 7 avril 2016, sous CJUE, 19 juillet 2016, *H/Conseil de l'Union européenne e.a*, aff. C-455/14 P, publié (e) au Recueil numérique.

justifiées par « la nature de certains actes »[1] de la PESC et de l'ELSJ. La question de l'effectivité de la règle de droit constitue une préoccupation majeure compte tenu de la spécificité du droit de l'Union européenne et notamment de son articulation avec le droit des États membres. Il est donc prévu un système de voies de recours et de procédure permettant d'assurer le respect du droit à une protection juridictionnelle effective. L'objectif de cette partie est d'analyser et de chercher à comprendre les progrès de la juridictionnalisation (Chapitre 1), notamment les voies contentieuses de la PESC et de l'ELSJ en mobilisant la construction jurisprudentielle de la Cour de justice de l'Union européenne. Selon cet axe de réflexion l'étude nous amène tout à fait au cœur du problème de la différenciation dans la juridictionnalisation (Chapitre 2). Du fait du *Brexit* l'affirmation de la différenciation dans la juridictionnalisation permet notamment de mieux apprécier la position du Royaume-Uni vis-à-vis de sa relation future avec l'Union européenne.

[1] Mise en œuvre du mandat d'arrêt européen et des procédures de remise entre États membres – Résolution du Parlement européen du 20 janvier 2021 sur la mise en œuvre du mandat d'arrêt européen et des procédures de remise entre États membres (2019/2207 (INI)) (2021/C 456/ 01) (*JOUE* n° C 456 du 10.11.2021, pp. 5-13).

Chapitre 1

Les progrès apparents de la juridictionnalisation

Au fond La logique de juridictionnalisation progressive des piliers dits intergouvernementaux mise en œuvre par la Cour de justice de l'Union, en vue de contrôler les actes de la PESC et de l'ELSJ donne lieu à des interrogations concernant leur justiciabilité. Dans le champ d'application des compétences de l'Union européenne, le traité de Lisbonne renforce le contrôle juridictionnel exercé par la Cour de justice. Cette extension des compétences de la Cour de justice requiert la mise en place de procédures accélérées pour le traitement des questions préjudicielles concernant l'ELSJ. En même temps le traité de Lisbonne reconnaît la compétence de la Cour de justice pour se prononcer sur les recours en annulation formés par des personnes physiques ou morales contre des « mesures restrictives »[1] adoptées par le Conseil sur la base des dispositions en matière de PESC. Dans ces domaines de compétences non communautarisées de l'Union on constate un mouvement de juridictionnalisation bien engagé. D'ailleurs les voies contentieuses de la PESC et de l'ELSJ (Section 1) permettent de développer cette juridictionnalisation. Compte tenu de la portée contentieuse de la coopération policière et judiciaire (Section 2) le dispositif contentieux de l'Union européenne tend à se situer à la hauteur des enjeux.

[1] *Cf.* les conclusions de l'avocat général M. NILS WAHL présentées le 7 avril 2016, sous CJUE, 19 juillet 2016, *H/Conseil de l'Union européenne e.a*, *op. cit.*, point 74.

Section 1. Les voies contentieuses de la PESC et de l'ELSJ

La Cour de justice se fonde sur les exigences de l'Union de droit pour mettre en place les recours contre les actes adoptés dans le cadre de la PESC et de la coopération policière et judiciaire en matière pénale. En principe selon certaines analyses doctrinales « le régime des recours de la Cour de justice dépend de la structure de l'Union européenne : l'intégration, la supranationalité et l'intergouvernementalisme »[1]. Pour ce qui est de l'ex-pilier communautaire la protection juridictionnelle est complète. Mais le paradoxe de l'interdiction de l'article 24 TUE amène le juge de l'Union européenne vers une redéfinition ou un encadrement du contentieux de l'Union au regard des exigences au respect du droit à une protection juridictionnelle effective des justiciables. Dans les faits la construction jurisprudentielle du contentieux de la PESC par la Cour de justice (§ 1) conduit à un raisonnement sur les efforts de juridictionnalisation réalisé par le traité de Lisbonne. La portée contentieuse de la coopération policière et judiciaire (§ 2) quant à elle est améliorée avec la suppression des restrictions à la compétence de la Cour de justice. Sur le fond la coopération judiciaire en matière pénale est sensiblement renforcée à travers l'adoption de règles minimales qui définissent les infractions et les sanctions pour des crimes graves transfrontaliers définis dans le rapprochement des législations pénales nationales.

[1] H. LABAYLE, « Les nouveaux domaines d'intervention de la Cour de justice : l'espace de liberté, de sécurité et de justice », *op. cit.*, p. 93.

§ 1. La construction jurisprudentielle du contentieux de la PESC par la Cour de justice

Les interprétations téléologique et systématique du traité de Lisbonne par la Cour de justice montrent qu'il apporte plus de cohérence et de lisibilité dans le régime du contentieux de la PESC. *De facto,* il ne paraît donc pas impossible que « les ouvertures jurisprudentielles aboutissant à reconnaître comme recevables des recours introduits contre des actes pris dans le domaine de la PESC, qui rempliraient à l'égard des particuliers tous les critères requis pour être assimilés à des actes attaquables soient envisageables »[1]. Dans le sillage de cette contribution doctrinale, si la Cour de justice s'oriente dans ce sens, elle assurerait en quelque sorte le lien avec sa « jurisprudence antérieure »[2] à l'entrée en vigueur du traité de Lisbonne et par laquelle elle a reconnu, dans certaines conditions sa compétence pour contrôler la légalité des actes de la PESC. Selon une autre source doctrinale, la Cour de justice a inspiré le législateur de l'Union européenne au point que l'article 275 TFUE « reflète en grande partie, dans le contexte des textes applicables avant le traité de Lisbonne, la doctrine jurisprudentielle que la Cour de justice a progressivement précisé au fil de ses arrêts »[3]. L'idée d'un recours en annulation contre les actes de la PESC (A) est une nécessité pour assurer les

---

[1] G. VANDERSANDEN, « Le traité de Lisbonne et le contentieux de la politique étrangère et de sécurité commune », *op. cit.,* p. 683.

[2] C. BILLET, « Le contrôle des relations extérieures des agences ELSJ après Lisbonne », *op. cit.,* p. 117. *Cf.* également la position commune n° 2001/930/PESC relative à la lutte contre le terrorisme et la position commune n° 2001/931/PESC relative à l'application de mesures spécifiques en vue de lutter contre le terrorisme.

[3] C. HILLION, « Cohérence et action extérieure de l'Union européenne », *in* E. NEFRAMI (sous la dir.), *Objectifs et compétences dans l'Union européenne*, Bruxelles, Bruylant, coll. Droit de l'Union européenne – Colloques, 2012, p. 235.

droits de la défense des particuliers. Pour cette raison l'interprétation préjudicielle de la Cour de justice contribue à cette fin (B). Probablement la compétence accordée par les traité à la Cour de justice dans le domaine de la PESC, bien que limitée ne devrait pas être ignorée. À proprement parler l'exercice par la Cour de justice de l'Union du contrôle juridictionnel des matières relevant de la PESC ne se manifeste que dans circonstances exceptionnelles.

A. Les recours en annulation contre les actes adoptés dans le cadre de la PESC

La jurisprudence de la Cour souligne que « le droit fondamental de se défendre doit bénéficier d'une protection qui ne saurait pâtir de lacunes dans les lois de procédure ou d'organisation judiciaire »[1]. L'examen assez détaillé de cette jurisprudence paraît pertinent pour souligner l'attitude du juge de l'Union lorsqu'il traite particulièrement du recours en annulation en relation avec la PESC. D'une certaine manière avec l'exception retenue par l'article 275 TFUE, l'attention du juge de l'Union s'est principalement portée sur le respect des droits de la défense et sur celui du droit à une protection juridictionnelle effective. Néanmoins la disposition de l'article 275 TFUE étend, mais dans les conditions restrictives, le droit des particuliers de recourir en annulation contre les mesures restrictives liées à la mise en place de la PESC. Ces hypothèses de départ nécessitent quelques observations. D'abord la question du recours en annulation dans le domaine de la PESC a été largement abordée par la jurisprudence de la Cour de justice de l'Union européenne.

---

[1] CJUE, 19 juillet 2012, *Parlement européen/Conseil*, aff. C-130/10, publié (e) au Recueil numérique.

Dans les affaires « *Ahmed Ali Yusuf et Al Barakaat International Foundation c. / Conseil et Commission et Yassin Abdullah Kadi c. Conseil et Commission,* du 21 septembre 2005 »[1], les requérants demandaient l'annulation de plusieurs règlements, dont le règlement (CE) n° 881/2002, du conseil du 7 mai 2002. À la lecture de l'appréciation du Tribunal, leurs recours visaient la violation du droit des requérants à disposer de leurs biens et celle tenant au non-respect des droits de la défense ainsi que la méconnaissance du droit à un recours juridictionnel effectif. Selon le Tribunal, la violation prétendue du droit à un contrôle juridictionnel effectif doit être rejeté pour plusieurs raisons.

D'une part il n'incombe pas au Tribunal de contrôler indirectement la conformité des résolutions en cause du Conseil de sécurité elles-mêmes avec les droits fondamentaux tels qu'ils sont protégés par l'ordre juridique de l'Union européenne. D'autre part toujours par rapport auxdites résolutions, le Tribunal s'est également réservé d'en contrôler la légalité au regard des normes supérieures du droit international relevant du *jus cogens*, c'est-à-dire du droit contraignant, notamment les normes impératives visant à la protection universelle des droits de la personne humaine. L'analyse doctrinale de cette décision mentionne dans cette affaire : « les requérants ne peuvent contester les mesures se situant dans la sphère du droit international, en l'occurrence les décisions individuelles prises par le comité des sanctions, faute

[1] Le contentieux des mesures restrictives offre à nouveau l'occasion à la Cour, après l'arrêt *Kadi* (CJCE, 3 septembre 2008, *Kadi et Al Barakaat/Conseil et Commission*, aff. jtes, C-402/05 P et C-415/05 P, *Rec.*, p. I-6351) de se prononcer sur d'importantes questions de nature constitutionnelle. C'est d'ailleurs pour tirer les conséquences de l'arrêt *Kadi* que le Conseil a adopté, le 22 décembre 2009, le règlement (UE) n° 1286/2009 qui fait l'objet d'une demande d'annulation par le Parlement.

d'une juridiction internationale indépendante instituée à cette fin »[1]. Par conséquent il existe donc selon le Tribunal une protection adéquate des droits des requérants tels qu'ils sont reconnus par le *jus cogens* et leur prétention tenant à la violation du droit à un recours juridictionnel effectif doit être rejetée. Ensuite cette jurisprudence a été confirmée dans les mêmes termes par d'autres arrêts du Tribunal. Au regard d'un tel contexte la Cour de justice va toutefois mettre l'accent sur la nécessité de prendre en compte certains droits et garanties fondamentaux à travers plusieurs arrêts, notamment le droit à une protection juridictionnelle effective.

Il est question pour l'interprétation jurisprudentielle de la Cour de justice de protéger les justiciables dans les affaires se déroulant dans ce que l'on appelle communément « l'espace triangulaire »[2] constitué par les résolutions du Conseil de sécurité, le droit de la PESC et le droit de l'Union européenne *stricto sensu* concernant les personnes. Pour tout dire cette approche jurisprudentielle a manifestement pour but d'étendre la compétence de la Cour de justice au contrôle de la légalité des actes pris dans le domaine de la PESC. Quoiqu'il en soit la Cour s'attarde davantage à l'examen de la nature juridique des actes en cause lorsqu'il s'agit d'action commune relevant de la PESC. Afin d'assurer la juridictionnalisation progressive de la PESC, elle se contente de constater en faisant prévaloir le critère matériel sur le critère formel, qu'il suffit pour que l'acte en question produise des effets

[1] F.-J. MENA PARRAS, « Retour sur *Kadi* : de la nécessité d'une jurisprudence de type *Solange I* dans les rapports entre le droit de l'Union européenne et le droit des Nations Unies », *in CDE*, n°s 5-6, 2010, p. 690.
[2] CJCE, 3 septembre 2008, *Kadi /Conseil de l'Union européenne et Commission des Communautés européennes*, *op. cit.*, points 13-16.

juridiques pour engendrer l'existence d'une compétence de l'Union européenne de contrôle juridictionnel.

B. Les enseignements de l'interprétation jurisprudentielle de la Cour de justice

Depuis l'arrêt *Ahmed Ali Yusuf et Al Barakaat International Foundation c. / Conseil* du 21 septembre 2005, on assiste en effet à une marche lente mais constante dans le sens d'une juridictionnalisation progressive du droit de la PESC. À ce propos il y a lieu de souligner en particulier l'arrêt du 3 septembre 2008, rendu sur pourvoi dans les affaires *Kadi et Al Barakaat International Foundation,* par lequel la Cour a annulé les arrêts du TPI, du 21 septembre 2005. Précisément comme d'autres juridictions avant elle, la Cour de justice n'a pas manqué d'être confrontée à la délicate question de la conciliation entre les exigences inhérentes à la lutte contre le terrorisme et le respect dû aux droits fondamentaux lors d'un contentieux relatif à l'inscription de personnes ou entités sur des « listes noires et du gel de leurs fonds »[1]. La Cour de justice s'inscrit à cet égard dans la lignée des fondements de l'Union de droit pour interpréter ce dispositif. Dès lors la lecture de l'arrêt *Kadi e. a.* permet de soulever plusieurs problématiques liées au contrôle des actes de la PESC et à une protection juridictionnelle effective. Pour commencer la question des moyens relatifs à « la base juridique du règlement litigieux »[2] et la violation de certains droits fondamentaux sont évoqués.

---

[1] C. RAPOPORT, « La Cour de justice de l'Union européenne et les mesures restrictives dans le cadre de la lutte antiterroriste. Quelles évolutions après Lisbonne ? », *op. cit.,* p. 155.

[2] E. NEFRAMI, « Le contentieux de la base juridique sous l'angle de l'article 47 du traité sur l'Union européenne », *in Mélanges en l'honneur de Philippe Manin. L'Union européenne : Union de droit, Union des droits,* Paris, A. Pedone, 2010, p. 893.

En l'espèce étaient contestés les deux arrêts[1] du TPICE, par lesquels il a rejeté leur recours en annulation à l'encontre du règlement (CE) n° 881/2002 du Conseil du 27 mai 2002, instituant certaines mesures restrictives spécifiques à l'encontre de certaines personnes et entités liées à Oussama Ben Laden, au réseau Al-Qaida et au Taliban, adopté pour mettre en œuvre une position commune au titre de la PESC. Les requérants contestaient la conclusion du Tribunal qui avait jugé pertinent l'application de l'article 352 TFUE.

Mais la Cour de justice aboutie à une conclusion par un raisonnement différent de celui du Tribunal entaché à ses yeux d'une erreur de droit. En même temps après avoir affirmé que les principes régissant l'ordre juridique issus des Nations unies n'impliquent pas qu'un contrôle juridictionnel de la légalité interne d'un règlement au regard des droits fondamentaux serait exclu. Si bien que la Cour, pour des motifs tenant au non-respect des droits de la défense et à la méconnaissance du droit à une protection juridictionnelle effective dans la procédure suivie, conclut à l'annulation du règlement litigieux. À plus forte raison en examinant le règlement litigieux et en s'inspirant d'une jurisprudence de la Cour européenne des droits de l'homme, la Cour de justice cherche à concilier d'une part les soucis légitimes de sécurité et d'autre part la nécessité d'accorder à suffisance aux justiciables « le bénéfice des règles de procédure »[2], dans le cadre d'une Union de droit. À cette condition la Cour de justice souligne que les droits de la défense, en particulier le droit d'être entendu ont été violés puisque les intéressés n'ayant pas eu connaissance

---

[1] TPICE, 21 septembre 2005, *AlBarakaat International Foundation* aff. T-306/01, *Rec.,* p. II-3533 et TPICE, 21 septembre 2005, *Kadi /Conseil et Commission*, aff. T-315/01, *Rec.,* p. II-3649.

[2] CJUE, 1er juillet 2010, *Speranza*, aff. C-35/09, *Rec.,* p. I-6581, point 45-48.

des éléments retenus à leur charge. Eu égard aux mesures restrictives dont ils ont fait l'objet, n'ont pas pu faire valoir utilement leur point de vue. C'est pourquoi en ce qui concerne la question préoccupante du contrôle des actes de la PESC, la Cour de justice se montre volontariste, dynamique et soucieuse d'étendre l'emprise du droit et son contrôle. À tout le moins dans le sillage de ce raisonnement « les différentes limites qui affectent l'ampleur du contrôle juridictionnel de la Cour de justice, tiennent pour l'essentiel au cantonnement de ce contrôle dans l'ex-piler communautaire »[1], hormis les restrictions du traité de Lisbonne liées à ce contrôle. Ce cantonnement de la Cour de justice au droit de l'intégration affecte en partie les voies de droit de la PESC, qui souffrent de certaines insuffisances susceptibles d'affecter la protection juridictionnelle effective des justiciables. S'agissant de la juridictionnalisation de la PESC, l'analyse de la jurisprudence démontre que « la Cour de justice a su cependant assouplir ces limites »[2]. En particulier les principes de l'arrêt *Kadi* ont été confirmés par l'arrêt CJUE, du 3 décembre 2009, *Faraj Hassan et Chafik Ayadi*, aff. C-399/06 P et C-403/06 P et appliqué par le Tribunal. Enfin dans le cadre de la protection juridictionnelle des justiciables de l'Union « la Cour de justice et le Tribunal ont développé en ce domaine une

---

[1] P. DE KOSTER, « L'évolution du système juridictionnel de l'Union européenne », *in* M. DONY et E. BRIBOSIA (éds.), *L'avenir juridictionnel de l'Union européenne*, Bruxelles, Éditions de l'Université de Bruxelles, 2002, p. 20.

[2] A. WEYEMBERGH et V. RICCI, « Les interactions dans le secteur de la coopération judiciaire : le mandat d'arrêt européen », *in* G. GIUDICELLI-DELAGE et S. MANACORDA (sous la dir.), *Cour de justice et justice pénale en Europe*, Paris, Société de législation comparée, 2010, pp. 204 et s.

jurisprudence résolument protectrice »[1] et en phase avec le droit de la PESC et des attentes des principes de la protection juridictionnelle.

§ 2. Les mesures de protection des justiciables dans le sillage du Brexit

Le *Brexit* offre à la Cour de justice l'occasion de déterminer l'étendue de sa compétence au Royaume-Uni en ce qui concerne l'ELSJ et la PESC. Avant tout l'accord de retrait est fondé sur l'article 50, paragraphe 2, TUE et établit les règles relatives au retrait de l'Union. Il est entré en vigueur le 1er février 2020. Cela étant la Cour de justice demeure compétente à l'égard du Royaume-Uni pendant la période de transition. En vertu d'une jurisprudence constante, les traités ont établi un système complet de voies de recours et de procédure destiné à assurer le contrôle de la légalité des actes de l'Union. De la même façon conformément à l'article 86 de l'accord de retrait, la Cour de justice demeure compétente pour connaître de toute procédure introduite par ou contre le Royaume-Uni avant la fin de la période de transition. À ce propos il est intéressant de consacrer quelques réflexions sur les compétences de la Cour de justice pour statuer à titre préjudiciel, sur les demandes des juridictions du Royaume-Uni présentées avant la fin de la période de transition, dans le domaine de l'ELSJ. Compte tenu de ces considérations qui précèdent l'analyse d'une procédure préjudicielle mérite une attention particulière. Au préalable l'arrêt *Governor of Cloverhill Prison*[2] revêt une importance particulière tant sur le plan juridique que politique pour le *Brexit*.

[1] CJUE, 3 décembre 2009, *Faraj Hassan et Chafik Ayadi,* aff. C-399/06 P et C-403/06 P, *Rec.,* p. I-11393.
[2] CJUE, 16 novembre 2021, *Governor of Cloverhill Prison e.a,* aff. C-479/21 PPU, non encore publié (e).

Cette décision est le point de départ d'une construction jurisprudentielle sur les obligations du Royaume-Uni et de l'Irlande du Nord pendant la période de transition. Dans les faits la Cour de justice s'est prononcée sur les dispositions de l'accord de retrait qui prévoient le maintien du régime du mandat d'arrêt européen à l'égard du Royaume-Uni pendant la période de transition et celle de l'accord de commerce et de coopération entre l'Union européenne et le Royaume-Uni de Grande-Bretagne et l'Irlande du Nord, prévoyant l'application du régime de remise institué par ce dernier accord à des mandats d'arrêt européens émis avant la fin de la période de transition. En l'espèce le 9 septembre 2020, SD a été arrêté en Irlande en vertu d'un mandat d'arrêt européen émis par les autorités judiciaires du Royaume-Uni, le 20 mars 2020 en vue de l'exécution d'une peine privative de liberté de huit ans.

Le 8 février 2021, la High Court (Haute Cour, Irlande) a rendu une ordonnance prévoyant la remise de SD au Royaume-Uni et une ordonnance consécutive le plaçant en détention dans l'attente de cette remise. Cela étant SN fait l'objet d'un mandat d'arrêt européen du 5 octobre 2020, également émis par une autorité judiciaire du Royaume-Uni qui vise sa remise pour la poursuite de quatorze infractions. Il a été arrêté en Irlande le 25 février 2021 et placé en détention provisoire en attendant l'audience sur la demande de remise. Depuis leur arrestation dans l'attente de la décision sur leur remise respective auxdites autorités, SD et SN sont détenus en Irlande. Le principal enjeu de l'affaire *Governor of Cloverhill Prison* est de savoir si les dispositions relatives à l'exécution du mandat d'arrêt européen qui figurent dans l'accord de retrait et dans l'accord de commerce et de coopération sont contraignantes pour l'Irlande. La High Court (Haute Cour, Irlande) a constaté que leur placement en détention était régulier et a refusé d'ordonner leur mise en liberté.

De ce fait les intéressés ont interjeté appel devant la Supreme Court (Cour suprême, Irlande). Selon la Cour suprême, le droit Irlandais ne permet l'exécution d'un mandat d'arrêt européen émis par le Royaume-Uni et la détention de la personne recherchée que si le droit de l'Union européenne comporte une *obligation*[1] correspondante qui s'impose à l'Irlande. Pour plus de clarification avant que le retrait du Royaume-Uni de l'Union européenne ne prenne effet le 31 janvier 2020, cette obligation résultait directement de la décision cadre 2002/584/JAI du Conseil. Dans le cadre du *Brexit* au cours de la période de transition qui s'est achevée le 31 décembre 2020, la décision cadre 2002/584/JAI du Conseil a continué de s'appliquer en vertu de l'article 127 de l'accord de retrait. Toutefois SD et SN s'opposent à l'application de ces dispositions de l'accord de retrait et de l'accord de commerce et de coopération.

À la lecture de leurs conclusions, ils font valoir que lesdites dispositions créent de nouvelles obligations relatives à l'ELSJ. Dans ces conditions la Supreme Court a décidé de sursoir à statuer et de poser à la Cour de justice deux questions préjudicielles à savoir : - D'une part les dispositions de l'accord de retrait, qui prévoient le maintien du régime du mandat d'arrêt européen à l'égard du Royaume-Uni, pendant la période de transition prévue par cet accord, peuvent-elles être considérées comme contraignantes pour l'Irlande, compte tenu de l'importance de leur contenu dans le domaine de l'ELSJ. D'autre part les dispositions de l'accord de commerce et de coopération, qui prévoient le maintien du régime du

[1] Décision cadre 2002/584/JAI du Conseil, du 13 juin 2002, relative au mandat d'arrêt européen et aux procédures de remise entre États membres (*JO* n° L 190 du 18.07.2002, p. 1), telle que modifiée par la décision-cadre 2009/299/JAI du Conseil, du 26 février 2009 (*JO* n° L 81 du 27.3.2009, p. 24).

mandat d'arrêt européen à l'égard du Royaume-Uni après le période de transition, peuvent-elles être considérées comme contraignantes pour l'Irlande compte tenu de leur importance dans le domaine de l'ELSJ. Il convient de relever que la Cour de justice a décidé de faire droit à la demande de la juridiction de renvoi visant à soumettre le renvoi préjudiciel à la procédure préjudicielle d'urgence (PPU) prévue à « l'article 107 du règlement de procédure de la Cour »[1]. Dans cette affaire la Cour de justice dit pour droit l'article 50 TUE, l'article 217 TFUE et le protocole n° 21 sur la position du Royaume-Uni et de l'Irlande à l'égard de l'ELSJ, annexé aux traités TUE et TFUE, doivent être interprétés « en ce sens que sont contraignants pour l'Irlande l'article 62, paragraphe 1, sous b), de l'accord sur le retrait du Royaume-Uni (...), lu conjointement avec l'article 185, quatrième alinéa, de celui-ci, ainsi que l'article 632 de l'accord de commerce et de coopération entre l'Union européenne et le Royaume-Uni »[2]. Cette décision n'exprime pas autre chose que l'idée selon laquelle, la Cour de justice a pour mission d'assurer le respect du droit dans l'interprétation et l'application des traités. Il en ressort effectivement que, l'inclusion de ces dispositions dans lesdits accords ne justifient pas l'adjonction d'une base juridique relative à l'ELSJ aux fins de la conclusion de ceux-ci. Pour conclure le protocole n° 21 n'a pas vocation à s'appliquer, car les accords de l'Union ne sont pas fondés sur les compétences relatives à l'ELSJ mais respectivement sur la compétence relative aux modalités d'un retrait prévu à l'article 50, paragraphe 2, TUE et sur la compétence pour conclure un accord d'association en application de l'article 217 TFUE.

---

[1] Règlement intérieur et procédure – Règlement de procédure de la Cour de justice (*JOUE* n° L 265 du 29.9.2012, p. 26).

[2] CJUE, 16 novembre 2021, *Governor of Cloverhill Prison e.a*, aff. C-479/21 PPU, *op. cit.*, point 71.

Section 2. La portée contentieuse de la coopération policière et judiciaire

La constitution d'un espace de liberté, de sécurité et de justice repose en effet autant sur sa dimension civile que sur la seule approche pénale. Les dispositions relatives aux mesures sur la mise en œuvre de la protection juridictionnelle effective des justiciables atteste de l'ambition du titre V du TFUE. Il n'en reste pas moins que les articles 67 TFUE et 81 TFUE sont loin de s'inscrire dans « un processus de communautarisation complet »[1]. En effet comme on le sait le traité de Lisbonne représente l'aboutissement d'un long cheminement. Il fusionne les piliers et en étend à quelques exceptions près « la compétence du droit commun»[2] de la Cour de justice à l'ensemble de l'espace de liberté, de sécurité et de justice. Ce nouveau dispositif pose différemment le débat sur l'intervention du juge. L'essentiel de la nouveauté tient dans l'acceptation du principe du juge de l'Union européenne au cœur d'un espace judiciaire européen, qu'il s'agisse de la garantie juridictionnelle effective des droits fondamentaux ou de l'interprétation à donner « aux finalités de cet espace »[3]. Force est de prendre conscience que les insuffisances du contentieux de l'Union doivent être modifiées tant en ce qui concerne « l'accès au prétoire

---

[1] H. LABAYLE, « Les nouveaux domaines d'intervention de la Cour de justice : l'espace de liberté, de sécurité et de justice », *op. cit.,* p. 74.

[2] C. HILLION, « Cohérence et action extérieure de l'Union européenne », *op. cit.,* p. 234.

[3] S. CORNELOUP, « La coopération judiciaire en matière civile : vue d'ensemble », *in* C. FLAESCH-MOUGIN et L. SERENA ROSSI (sous la dir.), *La dimension extérieure de l'espace de liberté, de sécurité et de justice de l'Union européenne après le traité de Lisbonne*, Bruxelles, Bruylant, coll. Rencontres européennes, 2013, p. 378.

qu'au sujet de la protection juridictionnelle effective»[1]. Aux fins des objectifs assignés à la juridictionnalisation de cet espace, l'apport jurisprudentiel de la Cour de justice dans le cadre du contentieux de l'annulation (§ 1) témoigne des avancées majeures du contentieux de la coopération policière et judiciaire (§ 2).

§ 1. L'apport jurisprudentiel du contentieux de l'annulation

L'examen de la juridictionnalisation de l'espace de liberté, de sécurité et de justice montre que la suppression des piliers de l'Union a graduellement libéré la Cour de justice des limitations au fur et à mesure que progressait la communautarisation de cet espace. D'une certaine manière l'avancée du contentieux de l'annulation affirme de plus en plus le rôle du juge. Deux arguments militent en faveur d'une analyse du contentieux de l'annulation. Le premier argument est la rupture de la structure en piliers de l'Union. Par là même les limites de la méthode intergouvernementale qui caractérisaient les traités ont conduit à « la communautarisation partielle d'une partie du troisième pilier »[2], dans la mesure où la coopération en matière judiciaire pénale et la coopération policière sont en effet communautarisées. Dans le cadre de cette réflexion et de nos analyses, communautariser cet espace, signifie essentiellement la soumettre à l'emprise des institutions de l'Union, en particulier à celle de la Cour.

---

[1] D. FLORE, « Les acteurs d'un système de justice pénale européen », *in* G. DE KERCHOVE et A. WEYEMBERGH (éds.), *Vers un espace judiciaire pénal européen. Towards a European Judicial Criminal Area*, Bruxelles, Editions de l'Université de Bruxelles, 2000, p. 80.

[2] H. LABAYLE, « Le juge de l'espace de liberté, sécurité et justice de l'Union européenne », *op, cit.,* p. 592. *Cf.* également la version consolidée du traité de Lisbonne dans *JOUE* n° C 83 du 30 mars 2010.

De cette nécessité découle un contrôle juridictionnel de la Cour de justice de l'Union afin d'attribuer « un caractère authentiquement communautaire »[1] aux règles conventionnelles. Dans ces conditions le contentieux de l'Union européenne portant sur ce domaine est appelé à se développer, du moment où le traité de Lisbonne renforce et concilie l'efficacité et la légitimité de l'Union européenne en matière pénale. Ce faisant l'on sait le poids de cette protection juridictionnelle effective dans l'esprit des juridictions nationales.

À cette problématique centrale s'ajoute une lecture attentive de deux arrêts[2] importants de la Cour de justice, qui conduit à retenir deux aspects essentiels de la communautarisation limitée. Dans un deuxième argument la Cour de justice semble confirmer d'une part l'idée selon laquelle seules certaines matières peuvent connaître le phénomène de communautarisation du droit pénal par application de « la règle de l'accessoire »[3]. Dans le même temps elle décide de retenir une conception stricte des compétences de l'Union européenne en matière de droit pénal. En l'espèce les deux arrêts d'annulation, CJCE du 13 septembre 2005, *Commission c/ Conseil*, aff. C-176/03 et du 23 octobre 2007, *Commission c/ Conseil*, aff. C-440/05, ont donné l'occasion à la Cour de justice de faire prévaloir le 1er pilier sur le 3e pilier et renforcer ainsi la juridictionnalisation de l'espace de liberté, de sécurité et de justice. Ces deux arrêts concernent la demande d'annulation des décisions cadres, 2003/80/JAI du Conseil, du 27 janvier 2003 relative à la protection de

---

[1] *Ibid.,* p. 593.

[2] CJCE, 13 septembre 2005, *Commission c/Conseil*, *op. cit.,* p. I- 7879 et CJCE, 23 octobre 2007, *Commission c/ Conseil, op. cit.,* p. I-9097.

[3] Voir la décision cadre 2005/667/JAI du Conseil, du 12 juillet 2005 visant à renforcer le cadre pénal pour la répression de la pollution causée par les navires (*JOUE*, n° L 255, du 30.9.2005, p. 164).

l'environnement par le droit pénal et la décision cadre 2005/667/JAI du Conseil, visant à renforcer le cadre pénal pour la répression de la pollution causée par les navires. Par conséquent en ce qui concerne la protection de l'environnement, l'arrêt du 13 septembre 2005 donne le sentiment que la Cour de justice n'a pas osé franchir totalement le pas et entend bien rester là dans « une ligne restrictive de protection de l'environnement »[1].

Une interprétation de l'article 83, § 2 TFUE montre bien que le traité de Lisbonne rompt avec cette solution et retient selon la Cour de justice une rédaction plus large en ces termes « le rapprochement des dispositions législatives et réglementaires des États membres en matière pénale s'avère indispensable pour assurer la mise en œuvre efficace d'une politique de l'Union dans un domaine ayant fait l'objet des mesures d'harmonisation »[2]. À la faveur de cette jurisprudence le TFUE démontre que le droit pénal relève bien des compétences de l'Union européenne. Dans l'arrêt du 23 octobre 2007, le point problématique est de savoir quelle était l'étendue exacte de l'intervention de l'Union. En principe la décision-cadre 2005/667/JAI[3] instaure l'obligation pour les États membres de prévoir des sanctions pénales pour les personnes morales ou physiques. En même temps la Commission soutenait à l'appui de son recours que la compétence de l'Union portait aussi sur l'édiction des sanctions pénales.

[1] CJCE, 7 février 1985, *ADBHU*, aff. 240/83, *Rec.*, p. 531, point 13. À cet égard, il est constant que la protection de l'environnement constitue un des objectifs essentiels de l'Union européenne (CJCE 20 septembre 1998, *Commission/Danemark*, aff. 302/86, *Rec.*, p. 4607, point 8 et CJCE, 2 avril 1998, *Outokumpu*, aff. C-213/96, *Rec.*, p. I-1777, point 32).

[2] CJUE, 21 octobre 2010, *B*, aff. C-306/09, *Rec.*, p. I-10341, point 14.

[3] *Cf.* Décision-cadre 2005/667/JAI du Conseil du 12 juillet 2005 visant à renforcer le cadre pénal pour la répression de la pollution causée par les navires, *op. cit.*, p. 165.

Pourtant l'interprétation de la Cour de justice ne suit pas le raisonnement de la Commission européenne. Selon la jurisprudence l'arrêt du 23 octobre 2007 s'inscrit clairement dans une approche plus restrictive que celle développée dans l'arrêt du 13 septembre 2005. Dans le même ordre d'analyse l'article 83, § 2 TFUE ne s'inscrit pas finalement dans cette logique, faute tout simplement de pouvoir faire autrement du fait de la fusion des piliers.

Ces deux arrêts fournissent un point de départ adéquat pour la juridictionnalisation de l'espace de liberté, de sécurité et de justice. Ils illustrent combien la Cour de justice a su faire preuve d'une « mission quasi-constituante »[1]. Selon les dispositions de l'article 83 TFUE le droit pénal relève bien des compétences de l'Union. Le juge devra donc s'interroger sur la portée de ces deux arrêts au regard des impératifs de la protection juridictionnelle effective afin de mieux rendre accessible le contentieux de l'annulation aux justiciables du droit de l'Union. Dans la logique de la Cour de justice nous retrouvons ainsi la dialectique Union de droit, droit au droit et droit au juge que l'on a déjà rencontrée dans cette étude. La protection juridictionnelle effective occupe finalement une place de premier plan dans les analyses jurisprudentielles de la Cour de justice.

---

[1] R. KOVAR, « La réorganisation de l'architecture juridictionnelle de l'Union européenne », *in* M. DONY et E. BRIBOSIA (éds.), *L'avenir du système juridictionnel de l'Union européenne*, Bruxelles, Éditions de l'Université de Bruxelles, 2002, p. 34.

§ 2. La conception contentieuse du renvoi préjudiciel dans le cadre de l'ELSJ

En fixant comme objectif la création d'un espace de liberté, de sécurité et de justice, le traité de Lisbonne a défini dans son titre V du TFUE un objectif accélérateur favorisant la juridictionnalisation effective de cet espace. D'après certains auteurs on assiste à « une marche lente, mais constante, dans le cadre de la communautarisation progressive du secteur initialement désigné par l'acronyme : justice et affaire intérieures (JAI) »[1] et rebaptisé de façon plus précise, espace de liberté, de sécurité et de justice (ELSJ). La juridictionnalisation de l'ELSJ à travers l'intervention préjudicielle de la Cour de justice est la meilleure façon de réduire l'impact d'un contrôle juridictionnel qu'on sait inévitable au regard des exigences de l'Union de droit. À la lecture du traité de Lisbonne et de la jurisprudence, le renvoi préjudiciel de l'ex-troisième pilier est aligné et même mieux organisé que son homologue de l'ex-premier pilier de l'Union, dit pilier de l'intégration. L'avènement du *Brexit* n'a pas freiné ce mouvement. La portée de cctte réflexion tient certes à l'appréciation d'une jurisprudence abondante de la Cour de justice, mais aussi aux dispositions du traité de Lisbonne en la matière. L'émergence de la jurisprudence de la Cour de justice permet une prise en compte correcte du respect de la protection effective des justiciables. À cet égard elle a rendu deux arrêts intéressants sur sa compétence préjudicielle. L'arrêt CJCE, du 3 mai 2007, *Advocaten voor de Wereld*[2] illustre l'hypothèse d'un renvoi préjudiciel en appréciation de validité.

---

[1] H. LABAYLE, « Les nouveaux domaines d'intervention de la Cour de justice : l'espace de liberté, de sécurité et de justice », *op. cit.*, pp. 102 et s.

[2] CJCE, du 3 mai 2007, *Advocaten voor de Wereld / Leden van de Ministerraad* aff, C-303/05, *Rec.*, p. I-3633.

C'est probablement l'instrument le plus connu de la coopération judiciaire en matière pénale instaurée dans l'ex-troisième pilier : « la décision cadre relative au mandat d'arrêt européen »[1]. Cet arrêt donne l'occasion au juge de l'Union européenne d'aborder quelques grands principes du droit pénal tels que ceux de la légalité et de l'égalité dans l'examen des infractions expressément visées par la décision cadre 2002/584/JAI du Conseil, du 13 juin 2002 relative au mandat d'arrêt européen.

En l'espèce une association a introduit devant l'*Arbitragehof* un recours tendant à l'annulation totale ou partielle de la loi du 19 décembre 2003, qui transpose en droit belge les dispositions de la décision-cadre relative au mandat d'arrêt européen. Ces différents moyens amènent donc l'*Arbitragehof* à souhaiter que la Cour de justice, seule compétente pour apprécier la validité des décisions-cadres se prononce. Ceci étant la Cour de justice adopte « une analyse distante en cette matière qui tranche avec son activisme »[2]. Il n'en demeure pas moins qu'à la faveur de ce renvoi préjudiciel, le juge de l'Union montre combien il est susceptible de jouer un rôle décisif à propos de la matière pénale. Cet arrêt éclaire donc les évolutions issues du traité de Lisbonne en particulier les dispositions du TFUE concernant l'élaboration de directives de l'article 83, § 1, TFUE. Dans cette perspective la Cour de justice a utilisé les théories sur les faiblesses de la protection juridictionnelle accordée aux justiciables, dans le cadre de la coopération policière et judiciaire en matière pénale avant l'entrée en vigueur du traité de Lisbonne.

---

[1] S. LAUGIER-DESLANDES, « Les incidences de la création du mandat d'arrêt européen sur les conventions d'extradition », *in AFDI*, vol. 48, 2002, p. 696.

[2] Voir par analogie les arrêts du 11 février 2003, *Gözütok et Brügge*, C- 187/01 et C-385/01, *Rec.*, p. I-1345, point 32 (concl. D. RUIZ-JARABO COLOMER, 19 septembre 2002).

Dans l'arrêt *Segi e.a. c/ Conseil de l'Union européenne*[1] du 27 février 2007, le Conseil de l'Union européenne a adopté le 27 décembre 2001, en application d'une résolution du Conseil de sécurité des Nations unies, une position commune fondée sur l'article 34 TUE et destinée à faciliter la lutte contre le terrorisme, notamment par l'établissement d'une liste des personnes ou organisations terroristes. C'est ainsi que l'organisation *Segi*, se présentant comme ayant pour but la défense de l'identité culturelle basque, a été inscrite sur la liste annexée à la position commune en raison de ses liens avec l'ETA. Dans cette optique la justice espagnole avait ensuite déclaré ses activités illégales et ordonner des mesures cœrcitives contre certains de ses représentants. Les requérants ont alors saisi la Cour de justice d'un pourvoi, qu'elle a rejeté en confirmant la position du Tribunal sur l'absence d'une voie indemnitaire directe, tout en estimant que les requérants n'étaient pas dépourvus de toute protection juridictionnelle. La Cour de justice propose ainsi, dans le cadre de l'ex-troisième pilier, en l'absence d'une voie de recours directe, un détour procédural par les juridictions nationales. Sur le point principal à savoir l'existence d'une voie de droit en responsabilité, la Cour de justice ne peut que rappeler que « si en matière communautaire un système complet de voie de droit a été établi »[2], il n'en est pas de même dans le cadre du troisième pilier. Pour dire vrai le traité de Lisbonne est venu mettre un terme à la structure en pilier, les dispositions relatives à l'espace de liberté de sécurité et de justice se trouvent désormais

---

[1] CJCE, 27 février 2007, *Segi e.a./Conseil*, aff. C-355/04 P, *Rec.*, p. I-1657.

[2] K. LENAERTS, « La systématique des voies de recours dans l'ordre juridique de l'Union européenne », *in Mélanges en l'hommage à Georges Vandersanden. Promenades au sein du droit européen*, Bruxelles, Bruylant, 2008, p. 259.

insérées au TFUE et soumises au droit commun de la protection juridictionnelle de l'Union européenne. Selon une lecture des conclusions de cet arrêt, les États membres ont répondu à l'invitation de la Cour de justice en faveur des justiciables, afin qu'ils bénéficient en toutes matières d'une protection juridictionnelle de meilleure qualité.

Cela étant l'instauration d'une procédure préjudicielle d'urgence « (PPU) »[1] dans le domaine de l'ELSJ représente deux différents points d'équilibre entre impératif de célérité et nécessaire préservation des traits fondamentaux d'un renvoi préjudiciel. Sur cet angle d'approche cette procédure renforce d'une certaine manière la protection juridictionnelle effective dans l'ELSJ. En raison de cette procédure dans l'affaire C-388/08 PPU, arrêt du 1er décembre 2008, *Leymann et Pustovarov*[2], l'urgence était motivée par la détention d'un des inculpés. L'ordonnance de renvoi datait du 5 septembre 2008 et la Cour de justice a rendu l'arrêt le 1er décembre 2008. Entre autres cette simplification devrait atténuer les difficultés suscitées par l'admission de l'intervention de la Cour de justice dans le cadre de la coopération policière et judiciaire, malgré la suppression de la structure en piliers de l'Union européenne par le traité de Lisbonne. En perspective les accords sur le *Brexit* se caractérisent par un besoin de renforcer la protection juridictionnelle dans l'ELSJ. Effectivement l'article 185 de l'accord de retrait dispose que « (…) les deuxièmes et troisièmes parties, à l'exception de l'article 19, de l'article 34, paragraphe 1, de l'article 44 et de l'article 96, paragraphe 1, ainsi que le titre I de la sixième partie et les articles 169 à 181, s'appliquent à compter de la fin de la période de transition (…) ».

---

[1] CJCE, 11 juillet 2008, *Rinau,* aff. C-195/08 PPU, *Rec.*, p. I-5271.

[2] CJCE, 1er décembre 2008, *Leymann et Pustovarov,* aff. C-388/08 PPU, *Rec.*, p. I-8993.

Le titre V de l'accord de retrait comprend un article 62, paragraphe 1 qui couvre les procédures de coopération judiciaire en cours en matière pénale et qui dispose « Au Royaume-Uni, ainsi que dans les États membres en cas de situation impliquant le Royaume-Uni, les actes suivants s'appliquent comme suit : (...) - La décision cadre 2002/584 s'applique en ce qui concerne les mandats d'arrêt européens, lorsque la personne recherchée a été arrêtée avant la fin de la période de transition aux fins de l'exécution d'un mandat d'arrêt européen (...) ». Dans le prolongement de notre propos la troisième partie titre VII, des articles 596 à 632 de l'accord de commerce et de coopération instaure également un régime d'extradition entre les États membres de l'Union européenne et le Royaume-Uni. En outre l'article 632 de l'accord de commerce et de coopération prévoit que le titre VII « s'applique aux mandats d'arrêt européens émis conformément à la décision-cadre 2002/584 du Conseil, par un État avant la fin de la période de transition lorsque la personne recherchée n'a pas été arrêtée aux fins de l'exécution du mandat d'arrêt avant la fin de la période de transition ». En définitive le traité de Lisbonne et les accords signés entre l'Union et le Royaume-Uni à la suite du *Brexit* permettent à la Cour de justice de réaffirmer le principe de la protection juridictionnelle effective dans l'ELSJ.

Conclusion du Chapitre 1

Le traité de Lisbonne renforce le contrôle juridictionnel exercé par la Cour de justice dans les domaines de l'ELSJ. Malgré les restrictions à la compétence de la Cour de justice en matière de PESC, les voies contentieuses de l'ELSJ et de la PESC permettent de développer un processus de juridictionnalisation de l'Union européenne. Dans un souci de précision, le traité de Lisbonne apporte plus de cohérence et de lisibilité dans le régime contentieux de la PESC et de l'ELSJ. Malgré les difficultés rencontrées par les particuliers pour exercer un recours en annulation contre les mesures restrictives liées à la mise en place de la PESC, la démarche jurisprudentielle de la Cour de justice a pour finalité de protéger les justiciables dans les affaires se déroulant dans ce que l'on appelle communément « l'espace triangulaire », constitué par les résolutions du Conseil de sécurité des Nations unies, le droit de la PESC et le droit de l'Union européenne.

En conséquence l'interprétation jurisprudentielle de la Cour de justice doit être regardée comme une juridictionnalisation progressive du droit de la PESC. Le renvoi préjudiciel revêt une importance particulière dans le cadre du *Brexit*. Malgré le retrait du Royaume-Uni de l'Union, dans l'affaire *Governor of Coverhill Prison*, la procédure préjudicielle a permis à la Cour de justice d'assurer son contrôle juridictionnel effectif. Elle s'est prononcée sur les dispositions du traité de Lisbonne, de l'accord de retrait et de l'accord de commerce et de coopération. Même après le *Brexit*, la protection juridictionnelle des justiciables du droit de l'Union occupe une place de premier plan dans les analyses jurisprudentielles de la Cour de justice. Ainsi l'apport jurisprudentiel du contentieux de l'annulation dans l'ELSJ est un exemple probant.

À l'évidence la communautarisation progressive de l'ELSJ, c'est-à-dire la soumission de l'ELSJ à l'emprise des institutions de l'Union s'inscrit logiquement dans le processus de juridictionnalisation de cet espace. La juridictionnalisation de l'ELSJ et de la PESC est une réalité, mais pas à la hauteur des enjeux de l'intégration européenne. Il est judicieux de reconnaître les efforts réalisés par la Cour de justice au regard des exigences du droit à une protection juridictionnelle effective. En définitive les accords sur le *Brexit* se caractérisent par un besoin croissant de renforcer la protection juridictionnelle dans l'ELSJ et dans les domaines de la PESC. Par contre la Cour de justice s'est heurtée régulièrement aux réticences du Royaume-Uni avant et après le *Brexit.*

Chapitre 2

La différenciation dans la juridictionnalisation de l'ELSJ et la PESC

L'examen plus précis de la juridictionnalisation de l'ELSJ et de la PESC confirme un déficit de protection juridictionnelle effective des justiciables, malgré l'admission du contrôle juridictionnel dans le cadre intergouvernemental. Dans l'état actuel des traités « la situation n'est pas satisfaisante pour les particuliers et les personnes morales »[1]. À la vérité plusieurs déficits de protection juridictionnelle peuvent être mis en évidence. Le premier a trait aux limitations du « droit d'accès des particuliers à la justice »[2] dans l'Union européenne et le second découle des « limites imposées par les États membres de l'Union européenne à la compétence de la Cour de justice »[3] dans les domaines de l'ELSJ et de la PESC. D'un point de vue doctrinal il s'agit de « la différenciation dans l'intégration européenne »[4].

Cependant le vocable différenciation vient du latin scolastique *differentiare* c'est-à-dire différence, rendre différent ou plus précisément établir une différence. Sur cette acception il convient de réfléchir aux liens existants entre la juridictionnalisation de l'Union et la différenciation. Pour bien cerner cette approche les éléments de réflexion de la différenciation entre la

---

[1] S. VAN RAEPENBUSCH, « L'intérêt à agir dans le contentieux communautaire », *in Mélanges en hommage à Georges Vandersanden. Promenades au sein du droit européen,* Bruxelles, Bruylant, 2008, p. 383.
[2] *Ibid.,* p. 385.
[3] CJUE, 28 juin 2012, *West,* aff. C-192/12 PPU, *Rec.*, p. I-404, points 20 et 54.
[4] C. CHEVALLIERS-GOVERS, « Le traité de Lisbonne et la différenciation dans l'espace de liberté, de sécurité et de justice », *op. cit.,* p. 268.

Grande-Bretagne et la France (Section 1) sont susceptibles de nourrir nos hypothèses. En même temps le choix de centrer cette analyse sur l'adaptation du système judiciaire européen aux dispositions des coopérations renforcées est justifié par le fait que l'ELSJ constitue un domaine de prédilection de la différenciation (Section 2). Cette analyse s'articule entre deux techniques de différenciation de l'Union européenne à savoir la coopération renforcée et les *opt out*. Le *Brexit* ne supprime pas la différenciation entre les États membres de l'Union européenne. Après le retrait du Royaume-Uni de l'Union, la différenciation subsiste dans la juridictionnalisation de l'ELSJ et de la PESC.

Section 1. La différenciation entre les États membres de l'Union européenne

La différenciation dans le traité de Lisbonne « constitue un pas en arrière concernant le processus de renforcement de l'Union européenne »[1]. À la suite de ce propos il est possible d'affirmer que « le développement de la juridictionnalisation n'a pu être réalisé qu'en permettant à certains États membres de ne pas y souscrire »[2]. Ceci dit l'intégration différenciée dans l'Union européenne questionne d'une certaine manière la juridictionnalisation de l'Union de droit. En se situant dans la ligne de mire des débats doctrinaux, force est de constater qu'à la lecture de la clause de coopération renforcée ainsi que le mécanisme des *opt out*, le traité de Lisbonne contient des éléments de rigidification de cette différenciation en l'encadrant de manière minutieuse. Le protocole additionnel au Royaume-Uni et à la Pologne peut engendrer un risque de fragmentation de l'Union européenne (§ 1).

[1] *Ibid.*, p. 274.
[2] F. PICOD, « Le développement de la juridictionnalisation », *op. cit.*, p. 266.

C'est dans ce contexte que le traité de Lisbonne a multiplié les statuts dérogatoires reconnus à certains États membres de l'Union concernant l'ELSJ en affirmant ainsi la différence entre le droit anglais et le droit français (§ 2).

§ 1. La juridictionnalisation et le protocole additionnel au Royaume-Uni et à la Pologne

La différenciation par l'*opt out* reconnu au Royaume-Uni et à la Pologne concernant le caractère contraignant de la Charte des droits fondamentaux de l'Union européenne semble être la preuve que « les États membres de l'Union n'ont pas la même conception des droits de l'homme »[1]. Ce reflet est perceptible dans l'articulation entre les droits anglais, français et de l'Union européenne. Loin de l'idée de contester l'importance de ces variables, il semble toutefois utile de souligner que la démarche comparative des droits nationaux et de l'Union à une incidence notable sur la juridictionnalisation de l'Union. Pour preuve « l'extension de ces cas de différentiation par le traité de Lisbonne engendre un risque de fragmentation du droit de l'Union européenne »[2]. Dans l'analyse de ces idées, cette fragmentation en contradiction apparente avec la juridictionnalisation de l'Union européenne donne au citoyen de l'Union le sentiment qu'il existe plusieurs justices. C'est-à-dire que tout dépend du lieu de la violation du droit européen.

---

[1] S. PEREZ, « Les juridictions administratives françaises et les droits fondamentaux garantis par l'Union européenne », *in* J. RIDEAU (sous la dir.), *Les droits fondamentaux dans l'Union européenne. Dans le sillage de la Constitution européenne*, Bruxelles, Bruylant, coll. Droit de l'Union européenne – Colloques, 2009, p. 335.

[2] G. VERNIMMEN-VAN TIGGELEN, « Exercices et conséquences des « *opt-out* », *in* M. DONY (éds.), *La dimension externe de l'espace de liberté, de sécurité et de justice au lendemain de Lisbonne et de Stockholm : un bilan à mi-parcours*, Bruxelles, Éditions de l'Université de Bruxelles, 2012, p. 226.

Selon une interprétation du traité de Lisbonne, l'article 6 TUE constitue la disposition principale pour la coordination entre le traité de Lisbonne et la Charte des droits fondamentaux. Ainsi l'attribution à la Charte de la même valeur juridique que les traités renforce la protection juridictionnelle effective, car les États membres sont liés à son respect. Paradoxalement le protocole sur l'application de la Charte des droits fondamentaux de l'Union européenne ajouté au traité, afin de déterminer la portée de la Charte en droit britannique et polonais démontre une volonté claire d'écarter toute justiciabilité de la Charte non seulement devant les juridictions nationales de ces États, mais aussi devant le juge de l'Union européenne. À cet égard il est intéressant de noter que ce protocole met en place ce qui est généralement défini comme un *« opting out »*[1].

La première question qui se pose concerne la nature de cet *opting out*. Comparé à d'autres qui sont annexés au traité de Lisbonne, il ne semble pas que l'on soit en présence ni d'un véritable *opting out* ou encore d'un *opting in.* Ce protocole n'étend pas, mais ne limite pas non plus la compétence juridictionnelle relative à l'application des droits que la Charte codifie. Par ailleurs il semble uniquement créer une obligation pour « les juges d'interpréter la Charte conformément à ce qu'elle-même déclare être : une codification des droits existants »[2]. En outre la source de questionnement est l'influence que ce protocole peut avoir sur les juges nationaux. Sur ce point un registre d'analyse sur la question démontre bien que « des interprétations incorrectes du protocole et défavorables par rapport aux droits mentionnés dans la

[1] *Ibid.,* p. 228.

[2] J. DUTHEIL DE LA ROCHÈRE, « Droits fondamentaux : quelle place dans l'architecture de l'Union », *in Chemins d'Europe. Mélanges en l'honneur de Jean Paul Jacqué,* Paris, Dalloz, 2010, p. 272.

Charte pourraient provenir difficilement des juges anglais, qui bénéficient d'une longue application des droits individuels, mais plus probablement des juges polonais »[1]. Eu égard à cette appréciation les juges polonais ne connaissent pas une tradition solide de protection des droits fondamentaux. Cependant c'est à la lumière de « la jurisprudence évolutive de la Cour de justice »[2], qu'il convient d'affirmer que « la Charte des droits fondamentaux a joué un rôle majeur qui a permis à la Cour de justice d'endosser progressivement le rôle de juge constitutionnel »[3], au-delà de son rôle de simple juge administratif. Dans cette perspective « l'appréciation de ces efforts produits par la Charte permet de comprendre le sens du protocole anglo-polonais »[4]. À la lumière de ces idées le protocole sur l'application de la Charte des droits fondamentaux à la Pologne et au Royaume-Uni a un objectif non déclaré, celui d'empêcher « l'autorité de la Charte et sa nature de manifeste commun des valeurs

---

[1] F. BENOIT-ROHMER, « Valeurs et droits fondamentaux dans le traité de Lisbonne », *in* E. BROSSET, C. CHEVALLIER-GOVERS, V. EDJAHARIAN et C. SCHNEIDER (sous la dir.) *Le traité de Lisbonne. Reconfiguration ou déconstitutionnalisation de l'Union européenne*, Bruxelles, Bruylant, 2009, p. 157.

[2] TPICE, ord. du 28 juin 2005, *Eridania Sadam e. a./Commission*, aff. T-386/04, *Rec.*, p. II-2531.

[3] T., 30 septembre 2010, *Kadi/Commission*, aff. T-85/09, *Rec.*, p. II-5177, points 181, 184.

[4] Voir en ce sens, le Protocole n° 30 sur l'application de la Charte des droits fondamentaux de l'Union européenne à la Pologne et au Royaume-Uni. Selon l'article 1 du Protocole n° 30, « *la Charte n'étend pas la faculté de la Cour de justice de l'Union européenne, ou de toute juridiction de la Pologne ou du Royaume-Uni, d'estimer que les lois, règlements ou dispositions pratiques ou actions administratives de la Pologne ou du Royaume-Uni sont incompatibles avec les droits, les libertés et les principes fondamentaux qu'elle réaffirme* ».

européennes »[1] à s'exprimer normalement au sein de ces États. Considéré ainsi le protocole semble donc être une manifestation de l'absence de cohésion concernant les valeurs communes de l'Union européenne. Tout compte fait l'incorporation dans le traité de mesures spécifiques à certains États membres, renforce la différenciation dans la juridictionnalisation de l'ELSJ et la PESC. Premièrement la différenciation permet à l'Union européenne d'avancer à petit pas tout en contenant la dynamique d'intégration européenne. Deuxièmement pour les justiciables les différenciations en fonction des États membres de l'Union, appliquées à une protection juridictionnelle semblent limiter l'accès au juge dans certains cas. Le *Brexit* ne supprime pas les différenciations au sein de l'Union européenne. Pour terminer certains États membres de l'Union européenne bénéficient encore des *opting out* ou encore des *opting in* après le retrait du Royaume-Uni de l'Union européenne.

§ 2. L'affirmation de la différenciation entre les systèmes de droit anglais et continental

L'un des aspects fondamentaux de la différenciation entre la Grande-Bretagne et la France a trait à d'éventuels déficits de protections juridictionnelles qui peuvent résulter de la différence de culture juridique qui existe entre ces États. Avant toute chose le traité de Lisbonne a multiplié « les statuts dérogatoires »[2] reconnus à certains

[1] *Cf.* Protocole n° 30, article 1, paragraphe 2 « *en particulier et pour dissiper tout doute, rien dans le titre IV de la Charte ne crée des droits justiciables applicables à la Pologne ou au Royaume-Uni* ».

[2] S. LEFÈVRE, « Le Royaume-Uni et la Charte des droits fondamentaux », *in* E. BROSSET, C, CHEVALLIER-GOVERS, V. EDJAHARIAN et C. SCHNEIDER (sous la dir.), *Le traité de Lisbonne. Reconfiguration ou déconstitutionnalisation de l'Union européenne*, Bruxelles, Bruylant, 2009, p. 169.

États membres à cause de leur appartenance à un système juridique particulier. À cet égard il convient de souligner les *opt out* accordés au Royaume-Uni et à l'Irlande concernant l'ELSJ avant le *Brexit*. La conjugaison de ces facteurs sources de différenciations pourrait se traduire par une protection juridictionnelle variable des justiciables selon les États membres. *A priori* le syntagme *opt out* est un concept qui correspond à une dérogation accordée à un pays ne souhaitant pas se rallier aux autres États membres dans « un domaine particulier de la coopération européenne »[1]. Par ailleurs le Royaume-Uni et l'Irlande n'ont jamais été parties contractantes aux accords de Schengen. D'ailleurs les régimes juridiques spécifiques dont bénéficient ces pays dans les matières relevant de l'ex-troisième pilier et communautarisées par le traité d'Amsterdam sont étendus à la coopération policière et judiciaire en matière pénale.

En même temps le traité de Lisbonne reconnaît une situation dérogatoire à ces pays et les a renforcé. Deux sources expliquent différemment cette situation. La première source est d'ordre doctrinal. Elle explique leur position dérogatoire notamment par le fait que dans ces Îles leurs résidents ne possèdent pas traditionnellement de carte d'identité, que ce sont des pays de *common law*. Pour justifier leur position ils ajoutent que « cet *opt out* a été accordé au Royaume-Uni sur la communautarisation de la coopération policière et judiciaire en matière pénale afin de préserver le système de *common law* »[2]. En revanche la deuxième source d'explication est d'ordre jurisprudentiel. Selon la position de la Cour de justice et de certains auteurs « le traité de Lisbonne contribue à consolider la cohérence du constitutionnalisme en encadrant de manière

---

[1] *Ibid.*, p. 176.

[2] F. BENOIT ROHMER, « Valeurs et droits fondamentaux dans le traité de Lisbonne », *op. cit.*, p. 155.

plus systématique la mise en œuvre des différentes formes de différenciation »[1]. Pour cette raison le traité de Lisbonne est novateur en régulant la mise en œuvre des *opt in*. De la même façon l'*opt in* est un syntagme qui explique la possibilité offerte à un État membre qui a bénéficié d'un *opt out* de pouvoir revenir sur sa position à tout moment. D'une manière approchante l'arrêt *Royaume-Uni c/Conseil de l'Union européenne*[2] du 18 décembre 2007 est particulièrement intéressant. En l'espèce le Royaume-Uni a introduit un recours en annulation contre un règlement du Conseil, en invoquant la thèse de l'indépendance des articles 4 et 5 du protocole Schengen. Pour cette raison la Cour de justice a considéré que l'article 5, § 1 al. 2, du protocole de Schengen doit être interprété en ce sens qu'il n'a vocation à s'appliquer qu'aux propositions et aux initiatives fondées sur un domaine de l'acquis Schengen, auquel le Royaume-Uni et l'Irlande ont été admis à participer en application de l'article 4 du même protocole et non pas aux « mesures qui constituent un développement des autres dispositions de l'acquis Schengen »[3]. La Cour de justice a adopté ainsi la théorie de la subordination de l'article 5 à l'article 4 du protocole Schengen. Enfin selon cette jurisprudence, la Cour de justice a suivi la position du Conseil qui motive cette théorie afin d'assurer le principe d'intégrité de l'acquis Schengen.

---

[1] C. CHEVALLIER-GOVERS, « Le traité de Lisbonne et la différenciation dans l'espace de liberté, de sécurité et de justice », *op. cit.*, p. 265.

[2] CJCE, 18 décembre 2007, *Royaume-Uni c/ Conseil de l'Union européenne*, aff. C-137/05, *Rec.*, p. I-11593. Voir également, l'article 4 du Protocole n° 19 sur l'acquis Schengen intégré dans le cadre de l'Union européenne.

[3] S. BRAMMERTZ, « Eurojust : parquet européen de la première génération ? », *op. cit.*, p. 107.

À la lecture de ces deux sources doctrinale et jurisprudentielle, il en ressort que l'affirmation de la différenciation au travers des syntagmes *opt out* et *opt in*, participe d'une certaine manière à la juridictionnalisation en profondeur de l'ELSJ. De cette façon face à la tentative de « mise en place d'une Europe à la carte »[1], la Cour de justice se porte garante de l'intégrité en permettant d'assurer une meilleure cohérence du droit. Pour la deuxième source il n'est pas suffisant de se limiter à de telles explications car « le protocole n'est pas simplement la manifestation d'une opposition à la consécration dans la Charte de certains droit sociaux, mais reflète plutôt une conception différente de la protection des droits fondamentaux »[2]. Cette position se justifie pour deux raisons. La première raison explique les réticences du Royaume-Uni à l'égard de la Charte, notamment les dispositions qui figurent désormais dans son titre IV, relatives à la solidarité. Par conséquent la Charte présente des droits sociaux à côté et au même rang que des droits civils et politiques de tels droits sont dans une large mesure étrangers à la conception britannique des droits fondamentaux. Il en découle que le système britannique, la *common law* dispose d'une identité, d'une culture juridique propre s'agissant de la protection des droits fondamentaux. En ce qui concerne la deuxième raison, l'approche britannique d'une résolution des conflits sur la base de l'interprétation et de l'analyse de l'intention du Parlement est l'un des piliers de son constitutionnalisme,

[1] Y. PASCOUAU, « L'encadrement de la qualification des actes fondés sur l'acquis de Schengen », *in Mélanges en hommage à Georges Vandersanden. Promenades au sein du droit européen*, Bruxelles, Bruylant, 2008, p. 311.

[2] I. PINGEL, « Les références à la Charte des droits fondamentaux dans le traité établissant une Union européenne », *in Mélanges en l'honneur de Philippe Manin. L'Union européenne : Union de droit, Union des droits,* Paris, Éditions A. Pedone, 2010, p. 802.

bien différent d'une articulation entre droit constitutionnel et loi[1]. Quoi qu'il en soit les garanties dont bénéficient les droits fondamentaux et la complémentarité des contrôles juridictionnels sont conjointement recherchés. D'une certaine manière la différenciation conduit à supposer que les garanties juridictionnelles apportées par la Cour de justice de l'Union et par les juridictions nationales sont complémentaires. Au-delà des différences entre système de *common law* et système continental, ces conflits ont un effet positif sur la juridictionnalisation de la PESC et de l'ELSJ.

Section 2. Le système judiciaire et la différenciation des coopérations renforcées

Le développement de la juridictionnalisation du titre V, TUE relative à l'action extérieure de l'Union et du titre V du TFUE concernant l'ELSJ relance le débat sur « la différenciation au sein de l'Union »[2]. En analysant le débat théorique et la terminologie générée par ce dernier, la principale caractéristique du processus de théorisation de la juridictionnalisation différenciée de l'Union européenne s'articule autour de trois modèles « l'Europe à plusieurs vitesses, à cercles concentriques et à la carte »[3]. De toute manière ces trois modèles illustrent les approches de la juridictionnalisation différenciée au sein de l'Union, au Royaume-Uni et en France.

---

[1] D. RITLENG, « La loi », *in* J.-B. AUBY (sous la dir.), *L'influence du droit européen sur les catégories du droit public*, Paris, Dalloz, coll. Thèmes & commentaires, 2010, p. 231.

[2] Y. PASCOUAU, « L'encadrement de la qualification des actes fondés sur l'acquis de Schengen », *in Mélanges en hommage à Georges Vandersanden. Promenades au sein du droit européen, op. cit.*, p. 307.

[3] C. CHEVALLIER-GOVERS, « Le traité de Lisbonne et la différenciation dans l'espace de liberté, de sécurité et de justice », *op. cit.*, pp. 275 et s.

Comme il a été dit plus haut, le traité de Lisbonne supprime la structure en pilier de l'Union, mais cette suppression n'exclut pas « le maintien de certaines spécificités institutionnelles propres à quelques secteurs »[1]. C'est le cas pour l'ELSJ, comme pour la PESC afin de tenir compte de la nature particulière de ces matières qui touchent au cœur de la souveraineté des États. À ce propos une interprétation de l'article 68 TFUE démontre qu'il consacre un rôle éminent au Conseil européen dans l'ELSJ. Par ailleurs le degré de différenciation varie en fonction des ex-trois piliers de l'Union. L'argument sémantique d'un courant doctrinal soulève la question du degré de flexibilité dans les ex-trois piliers. Selon ce courant de pensée, le droit de l'Union européenne intègre des éléments de flexibilité nécessaires à la réalisation de l'Union européenne.

En créant le mécanisme des coopérations renforcées « les traités ont fait de la flexibilité un élément de réorganisation du système juridique de l'Union »[2]. Sans doute les questions relatives à la PESC et à l'ELSJ se prêtent davantage à la flexibilité. Néanmoins il est vrai que les lignes de rupture entre flexibilité et les propositions de réformes de la PESC et de l'ELSJ ont été les plus nombreuses dans la révision des traités.

---

[1] E. BROSSET, « Clartés et obscurités des actes de l'Union européenne », *in* E. BROSSET, C. CHEVALLIER-GOVERS, V. EDJAHARIAN et C. SCHNEIDER (sous la dir.), *Le traité de Lisbonne. Reconfiguration ou déconstitutionnalisation de l'Union européenne ?* Bruxelles, Bruylant, 2009, p. 113.

[2] B. VILÀ, « Coopération civile et coopération pénale dans le traité de Lisbonne : nouveauté en matière de contrôle de subsidiarité et des procédures spéciales. Quelques réflexions pour l'avenir », *in Chemins d'Europe. Mélanges en l'honneur de Jean Paul Jacqué,* Paris, Dalloz, 2010, p. 700.

Ce qui s'explique par le fait que, la juridictionnalisation différenciée de l'Union en droit anglais et en droit français concerne divers aspect de la PESC et de l'ELSJ. La différenciation dans l'ELSJ cherche à la fois à garantir le maintien de la souveraineté nationale au Royaume-Uni et en France et d'ouvrir la voie à plus d'intégration renforcée (§ 1). Dans le domaine de la PESC le problème de la différenciation se pose différemment, mais la volonté d'avoir une approche commune est la preuve d'une évolution vers une plus grande intégration (§ 2). Il est donc apparu essentiel de fonder cette analyse sur les droits anglais et français afin de mieux souligner l'originalité de l'approche européenne en matière de relations extérieures. La différenciation offre à la Cour de justice l'une des premières occasions de déterminer l'étendue de sa compétence en ce qui concerne la PESC et l'ELSJ, pendant la période de transition et après le *Brexit*. La question décisive est l'adaptation du système judiciaire de l'Union après le retrait du Royaume-Uni de l'Union.

§ 1. La problématique de la différenciation dans l'ELSJ

Le débat sur la juridictionnalisation différenciée de l'ELSJ se concentre sur le maintien de certaines spécificités institutionnelles de l'ex-troisième pilier de l'Union, malgré la suppression de la structure en piliers de l'Union européenne. Les espoirs entretenus par les justiciables du droit de l'Union ont été sapés par les limites de la méthode intergouvernementale. Selon une appréciation de cette lecture, les orientations du contentieux de l'Union européenne établissent une différence très nette entre requérants.

Malgré « les efforts de communautarisation de l'ex-troisième pilier »[1], l'accès des particuliers à la Cour de justice de l'Union est limité. Cependant la réflexion sur l'approche théorique de la juridictionnalisation de cet espace s'articule autour de deux centres d'intérêt qui nécessitent une analyse en profondeur dans le but de mieux apprécier la justiciabilité des actes de l'ELSJ. Le traité de Lisbonne renforce et concilie l'efficacité et la légitimité de l'Union européenne en matière pénale. Cette simplification n'exclut cependant pas le maintien des procédures spécifiques, afin de tenir compte du caractère fortement intergouvernemental de la politique pénale, en ce qui concerne particulièrement son volet opérationnel qui est mieux distingué de la fonction législative. Pour dire vrai dans ces domaines la protection juridictionnelle des justiciables n'est pas effective. En tout état de cause la Cour de justice est incompétente dans ce domaine. Outre cette restriction, la portée de l'extension des compétences de la Cour est réduite par l'élargissement limité apporté par le traité de Lisbonne en ce qui concerne les recours directs des particuliers. En principe cette lecture des conditions restrictives du contrôle juridictionnel dans l'ELSJ renforce l'idée d'une différenciation qui s'organise au sein même de cet espace. D'autant plus que la théorie de la coopération intergouvernementale selon laquelle les États essaient à la fois de garantir le maintien de la souveraineté nationale et d'ouvrir la voie à plus d'intégration a toute sa place.

---

[1] L. ARROYO ZAPATERO, M. MUÑOZ DE MORALES ROMERO, « Le contrôle des choix de pénalisation : effets directs et indirects », *in* G. GIUDICELLI-DELAGE et S. MANACORDA (sous la dir.), *Cour de justice et justice pénale en Europe,* Paris, Société de législation comparée, 2010, p. 52.

À cet égard la problématique de fond c'est l'idée selon laquelle la juridictionnalisation de l'ELSJ ne fait pas de distinction entre les domaines qui tiennent de l'ex-premier pilier ou de l'ex-troisième pilier. Pour s'en convaincre ce qui compte c'est la communautarisation effective de tout l'espace. Malgré les réticences des États membres il s'agit de remédier aux insuffisances du contrôle juridictionnel dans les domaines de la coopération judiciaire en matière pénale et de la coopération policière. La période d'appartenance du Royaume-Uni à l'Union européenne est d'ailleurs marquée par la réticence des gouvernements britanniques successifs à aliéner leur souveraineté au profit de l'Union européenne dans les domaines de l'ELSJ. Il est question notamment du « défaut d'efficacité et d'absence de contrôle démocratique et judiciaire »[1]. Cette appréciation permet clairement d'exhumer les querelles les plus controversées liées à l'idée d'un ministère public européen : un parquet européen. Concrètement l'article 86 TFUE n'institue pas un parquet européen, mais autorise simplement le Conseil à l'unanimité à adopter un règlement en ce sens. *A fortiori* la compétence matérielle de ce parquet européen a été considérablement limitée par la conférence intergouvernementale de 2004 à la suite des réticences de certains États, notamment le Royaume-Uni. Il est à cet égard remarquable de noter les attentes de la notion de protection juridictionnelle effective des individus contre les actes prétendument illégaux, c'est-à-dire l'un des objectifs fondamentaux de l'ordre juridique de l'Union européenne dans ce domaine.

---

[1] A. WEYEMBERGH et V. SANTAMARIA, « Le contrôle démocratique dans l'espace pénal européen », *in* M. DONY et L. SERENA ROSSI (éds.), *Démocratie, cohérence et transparence. Vers une constitutionnalisation de l'Union européenne ?* Bruxelles, Bruylant, 2008, p. 75.

Au contraire cette possibilité de créer un parquet européen ne s'accompagne pas comme certains le souhaitaient de la création d'une « chambre préliminaire européenne »[1], chargée de contrôler la phase préparatoire et du renvoi en jugement. Pour plus de justiciabilité des actes de l'Union rattaché à la Cour de justice, cette chambre préliminaire aurait ainsi exercé les fonctions de juge des libertés à l'échelle de l'espace judiciaire européen. Dans le prolongement de cette analyse, la coopération policière s'inscrit comme la coopération judiciaire pénale dans l'ex-troisième pilier de l'Union européenne. À cette condition la suppression des piliers rend les règlements et les directives dotés d'effet direct applicables à la coopération policière à la place des décisions, des décisions-cadres et des conventions.

En revanche cette extension des compétences juridictionnelles de la Cour de justice n'est que partielle et incomplète. Car elle laisse subsister à certains égards un déficit de protection juridictionnelle effective. Il suffit de faire une interprétation de l'article 68 TFUE pour s'en rendre compte. En effet « le droit d'initiative des États membres subsiste, mais est encadré par l'exigence d'un seuil d'un quart des États membres et le rôle éminent du Conseil européen est reconnu »[2]. Justement dans le domaine de la coopération policière une compétence est

---

[1] C. VAN DEN WYNGAERT, « *Corpus juris*, parquet européen et juge national : vers une chambre préliminaire européenne ? », *in* G. DE KERCHOVE et A. WEYEMBERGH (éds.), *Vers un espace judiciaire pénal européen. Towards a European Judicial Criminal Area,* Bruxelles, Éditions de l'Université de Bruxelles, 2000, p. 137.

[2] M. AUDIT, « La compatibilité du principe de l'autonomie procédurale avec l'édification de l'espace judiciaire européen », *in* J. DUTHEIL DE LA ROCHÈRE (sous la dir.), *L'exécution du droit de l'Union, entre mécanismes communautaires et droits nationaux,* Bruxelles, Bruylant, coll. Droit de l'Union européenne – Colloques, 2009, p. 255.

octroyée à la Cour de justice de l'Union mais elle est à la fois limitée et différenciée. Pour cette raison le dispositif particulièrement complexe instauré par le traité de Lisbonne et la possibilité qu'il engendre une compétence de la Cour de justice à géométrie variable ont pour conséquence un contrôle différencié du respect des droits de l'homme, par les matières couvertes par l'ex-troisième pilier. De toute évidence la juridictionnalisation de l'ELSJ n'est pas effective. En cette circonstance l'exclusion des particuliers de la voie de recours en annulation devant les juridictions de l'Union européenne semble moins problématique en termes de protection des droits fondamentaux, puisque ceux-ci peuvent être protégés par d'autres voies de droit. De la sorte « les droits de l'homme reconnus dans la Charte font donc l'objet d'une garantie juridictionnelle différenciée selon le pilier dans lequel l'action des institutions ou des États membres se situe »[1]. Par conséquent cela risque d'être source de confusion et peut laisser subsister des imperfections dans la protection de ces droits dans les domaines particulièrement sensibles de la coopération policière et judiciaire en matière pénale. *In fine* les entorses aux compétences juridictionnelles de la Cour de justice reflètent la différenciation dans l'idée d'intégration européenne. Pour tout dire si l'on s'attache à l'articulation entre les institutions et entre l'Union et les États membres, force est de constater que le système des voies de droit prévu par les traités est incomplet.

---

[1] P. CEBULAK et F.-J MENA PARRAS, « Droits fondamentaux et sécurité : quelle cohérence pour l'approche de la Cour de justice en matière de gel des avoirs ? », *in* C. FLAESCH-MOUGIN et S. ROSSI (sous la dir.), *La dimension extérieure de l'espace de liberté, de sécurité et de justice de l'Union européenne après le traité de Lisbonne*, Bruxelles, Bruylant, coll. Rencontres européennes, 2013, pp. 551 et s.

§ 2. La juridictionnalisation différenciée de la PESC

Le traité de Lisbonne introduit dans son titre V, TUE des dispositions générales s'appliquant à l'ensemble de l'action extérieure de l'Union européenne. Cependant la fusion des piliers opérée par les traités ne remet pas en cause la spécificité de la PESC. De cette hypothèse, la juridictionnalisation différenciée est renforcée par le droit de la PESC et les mécanismes intergouvernementaux.

Partant de ces idées deux approches de la juridictionnalisation différenciée de la PESC, qui ouvrent indirectement la voie au « déficit de protection juridictionnelle au sein de l'Union »[1] méritent d'être soulignées. Tout d'abord la juridictionnalisation de la PESC peut se faire par un renforcement du contrôle juridictionnel de la Cour de justice et la justiciabilité des actes de la PESC par les particuliers ou les personnes morales. Mais la PESC demeure un domaine régalien des États membres de l'Union européenne. S'agissant de la voie de l'éventuel renforcement des compétences de la Cour de justice, le bilan est d'une extraordinaire modestie. À la limite comme il fallait s'y attendre, le traité dc Lisbonne sur ce point n'a pas rempli effectivement sa fonction de « juridictionnalisation de la PESC et de la PSDC »[2]. Le traité de Lisbonne introduit un certain degré de différenciation dans le cadre de la PESC. En abordant dans ce sens il faut noter qu'en matière de PESC, le but prioritaire est de répondre à des défis extérieurs, eux-mêmes variables et en mutation.

---

[1] H. LABAYLE, « Le juge de l'espace de liberté, sécurité et justice de l'Union européenne », *op. cit.*, pp. 610 et s.

[2] C. SCHNEIDER, « Brèves réflexions iconoclastes sur la « déconstitutionnalisation » de la politique étrangère, de sécurité commune et de défense », *op. cit.*, p. 296.

Pour cette raison dans le cadre de l'ex-pilier communautaire beaucoup plus intégré, les politiques communes nécessitent un système uniforme pour assurer l'efficacité et par conséquent l'objectif général de la protection juridictionnelle. Par contre le pilier de la PESC moins intégré nécessite une flexibilité institutionnelle afin de répondre aux objectifs de juridictionnalisation de l'Union. De ces éléments il est possible de greffer une grille d'analyse qui donne une bonne image de la différenciation dans la juridictionnalisation de la PESC. En réalité la PESC constitue à elle seule une catégorie de compétence « une spécificité qui en est l'une des raisons d'une difficile intégration dans le droit de l'Union »[1]. En substance la PESC conserve en effet de très nombreux traits particuliers qui tiennent notamment au faible degré d'intégration, au rôle puissant du Conseil, au maintien très large de l'unanimité et à la place réduite du juge dans le contentieux de la PESC.

Sous cet angle en ce qui concerne la protection juridictionnelle effective des particuliers ou des personnes morales contre les actes de la PESC, le bilan est toujours aussi décevant et témoigne d'une autre manière de l'incapacité de la construction européenne à faire progresser la juridictionnalisation de son action extérieure. En ce qui concerne la différenciation dans le cadre de la PSDC, la politique étrangère et de sécurité commune, en principe ne fait pas l'objet d'une juridictionnalisation plus orientée vers l'intégration européenne. De même les questions de défense se prêtent davantage à ce type de dessein. Sur ce plan la différenciation de « la PSDC peut résulter d'une prise en compte de la spécificité en matière de sécurité et de défense de chaque État membre de

---

[1] H. FLAVIER, *La contribution des relations extérieures à la construction de l'ordre constitutionnel de l'Union européenne, op. cit.*, p. 709.

l'Union européenne, et des limites de leur volonté politique à s'engager vis-à-vis de la politique commune de défense[1]. C'est à la lumière de cette réflexion qu'il faut sans doute apprécier le degré de différenciation de la PESC et de la PSDC. La contribution de la PSDC à l'édification du droit au juge apparaît assurément limitée à cause des questions liées au déficit de contrôle juridictionnel des actes de la PESC. À ce titre la juridictionnalisation différenciée de la PSDC établit le compromis idéologique entre intégration supranationale et intégration intergouvernementale. Pour autant la PSDC ne constitue pas un élément supplémentaire de l'ordre juridique de l'Union, elle doit être comprise comme un instrument de la politique extérieure de l'Union destiné à permettre de formaliser dans un acte juridique international créateur de droits et obligations pour les parties, « un accord diplomatique dans lequel l'Union s'efforce de défendre ses intérêts et ses valeurs »[2]. Autrement dit cet accord supposé essentiel à l'édification du droit au droit et du droit au juge repose à la fois sur une garantie juridique et sur une garantie politique. Toutefois au regard de l'interprétation du traité de Lisbonne notamment de l'article 24, § 3 TUE, l'idée d'une communautarisation de l'ex-deuxième pilier aurait dû réduire la juridictionnalisation différenciée de la PESC.

---

[1] Voir en ce sens, la décision 2012/392/PESC du Conseil du 16 juillet 2012 concernant la mission PSDC de l'UE au Niger [(EUCAP Sahel Niger), *JOUE* L 187, p. 48] ; la décision 2012/389/PESC du Conseil du 16 juillet 2012 relative à la mission de l'UE visant au renforcement des capacités maritimes régionales dans la Corne de l'Afrique [(EUCAP NESTOR), *JOUE* L 187, p. 40] ; la décision 2012/698/PESC du Conseil du 13 novembre 2012 sur l'établissement d'un entrepôt pour les missions civiles de gestion de crise (*JOUE* L 314, p. 25).

[2] C. HILLION, « Cohérence et action extérieure de l'Union européenne », *op. cit.,* p. 245.

C'est ainsi que la différenciation dans le processus de la juridictionnalisation de l'Union, notamment dans l'ex-deuxième pilier est la conséquence juridique de la fusion des piliers. Le traité de Lisbonne maintient « les procédures spécifiques dans les domaines de la PESC et de l'ELSJ »[1], maintenant ainsi « une intégration à géométrie variable »[2]. Voilà pourquoi le droit de l'intégration principale source de supranationalité de l'Union européenne semble ne pas pouvoir jouer à lui seul le rôle d'impulsion de la protection juridictionnelle face au caractère intergouvernemental de la PESC. Ceci étant la différenciation caractérise ainsi la juridictionnalisation de l'Union européenne.

Section 3. Les différences d'approche de l'ELSJ au Royaume-Uni et en France

La caractéristique principale de l'ELSJ est d'être au service des citoyens européens. C'est-à-dire répondre à des besoins concrets des citoyens en termes du droit au droit et du droit au juge. D'une façon plus générale dans le cadre d'une protection juridictionnelle effective, les innovations apportées par le traité de Lisbonne ont posé de très grands défis aux États membres particulièrement au Royaume-Uni et à la France. À propos les défis concernent principalement la transposition du droit de l'ELSJ dans les droits nationaux, la mise en place de mécanismes de coopérations efficaces entre les États membres de l'Union européenne, la protection contre la criminalité et l'administration de la justice.

[1] I. GOVAERE, V. DEMEDTS, « Quelle définition de « l'externe » en matière d'ELSJ ? Le cadre et les enjeux », *op. cit.*, p. 497.
[2] *Ibid.*, p. 501.

Face à cette problématique centrale, la mise en œuvre de l'ELSJ est tiraillée entre la dynamique d'intégration européenne et le souci des États membres de l'Union européenne de préserver certaines de leurs compétences jugées essentielles. Aussi fondée que puisse paraître cette réalité, les défis posés au niveau national par la diversité juridique lorsqu'il s'agit de mettre en œuvre le droit de l'ELSJ sont multiples, surtout entre la tradition juridique anglaise (§ 1) et la tradition juridique française (§ 2). En la matière l'ELSJ reste un domaine régalien sensible pour les États membres de l'Union malgré un transfert important de compétence au niveau européen.

§ 1. Le droit de l'ELSJ au Royaume-Uni avant le Brexit

Le problème de la transposition du droit de l'ELSJ au Royaume-Uni se situe en substance sur trois plans. Les questions politiques liées à la sécurité intérieure dans l'ELSJ, le clivage entre système de droit de *common law* et système de droit continental et la diversité structurelle existant entre les structures administratives et leurs attributions respectives. Ce qui précède indique que le cas du Royaume-Uni est centré sur trois niveaux de mise en œuvre du droit de l'ELSJ. Effectivement sur la base de l'approfondissement de la protection juridictionnelle dans les domaines de l'ELSJ, cette étude vise à mieux apprécier les approches du système législatif, administratif et judiciaire au Royaume-Uni. Les orientations stratégiques de la politique du Royaume-Uni dans l'ELSJ s'organisent non seulement autour des traditions nationales en matière de l'ordre public qu'on peut faire remonter jusqu'à *« la Magna Carta de 1215 et au Bill of Rigth* de 1689 mais aussi par son scepticisme qui se reflète régulièrement dans une constante résistance à la communautarisation et à l'approfondissement de l'Union dans ce domaine.

Selon les propos d'un auteur « Ce scepticisme lié à des préoccupations concernant la portée de la poursuite sur la souveraineté de l'État, a contribué dans une large mesure à la complexité institutionnelle de l'Union européenne »[1], tant en termes de structure du traité, qu'en termes des engagements du Royaume-Uni à la mise en œuvre de la législation de l'ELSJ en droit interne. Le problème central réside dans le fait que le processus de l'ELSJ au Royaume-Uni a affaire à une sorte d'euroscepticisme du droit national, qui se justifie par le fait que les conditions réelles d'une protection juridictionnelle effective des citoyens, intégrée à l'échelle européenne font jusqu'à présent défaut. Au fond le pôle de confrontation entre droit anglais et la mise en place de l'ELSJ serait celui de la souveraineté étatique.

Pour une raison encore plus forte l'Union européenne donne les orientations nécessaires au développement de l'ELSJ. Mais l'essentiel de la mise en œuvre du droit de l'ELSJ est laissé aux États membres. Grâce à cette prise de considération du droit de l'Union européenne, la mise en œuvre législative du droit de l'ELSJ a été conditionnée par la mise en place d'une législation en droit interne. Ceci a conduit à « l'adoption de plusieurs lois sur l'immigration et le droit d'asile, qui mettent en œuvre les engagements du Royaume-Uni vis-à-vis de l'Union »[2]. La méthode présagée par ces déclarations a été effectivement pratiquée en droit interne. À cet égard dans le domaine du droit pénal, la législation européenne a été mise en œuvre par la voie d'une consolidation de la législation préexistante.

---

[1] V. MITSILEGAS, « La mise en œuvre de l'espace de liberté, de sécurité et de justice au Royaume-Uni », *in Rev. fr. adm. publ,* n° 129, 2009, p. 46.
[2] *Ibid.,* p. 49.

La loi sur la justice pénale, *Criminal Justice Act* de 1983 et la loi sur les revenus de la criminalité *Proceeds of Crime Act* de 2002, ne représentent que quelques-uns des nombreux exemples. Dans le même temps « les principales différences qui existent entre les structures administratives et leurs attributions respectives au sein du droit anglais contribuent à faire de la mise en œuvre de la législation de l'ELSJ un véritable défi »[1]. En règle générale cette mise en œuvre est placée au Royaume-Uni sous l'entière responsabilité du *Home Office*. Dans ce contexte le *Home Office* et en particulier son agence des frontières sont responsables de l'administration des procédures d'asile et des systèmes de Dublin et *Eurodac*[2]. À titre de précision la démarche britannique suit l'objet de proposition du dispositif *« Eurodac »*. Cette orientation vise à favoriser plus efficacement la bonne application du « règlement de Dublin »[3]. Dans ce contexte en matière pénale, les dispositions prises par le *Home Office* pour mettre en œuvre la coopération judiciaire prennent en compte la complexité du système de justice au Royaume-Uni. En ce qui concerne les critères et les mécanismes de détermination de l'État membre responsable de l'examen d'une demande d'asile ou de protection subsidiaire, la base juridique de la présente proposition est l'article 78, § 2, point, e, du TFUE.

---

[1] *Ibid.*, p. 53.

[2] EURODAC a été créé par le règlement (CE) n° 2725/2000 concernant la création du système « Eurodac » pour la comparaison des empreintes digitales aux fins de l'application efficace de la convention de Dublin.

[3] Règlement (CE) n° 343/2003 du Conseil du 18 février 2003 établissant les critères et les mécanismes de détermination de l'État membre responsable de l'examen d'une demande d'asile présentée dans l'un des États membres par un ressortissant d'un pays tiers (*JO* n° L 50 du 25.2.2003, p. 1).

Ces spécificités nationales dans la transposition du droit de l'ELSJ peuvent avoir des effets négatifs considérables pour le renforcement de la protection juridictionnelle au sein de l'Union. Quoi qu'il en soit les possibilités de dialogue entre la Cour de justice et les tribunaux anglais concernant la mise en œuvre effective de l'ELSJ sont plus limitées. Pris dans leur ensemble les problèmes judiciaires posés à la mise en œuvre de l'ELSJ au Royaume-Uni se cristallisent autour des relations entre juges anglais et la Cour de justice.

Dans cette logique les juridictions anglaises ne sont pas autorisées à demander à la Cour de justice de statuer à titre préjudiciel sur les questions relevant du droit pénal. Malgré tout dans la volonté d'approfondir les mécanismes de protection juridictionnelle et d'examiner le droit interne à la lumière du droit de l'Union, la Chambre des *Lords* a mis en lumière la rédaction des mesures internes d'application du mandat d'arrêt européen et son manque de cohérence avec l'approche et l'esprit du droit de l'Union européenne.

Assurément cette analyse sur la transposition du droit de l'ELSJ au Royaume-Uni pose plusieurs problèmes qui nécessitent l'étude d'un autre système de droit de l'Union européenne. Le but affiché est de mieux cerner les questions essentielles qui peuvent être également identifiées. Le point problématique est surtout d'avoir une approche générale au niveau européen afin d'améliorer les déficiences posées. La mise en œuvre du droit de l'ELSJ au Royaume-Uni avant le *Brexit* s'est heurtée non seulement à la complexité du système judiciaire au Royaume-Uni, mais aussi aux relations entre juges anglais et la Cour de justice de l'Union européenne.

§ 2. Le droit de l'ELSJ en France

Les États membres de l'Union européenne sont très protecteurs de leurs compétences nationales dans toutes les questions liées à la sécurité intérieure. D'autant plus que ces problèmes concernent particulièrement les fonctions régaliennes de l'État et la souveraineté nationale. À l'exemple du Royaume-Uni, la France en tant que pays membre de l'Union européenne utilise plusieurs mécanismes pour la mise en œuvre de l'ELSJ en droit interne. Avant d'étudier les différents organismes administratifs qui sont en charge de la mise en œuvre de l'ELSJ, il convient de procéder à un aperçu de la mise en œuvre normative de l'essentiel du dispositif des lois de transposition. Plusieurs révisions constitutionnelles ont été nécessaires en France pour garantir une application effective du droit de l'ELSJ en droit interne. Selon le Conseil constitutionnel, pour certaines dispositions du traité de Lisbonne une révision de la Constitution était nécessaire. Le raisonnement des juges se focalise sur « les dispositions relatives à la lutte contre le terrorisme aux contrôles aux frontières, à la lutte contre la traite des êtres humains ou encore à certains aspects de la coopération judiciaire en matière civile ou pénale »[1]. Pourtant le traité de Lisbonne permet d'améliorer les capacités d'exécution du droit de l'Union européenne en étendant la procédure d'infraction aux domaines de la coopération policière et judiciaire en matière pénale. Il s'agit d'améliorer l'efficacité de la législation nationale de transposition ainsi que les procédures administratives. La volonté de mettre en application le droit de l'ELSJ en droit interne a bien souvent conduit la France à développer la législation de transposition et les techniques liées à cet effet.

[1] Y. GAUTIER, « La mise en œuvre de l'espace de liberté, de sécurité et de justice en France », *in Rev. fr. adm. publ*, n° 129, 2009, p. 74.

Véritablement la mise en place des textes relevant de l'ELSJ est pilotée en France par des instances administratives telles que le secrétariat général du gouvernement (SGG) et le secrétariat général des affaires européennes (SGAE). En pratique leur rôle principal est de concevoir la norme nationale de transposition du droit de l'Union européenne et le suivi de la transposition des actes de l'Union européenne. Dans cette perspective le processus de transposition des directives et des décisions cadres intéresse plusieurs administrations.

Il s'agit notamment le ministère de la justice[1] et le ministère de l'intérieur. D'un autre côté l'accroissement progressif des difficultés dans la transposition des directives européennes en France a conduit la Cour de justice à revenir sur les exigences du principe de coopération loyale, qui implique notamment que les États membres prennent toutes les mesures propres à assurer l'exécution de leurs obligations au titre du droit de l'Union européenne. Apparemment à la lecture des articles 82 et 87 du TFUE, la coopération policière et judiciaire en matière pénale est entièrement fondée sur la coopération entre les États membres et l'Union européenne. En d'autres mots la transposition des directives et décisions cadres puise sa source dans le traité et la législation nationale française. Au fond le principe est d'assurer la primauté du droit de l'ELSJ en droit interne. Par ailleurs l'existence de limites à l'obligation de loyauté dont la portée est difficilement mesurable dans certains domaines de l'ELSJ est une entrave à la transposition de cette législation en France.

---

[1] *Cf.* le décret n° 2005-1015 du 24 août 2005 modifiant le décret n° 64-754 du 25 juillet 1964 relatif à l'organisation du ministère de la justice.

Concrètement les limites du contrôle juridictionnel effectif de la Cour de justice dans les domaines relevant du troisième pilier constituent avant tout une entrave aux principes de l'Union de droit. Dans le même sens « l'existence de nombreuses circulaires du premier ministre atteste des difficultés liées à la transposition en France des directives européenne »[1]. Eu égard à la difficulté de transposition du droit de l'ELSJ en France, le rôle de la Commission européenne reste déterminant. Elle adresse régulièrement aux États membres de l'Union européenne un rappel « les invitant à communiquer le texte de toutes les dispositions nationales transposant les décisions cadres »[2]. Cependant malgré les difficultés rencontrées dans la transposition des directives relatives à l'ELSJ, la France utilise plusieurs techniques de transposition. Dans certains cas « la Constitution peut être révisée pour permettre la transcription des textes de l'Union européenne »[3]. Dans d'autres cas le rôle du Parlement français est déterminant. Il peut être amené à adopter un texte transposant plusieurs directives ou décisions cadres. Du reste la démarche du Parlement s'inscrit dans une logique d'approche générale liée au rôle du Parlement européen et des Parlements nationaux dans la réalisation de l'ELSJ. Dans le domaine de la coopération judiciaire, le Parlement français a facilité la coopération entre les autorités judiciaires nationales et l'Union, en prenant des mesures de transposition rendues nécessaires par l'adoption de plusieurs directives[4] et

[1] Y. GAUTIER, « La mise en œuvre de l'espace de liberté, de sécurité et de justice en France », *op.cit.*, p. 82.
[2] *Ibid.* pp. 82 et s.
[3] *Cf.* sur ce point, la loi constitutionnelle n° 2003-267 du 25 mars 2003, relative au mandat d'arrêt européen (*JORF*, n° 72 du 26 mars 2003, p. 5344).
[4] Voir la directive n° 2002/8/CE du Conseil du 27 janvier 2003, (*JO* n° L 26, 31.1.2003, p. 41).

décisions cadres[1]. De toute façon les modifications institutionnelles réalisées par le traité de Lisbonne dans le domaine sensible du droit pénal vont renforcer le mécanisme de transposition des directives européennes au sein du Parlement français. À titre de précision l'Assemblée nationale et le Sénat ont adopté la loi n° 2014-535 du 27 mai 2014 portant transposition de la directive 2012/13/UE du Parlement européen et du Conseil, du 22 mai 2012, relative au droit de l'information dans le cadre des procédures pénales. Cette loi pose non seulement le cadre juridique important du droit de la coopération pénale dans l'Union européenne, mais aussi elle va beaucoup plus loin en offrant encore de la cohérence à la construction du droit de l'ELSJ.

Autrement dit la loi du 27 mai 2014 de transposition de la directive du 22 mai 2012 apporte des bouleversements profonds pour la justice répressive et la procédure pénale française, un tel constat doit être relativisé. Car à bien regarder les choses, le rattachement accepté par le gouvernement et le législateur français de la transposition de la directive du 22 mai 2012 à la logique de l'ELSJ va certes faciliter l'entreprise de mise en conformité du droit français au droit de l'Union, mais ne peut pas supprimer tous les obstacles techniques ainsi que les questions liées à la mise en œuvre matérielle des actes entrant dans le champ d'application de l'ELSJ en droit interne. Au vu des différents « instruments normatifs à la disposition du législateur européen »[2] et compte tenu du besoin croissant d'efficacité de ces instruments au sein des États membres

---

[1] *Cf.* la décision cadre n° 2003/568/JAI du Conseil du 22 juillet 2003 relative à la lutte contre la corruption dans le secteur privé (*JO* n° L 192, 31.7. 2003, p. 54).

[2] A. BARLETTA, « Le contrôle de la répartition des compétences en matière pénale : la recherche de l'équilibre institutionnel », *op. cit.,* p. 113.

l'étude du cas français a donc conduit à repenser différemment les actes législatifs dans une volonté de trouver une solution pérenne aux difficultés normatives de l'ELSJ. En France l'impossibilité légale actuelle d'assurer l'effectivité de ce droit révèle non pas les résistances nationales mais tout simplement des difficultés à allier les exigences européennes et le droit national. De même la présentation des difficultés normatives, institutionnelles de l'ELSJ ne serait pas complète sans parler des différences d'approches et de cultures juridiques entre le droit anglais et le droit français. Ces différenciations ont tendance à fragiliser l'effectivité de l'Union de droit en droit interne. En outre si les méthodes de mise en œuvre apparaissent comme un moyen de contourner les difficultés du processus normatif de l'ELSJ, elles ne répondent pas complètement aux attentes du droit au juge au regard de la particularité du processus normatif dans ce domaine.

Autre difficulté, le dispositif des instruments[1] de l'ELSJ apparaît à la fois comme trop varié, mais aussi comme n'étant pas assez structuré et adapté aux objectifs poursuivis. Dans ce contexte la multiplicité des actes normatifs ne constitue pas pour autant un élément favorable au développement de l'ELSJ en droit interne, surtout au regard de la faible diligence du Royaume-Uni et de la France à se plier aux exigences découlant de ces actes. Dans le but d'améliorer la protection juridictionnelle au sein de l'Union européenne dans ce domaine, un effort d'ordre pédagogique entre juges européens et juges nationaux doit être fait dans une approche verticale afin de mieux rendre visible les différents obstacles.

[1] Règlement (UE) 2021/693 du Parlement européen et du Conseil du 28 avril 2021 établissant le programme « Justice » et abrogeant le règlement (UE) n° 1382/2013, *op. cit.*, p. 22.

En résumé le système contentieux de l'Union européenne est conçu pour permettre à la Cour de justice de développer sa fonction de juridiction internationale et la protection juridictionnelle effective des justiciables du droit de l'Union pour « consolider un ELSJ »[1]. Dans cette optique le « contexte du retrait du Royaume-Uni de l'Union européenne»[2] ouvre par conséquent une perspective très significative à la France dans le domaine de l'ELSJ. D'autant plus que l'accord de retrait de l'Union européenne et l'accord de commerce et de coopération entre l'Union européenne et le Royaume-Uni prévoient un nouveau cadre pour la coopération en matière de justice, de police et de sécurité intérieure fondé sur le plein respect de la CEDH et du cadre juridique de l'Union européenne dans ces domaines. Compte tenu de la proximité géographique entre l'Union européenne et le Royaume-Uni, il est extrêmement important que la France s'efforce de préserver des modalités effectives d'une coopération des services répressifs.

---

[1] Mise ne œuvre du mandat d'arrêt européen et des procédures de remise entre États membres – Résolution du Parlement européen du 20 janvier 2021 sur la mise en œuvre du mandat d'arrêt européen et des procédures de remise entre États membres (2019/2207 (INI)), *op. cit.*, p. 6.

[2] Résultat des négociations entre l'Union européenne et le Royaume-Uni – Résolution du Parlement européen du 28 avril 2021 sur le résultat des négociations entre l'Union européenne et le Royaume-Uni (2021/2658 (RSP)), *op. cit.*, p. 27.

Conclusion du Chapitre 2

La juridictionnalisation différenciée de l'ELSJ et de la PESC est l'un des thèmes majeurs de la Cour de justice dans le cadre du processus de protection juridictionnelle des justiciables. Dans la ligne de mire de notre analyse il a été démontré qu'il existe des différenciations dans les domaines de l'ELSJ et de la PESC. Il en découle donc un déficit de protection juridictionnelle au sein de l'Union européenne à cause de ces différenciations. Dans un tel contexte le traité de Lisbonne a multiplié les statuts dérogatoires reconnus à certains États membres. À ce propos le Royaume-Uni et la Pologne ont bénéficié de plusieurs protocoles additionnels.

Probablement l'exigence de protection juridictionnelle effective, l'un des piliers de l'Union européenne s'articule autour d'une double différenciation. C'est-à-dire la différenciation dans les domaines de l'ELSJ et la PESC ainsi que la différentiation entre États membres de l'Union. Il en va de même avec le discours sur le *Brexit*. Sans aucun doute l'accord de retrait du Royaume-Uni de l'Union et l'accord de commerce et de coopération entre l'Union et le Royaume-Uni ne suppriment pas ces différenciations. La conjugaison de ces facteurs source de différenciations se traduit par une protection juridictionnelle variable des justiciables selon les États membres et en fonction des coopérations renforcées notamment l'ELSJ ou la PESC. En analysant de près le processus de théorisation différenciée de l'Union il en ressort clairement que la Cour de justice utilise différents modèles dans sa démarche de juridictionnalisation. Selon nos développements et les analyses à ce sujet, il a été démontré que dans son argument sémantique la Cour de justice cherche à la fois à garantir le maintien de la souveraineté des États membres, tout en ouvrant en même temps la voie à plus d'intégration.

Au final la problématique de la différenciation offre à la Cour de justice l'une des premières occasions pour déterminer l'étendue de sa compétence dans les domaines de l'ELSJ et de la PESC pendant la période de transition et après le *Brexit*. Les difficultés de transposition du droit de l'ELSJ en France fragilisent d'une certaine manière le développement de la protection juridictionnelle effective. Dans ce cas de figure il y a un consensus, le contexte du *Brexit* ouvre des perspectives significatives à la France dans le domaine de l'ELSJ. L'importance de la bipolarité représentative de l'Union européenne entre système de *common low* et système romano-germanique permet également à la Cour de justice de développer sa fonction de juridiction internationale.

Conclusion du Titre 2

L'analyse sur le processus de juridictionnalisation de l'Union européenne s'est organisée selon deux lignes de force. D'un côté il s'agit d'étendre le contrôle juridictionnel de la Cour de justice de l'Union dans les politiques et coopérations intergouvernementales non communautarisées. L'idée c'est de contrôler les actes de l'ELSJ ainsi que ceux de la PESC. L'autre leitmotiv qui a dominé cette réflexion est la très forte tendance des justiciables à solliciter la voie de droit contentieuse de la PESC avant et après le *Brexit*. Cette voie de droit est restée quasiment non-juridictionnalisée dans le traité de Lisbonne à cause des limitations de l'article 24 TUE au contrôle juridictionnel de la Cour de justice. Dans cette dynamique l'exigence des voies de droit contre les actes des modes de coopérations intergouvernementales permettant aux justiciables d'accéder à la justice de l'Union est l'un des points problématiques de notre analyse. En ce qui concerne l'ELSJ la suppression du troisième pilier de l'Union au profit d'un cadre institutionnel unique n'améliore pas la justiciabilité des actes de cet espace. Certaines spécificités en matière de coopération policière et judiciaire en matière pénale subsistent mais nécessitent d'être communautarisées. De même la non juridictionnalisation la PESC constitue des limites du droit à une protection juridictionnelle. Les points de tensions de la juridictionnalisation de l'ELSJ et de la PESC concernent la question de savoir, si le droit de l'Union dans ces domaines garantit le droit à une protection juridictionnelle des justiciables. L'évaluation du degré de juridictionnalisation de l'ELSJ et de la PESC conduit à se focaliser sur la problématique de la différenciation dans la juridictionnalisation de l'Union. Ainsi la nature sémantique du terme différenciation permet de développer deux variantes.

D'abord une telle éventualité conduit à avoir deux rythmes de juridictionnalisation différenciée au sein même de l'ELSJ, avec les dérogations accordées au Royaume-Uni et à l'Irlande. Ensuite un deuxième rythme serait la différenciation entre le pilier de l'intégration communautarisé et les piliers dits intergouvernementaux. En analysant le débat engagé au sujet de la juridictionnalisation, il est possible de relever non seulement une logique profonde spécifique à l'intégration européenne mais aussi un certain nombre de progrès du concept de juridictionnalisation différenciée. Finalement le retrait du Royaume-Uni de l'Union européenne ouvre surtout des perspectives nouvelles à la Cour de justice.

Conclusion de la Première partie

La juridictionnalisation de l'ELSJ et de la PESC s'inscrit tout à fait dans la perspective du développement des mécanismes de protection juridictionnelle au sein de l'Union européenne. Face à l'évènement exceptionnel qu'est le *Brexit* dans le cadre de cette étude, il en ressort un effort nécessaire d'adaptation et d'actualisation des approches de la Cour de justice en matière de contrôle juridictionnel. Dans le même temps l'accord de retrait et l'accord de commerce et de coopération sont fondés respectivement sur la compétence relative aux modalités de retrait prévues à l'article 50 TUE et sur la compétence pour conclure un accord d'association en application de l'article 217 TUE. En effet il est prévu que, pendant la période de transition le droit de l'Union européenne s'applique au Royaume-Uni et sur son territoire. L'ordre juridique de l'Union et le rôle que joue la Cour de justice ont été préservé à cet égard. Selon les schémas explicatifs mis en avant par la jurisprudence, les accords de retrait et de coopération offrent à la Cour l'opportunité de déterminer l'étendue de sa compétence dans les matières relevant de l'ELSJ et la PESC dans le contexte du *Brexit*. Le croisement d'analyse entre les ordres juridiques de l'Union et du Royaume-Uni permet de mieux construire le format normatif de la protection juridictionnelle au sein de l'Union après le *Brexit*. L'option retenue dans cette première partie pour l'élaboration de notre étude participe de deux aspects. D'une part l'un des facteurs qui rend le lien entre *Brexit* et juridictionnalisation de l'Union si important dans notre analyse est son intérêt pour le contrôle juridictionnel de l'ELSJ et de la PESC. Le principal registre de conviction de la Cour de justice est le renforcement de son contrôle juridictionnel. D'autre part la problématique du contrôle des actes de la PESC et de l'ELSJ par la Cour de justice a joué un rôle primordial dans l'acceptation du *Brexit* par les justiciables du droit de l'Union. Ainsi le poids intellectuel du *Brexit* inaugure un nouveau registre des compétences de la Cour. L'Union européenne n'est plus seulement appréhendée comme un système juridique. Elle est désormais regardée comme un système sur lequel certains acteurs extérieurs exercent une pression. Selon cette rhétorique la construction européenne reste le moyen le plus sûr de garantir la paix, la prospérité et les droits de l'homme sur la scène internationale. En un mot la différenciation entre les systèmes de droit anglais et le système continental a joué un rôle majeur dans la structuration de cette réflexion sur l'extension de l'acquis juridictionnel de l'Union.

DEUXIÈME PARTIE

L'action extérieure de l'Union européenne dans le contexte du Brexit

L'action extérieure de l'Union européenne vise à garantir la sécurité et la stabilité tout en promouvant les valeurs européennes que sont la liberté, la démocratie, l'égalité, l'État de droit et le respect des droits de l'homme. D'après ce discours la crédibilité de l'Union européenne en tant qu'acteur mondial de la paix et de la sécurité dépend effectivement de son adhésion concrète à ses valeurs. La période d'appartenance du Royaume-Uni à l'Union européenne a donné lieu à un niveau élevé d'intégration. En revanche dans le contexte du *Brexit* nous assistons au retrait de partenaires traditionnels de l'Union européenne, ce qui détériore d'une certaine manière son environnement stratégique sur la scène internationale. Dans cette considération et conformément à l'article 21 TUE, les défis que suscite le *Brexit* pour l'action extérieure de l'Union sont nombreux. Ce qui implique à l'évidence la demande plus urgente « d'une Europe plus forte »[1], unie et efficace pouvant agir de manière uniforme en matière de relations extérieures. Dans cet esprit le retrait du Royaume-Uni de l'Union européenne n'a pas pour autant freiné les ambitions de l'Union sur la scène internationale. Dans le monde entier « l'Union européenne a poursuivi ses efforts »[2] afin de réduire la pauvreté, de combattre les inégalités, de soutenir le développement durable et promouvoir la démocratie, la paix et la sécurité. Il est cependant important de préciser que, pour conserver sa crédibilité extérieure, l'Union européenne subordonne les accords qu'elle conclut avec les pays tiers au respect

[1] Rapport annuel sur la mise en œuvre de la politique étrangère et de sécurité commune – Résolution du Parlement européen du 15 janvier 2020 sur la mise en œuvre de la politique étrangère et de sécurité commune – Rapport annuel (2019/2136 (INI)), *op. cit.*, p. 42.

[2] Rapport de la Commission au Parlement européen et au Conseil – Rapport annuel 2020 sur la mise en œuvre, en 2019 des instruments de l'Union européenne pour le financement de l'action extérieure (SWD(2020) 336 final) COM (2020) 804 final du 14.12.2020.

des clauses relatives aux droits de l'homme, lesquelles sont au cœur de tous les accords. Pour ce faire l'Union européenne et le Royaume-Uni ont convenu dans la déclaration politique, que leurs relations futures devraient reposer sur les valeurs communes telles que le respect et la protection des droits de l'homme et des libertés fondamentales, des principes démocratiques, de l'État de droit et un ordre international fondé sur les règles incluant la Charte des Nations unies. À première vue l'action extérieure de l'Union européenne est par nature liée à l'affirmation de l'Union sur la scène internationale. Autant dire que la protection juridictionnelle effective dans les relations extérieures de l'Union (Titre 1) repose sur les principes et valeurs de l'affirmation de l'Union. La structuration de l'action extérieure de l'Union à la suite du *Brexit* (Titre 2), pose les bases de leur fondement, la cohérence étant une condition de la réalisation de ces objectifs sur la scène internationale.

Titre 1

La protection juridictionnelle dans les relations extérieures de l'Union

L'action extérieure de l'Union dans certains domaines peut contribuer à la réalisation des objectifs de protection juridictionnelle sur la scène internationale. Selon une interprétation de l'article 21, § 2, b) du TUE, les objectifs de consolidation et de soutien de la démocratie, de l'État de droit, des droits de l'homme et les principes du droit international assignés à l'Union en tant qu'objectifs des actions extérieures peuvent être vus comme un prolongement externe des objectifs de l'Union de droit. Autrement dit l'Union européenne ayant accompli un degré de réalisation de ces objectifs sur le plan interne, peut exporter son expérience au bénéfice de la coopération internationale et des États tiers. Assurément l'aspect externe de la protection juridictionnelle des justiciable du droit de l'Union européenne s'inscrit dans « l'objectif d'action extérieure de l'Union européenne, qui consiste à s'affirmer comme acteur influent sur la scène internationale »[1]. Dans cet esprit la dimension extérieure du droit au juge, bien que nécessaire à la réalisation des objectifs de l'Union sur le plan interne est pleinement reconnue comme composante de l'action extérieure de l'Union au titre de l'article 21 TUE. Par conséquent l'importance d'intégrer les relations extérieures de l'Union dans l'étude portant sur la protection juridictionnelle effective ne peut cependant plus être ignorée, compte tenu de l'évolution décisive des affaires et des problématiques que l'action extérieure de l'Union soulève. L'avènement du *Brexit* renforce cette démarche.

---

[1] H. FLAVIER, *La contribution des relations extérieures à la construction de l'ordre constitutionnel de l'Union européenne*, *op. cit.*, p. 631.

Pour toutes ces différentes raisons, au titre de la lutte antiterroriste et du droit au juge, l'article 215 TFUE permet l'adoption de mesures restrictives à l'encontre des personnes physiques ou morales dans le cadre des objectifs de la PESC. Autant dire que la lutte contre le terrorisme relève des objectifs de sauvegarde de la sécurité de l'Union européenne et du renforcement de la sécurité internationale. Ce qui justifie clairement l'intégration des objectifs de la PESC dans le cadre de cette analyse. Dans cet ordre de lecture l'aspect le plus important est le rôle de la Cour de justice, lié aux différentes formes de participation de l'Union aux instruments de droit international d'où l'idée d'un mouvement plus global « d'amélioration de la protection juridictionnelle des droits fondamentaux au sein de l'Union européenne qui devrait lui aussi conforter les garanties offertes aux justiciables contestant les mesures restrictives »[1]. Dans cette circonstance l'affirmation du principe de la protection juridictionnelle dans les relations extérieures de l'Union s'articule autour de deux arguments. L'un est celui d'une articulation relevant des compétences partagées entre l'Union européenne et ses États membres. Notamment en vue de l'extension du contrôle juridictionnel de la Cour de justice dans les domaines de la PESC. En ce qui concerne les États membres de l'Union, notre étude s'intéresse plus particulièrement aux concepts cruciaux des droits anglais et français dans le domaine des relations extérieures. L'autre argument est la thèse audacieuse qui consiste à élaborer une conception substantielle de la protection juridictionnelle basée sur une stratégie d'intégration progressive.

---

[1] C. RAPOPORT, « La Cour de justice de l'Union européenne et les mesures restrictives dans le cadre de la lutte antiterroriste. Quelles évolutions après Lisbonne ? », *op. cit.*, p. 154.

D'un autre côté l'incidence du droit au droit du droit au juge sur les structures juridictionnelles anglaises et françaises s'insère dans « une dimension systémique »[1], nourrie par la différenciation dans la juridictionnalisation de l'Union. Les dispositions des articles 2 et 3 TUE revêtent une importance fondamentale permettant de mieux comprendre l'essence même de la construction européenne. En particulier l'article 3 TUE assigne à l'Union européenne, la mission de promouvoir et d'affirmer ses valeurs dans le monde. D'une certaine manière le principal registre de l'influence et du rôle important de la protection juridictionnelle au niveau international mérite d'être souligné.

C'est pourquoi l'affirmation des principes de l'Union dans le monde « permet d'offrir une lecture de la nature de l'ordre juridique de l'Union et son rapport avec le droit international »[2]. À plus d'un titre l'exigence de cohérence de l'action extérieure de l'Union se trouve inscrite dans un double mouvement. Non seulement la reconnaissance de la spécificité de l'Union repose sur la définition de ses valeurs à travers l'idée de protection juridictionnelle, mais aussi une fois identifiées et affirmées. Ces valeurs donnent une certaine cohérence au projet européen. En ce sens selon une analyse doctrinale « le processus de mise en cohérence nécessite d'intégrer les valeurs de l'Union dans les politiques externes »[3]. Cette réflexion met en évidence le rôle éminent pour ne pas dire central que joue l'affirmation de l'action extérieure dans les relations

---

[1] D. SARMIENTO, « L'arrêt *Melki* : esquisse d'un dialogue des juges constitutionnels et européens sur toile de fond française », *in RTD eur*, n° 3, 2010, p. 589.

[2] E. NEFRAMI, *Les accords mixtes de la Communauté européenne : aspects communautaires et internationaux*, Bruxelles, Bruylant, coll. Droit de l'Union européenne, 2007, p. 588.

[3] C. HILLION, « Cohérence et action extérieure de l'Union européenne », *op. cit.,* p. 233.

extérieures de l'Union (Chapitre 1). En filigrane l'idée est de saisir l'importance et la portée pratique du rôle joué par les objectifs de renforcement de la protection juridictionnelle. En ce sens le contrôle juridictionnel effectif des accords internationaux (Chapitre 2) participe à l'affirmation internationale de l'Union européenne pour donner du sens aux préoccupations de la Cour de justice.

Chapitre 1

La protection juridictionnelle dans l'action extérieure de l'Union

L'affirmation de la protection juridictionnelle effective dans la PESC s'inscrit dans l'objectif ultime de l'action extérieure de l'Union européenne, qui consiste à s'affirmer comme un acteur influent sur la scène internationale. Par conséquent l'Union de droit se met au service des objectifs de la PESC afin de contribuer efficacement au travers de ses fondements et de l'activisme de la Cour de justice, au renforcement du système judiciaire afin de trouver un équilibre entre les exigences de la coopération internationale dans la lutte contre le terrorisme et la protection des droits fondamentaux. Succinctement « la réalisation de cet objectif nécessite l'unité dans la représentation internationale de l'Union européenne, dans le respect du principe d'attribution des compétences entre l'Union et les États membres »[1]. C'est pourquoi dans certains cas « l'action internationale des États membres n'est possible que sur autorisation de l'Union européenne »[2]. Aux fins de mettre en lumière l'autonomie de la fonction internationale de l'Union européenne sur le plan normatif, il est indispensable d'appréhender juridiquement l'autonomie des relations extérieures de l'ordre juridique anglais et de l'ordre juridique français.

---

[1] C. FLAESCH-MOUGIN, « La représentation de l'Union européenne post-Lisbonne dans les organisations internationales », *in* C. FLAESCH-MOUGIN et L. SERENA ROSSI (sous la dir.), *La dimension extérieure de l'espace de liberté, de sécurité et de justice de l'Union européenne après le traité de Lisbonne*, Bruxelles, Bruylant, coll. Rencontres européennes, 2013, pp. 212 et s.

[2] E. NEFRAMI, « L'aspect externe de l'espace de liberté, de sécurité et de justice : quel respect des principes et objectifs de l'action extérieure de l'Union ? », *op. cit.*, p. 531.

Cette démarche constitue un moyen précieux pour démontrer dans quelle mesure la spécificité des relations extérieures de l'Union européenne a imprimé aux éléments les plus essentiels de l'ordre juridique étatique, une modification essentielle de son organisation. Il convient de noter que l'aspect externe de la protection juridictionnelle est en filigrane dans les objectifs de l'Union et des États membres dans le domaine de la PESC (Section 1). L'analyse des questions de politique internationale de l'Union permet effectivement de mettre en avant les apports de la protection juridictionnelle à l'action extérieure de l'Union (Section 2). Selon les dispositions spécifiques de l'accord de retrait, relatives à l'action extérieure de l'Union européenne, pendant la période de transition le Royaume-Uni est lié par les obligations découlant des accords internationaux conclus par l'Union. À la fin de la période de transition, le Royaume-Uni est devenu un pays tiers, ce qui a eu une incidence majeure sur l'action extérieure de l'Union européenne.

Section 1. L'aspect externe du droit au juge au Royaume-Uni et en France

L'interprétation de l'article 47 TUE démontre que le traité de Lisbonne apporte des changements importants en matière de représentation extérieure de l'Union. La représentation externe de l'Union rencontre de délicats problèmes de compétences et doit s'ajuster le plus souvent avec celles des États membres. Malgré les aménagements du traité de Lisbonne, certains États membres cherchent à conserver leurs prérogatives au plan international considéré comme étant un domaine régalien de l'État, contestant ainsi les nouvelles modalités de représentation internationale de l'Union européenne.

A fortiori « l'émergence du nouveau système de représentation extérieure tant en raison de la disparition de la présidence que de la pluralité des représentants de l'Union soulève le problème du périmètre d'intervention de chaque État membre »[1], au sein de certaines organisations internationales. Ceci étant s'agissant des domaines externes relevant de la coopération judiciaire et des problématiques liées à la sécurité internationale, la question de la protection juridictionnelle effective est préoccupante au vu des attentes du droit au juge. La consolidation du droit au juge dans le domaine de la PESC (§ 1) questionne en profondeur l'exigence d'unité de représentation internationale de l'Union européenne et des États membres, dans le but de rechercher une position coordonnée. C'est dans cette mesure que transparaît la particularité de l'action internationale du Royaume-Uni (§ 2). À ce niveau de réflexion l'apport de l'approche française du droit international apparaît donc indispensable (§ 3). La structuration de l'analyse consiste à appréhender avec exactitude l'unité de représentation internationale dans l'ordre juridique de l'Union et de renforcer effectivement la protection juridictionnelle des justiciables.

§ 1. La consolidation du droit au juge dans le domaine de la PESC

Le renforcement du droit au juge a pris une place centrale dans certains domaines de la PESC. Selon ce propos la politique extérieure de l'Union dans son ensemble est de plus en plus soumise à une demande inspirée par la volonté de développer les relations avec des États tiers et les organisations internationales.

---

[1] C. FLAESCH-MOUGIN, « La représentation de l'Union européenne post-Lisbonne dans les organisations internationales », *op. cit.*, p. 220.

Ce qui entraîne nécessairement d'autres formes de coopération qui nécessitent la consolidation du droit au juge au niveau interne et sur le plan externe. À vrai dire dans le cadre de cette réflexion le droit au juge présente désormais un statut épistémologique important. Dans sa représentation internationale l'enjeu de l'Union est de peser dans l'élaboration des règles internationales et si possible d'exporter ses propres normes et de préserver son acquis. Ce qui précède indique clairement que les questions relevant du droit au juge, particulièrement les priorités thématiques figurant dans les domaines de la protection juridictionnelle, de l'accès à la justice, des droits fondamentaux, de la démocratie, de l'État de droit peuvent en effet être abordées dans le cadre de diverses enceintes internationales.

Il s'agit pour l'Union d'agir comme une puissance civile qui veut faire évoluer les rapports juridiques dans le monde de sorte qu'ils produisent des avantages pas uniquement pour les pays riches, mais aussi pour les pays pauvres. Désormais l'Union à travers le droit cherche à participer à la régulation du système international par la norme, c'est-à-dire ancrer le droit au juge dans son partenariat et son dialogue avec les pays tiers. Les principes et valeurs de l'Union figurent ainsi au titre des éléments fondateurs du partenariat de l'Union européenne et les pays ACP. Par ailleurs selon une interprétation de l'article 8 TUE « l'accord d'association constitue l'instrument par lequel l'Union envisage les relations plus approfondies avec certains de ses partenaires les plus importants, qu'il s'agisse des États candidats, des États de son voisinage ou des États ACP »[1].

---

[1] I. BOSSE-PLATIÈRE, « L'objectif d'affirmation de l'Union européenne sur la scène internationale », *in* E. NEFRAMI *(sous la dir.), Objectifs et compétences dans l'Union européenne,* Bruxelles, Bruylant, coll. Droit de l'Union européenne – Colloques, 2012, p. 283.

Conformément à ces dispositions et sans pour autant nier le rôle fondamental de la PESC dans la consolidation de ces partenariats, la protection des droits de l'homme est présentée comme une condition inhérente à la mise en place des politiques que l'Union développe avec les pays tiers. À ce propos cette problématique soulève deux axes de réflexion à la lumière des attentes du droit au juge. Tout d'abord les partenariats que l'Union développe avec des pays tiers constituent des « espaces de prospérité et de bon voisinage, fondé sur les valeurs de l'Union »[1] à travers la conclusion d'accords d'association et de partenariats privilégiés. En conséquence au travers de ses valeurs, l'Union diffuse au sein de ces États tiers sa vision de la démocratie, des droits de l'homme et de l'État de droit.

Ensuite dans le prolongement de cette lecture et toujours dans la perspectives des attentes du droit au juge, la mise en place des programmes liés aux différents partenariats signifie que tout acte susceptible de porter atteinte aux intérêts des justiciables doit être soumis à un contrôle juridictionnel. À bien considérer les choses, le droit au juge en ce qu'il vise la protection juridictionnelle effective par la Cour de justice doit faire l'objet d'un développement intensif au sein de la politique européenne de voisinage. Par son approche transversale l'accord d'association constitue l'instrument privilégié de réalisation du droit au juge et des objectifs de l'article 21 TUE. Il convient également de noter que le traité de Lisbonne apporte des changements importants en matière de représentation extérieure de l'Union, qui engendrent des difficultés au sein de l'Union européenne. Plus précisément au plan interne « la disparition de la présidence s'est avérée difficile à accepter par certains États membres qui y voyaient une réduction de leurs

[1] *Ibid.*, p. 284.

prérogatives internationales »[1]. On doit admettre que certains États comme le Royaume-Uni n'ont pas accepté l'automaticité d'une représentation extérieure par l'Union européenne. À cette préoccupation centrale s'ajoute celle de l'articulation entre la représentation assurée par la Commission européenne et celle désormais reconnue aux délégations de l'Union européenne. En effet d'un point de vue juridique, cette diversité d'approches dans la représentation internationale de l'Union européenne doit être regardée comme une entrave dans le développement de l'Union européenne sur la scène internationale. Malgré le retrait du Royaume-Uni de l'Union l'affirmation internationale du droit au juge dans les domaines de la PESC laisse donc supposer un approfondissement de la représentation internationale de l'Union européenne, étape indispensable à la promotion de l'intégration européenne.

§ 2. L'action extérieure du Royaume-Uni en faveur du droit au juge

Les objectifs des États membres dans le domaine des relations internationales vont considérablement influencer l'approche européenne de développer une politique étrangère qui soit capable d'aborder « l'ensemble des questions de politique étrangère, y compris les questions de sécurité internationale »[2]. Dans cette approche européenne la politique étrangère étant l'un des domaines régaliens des États membres, c'est-à-dire au cœur de la souveraineté de l'État, la PESC constitue selon la doctrine un étalon intéressant de proximité constitutionnelle de l'Union et de l'État.

---

[1] C. FLAESCH-MOUGIN, « La représentation de l'Union européenne post-Lisbonne dans les organisations internationales », *op. cit.*, p. 228.
[2] H. FLAVIER, *La contribution des relations extérieures à la construction de l'ordre constitutionnel de l'Union européenne, op. cit.*, p. 629.

Dans le contexte du *Brexit* le cas du Royaume-Uni en termes d'apport à la PESC apparaît particulièrement significatif. Sans toutefois mettre en doute l'engagement britannique en faveur de la PESC, le Royaume-Uni a certes accepté de participer activement à l'émergence d'une politique étrangère de l'Union, mais il est apparu comme un partenaire difficile lorsque de nouvelles étapes dans le développement de la PESC devaient être franchies. Au premier abord le Royaume-Uni a toujours milité et avec succès, pour maximiser le rôle des organes intergouvernementaux de l'Union en matière de PESC et au contraire limiter celui de la Commission européenne et du Parlement européen, voire exclure totalement l'intervention de la Cour de justice.

Dès lors le véritable problème de la mise en place d'une politique extérieure efficace de l'Union européenne dans le contexte du *Brexit* est d'une part à chercher dans la structuration juridique des relations extérieures de l'Union européenne et d'autre part dans le cadre politique dans lequel elles s'insèrent. Dans le sillage de cette réflexion, il est précisé que « la multiplication des bases juridiques et le fonctionnement des piliers »[1] ne constituent pas les seules difficultés pratiques à l'émergence d'une politique extérieure de l'Union européenne. En la matière les désaccords politiques entre pays en l'occurrence les positions du Royaume-Uni ont influencé considérablement la conduite de cette politique extérieure. À cette fin le parallèle avec la difficulté de renforcer les compétences de la Cour de justice dans les domaines de la PESC paraît évident. Pour réaliser les objectifs de l'article 21 TUE, le rôle de la PESC est de renforcer la coopération entre États membres pour la conduite de leur politique étrangère.

---

[1] C. HILLION, « Cohérence de l'action extérieure de l'Union européenne », *op. cit.*, pp. 240 et s.

À cet égard selon l'article 24, § 3 du TUE, l'objectif est de coordonner les actions de l'Union et des États membres que l'action des États membres entre eux. On peut relever par ailleurs que le Royaume-Uni a déployé une double stratégie pour défendre ses prérogatives au sein de l'Union européenne en matière de politique extérieure. D'abord l'idée d'une Union politique dotée de dimensions nouvelles concernant la PESC et l'aspect extérieur de l'ELSJ touchent au cœur des souverainetés nationales. De fait la voie vers un fédéralisme redouté par le Royaume-Uni semble être ouverte. Ce qui explique certaines réticences vis-à-vis des orientations de la PESC. Dans la mesure où le Royaume-Uni veut préserver la conduite de sa politique étrangère « la structure en pilier de l'Union européenne, lui a offert des garanties juridiques »[1], en dissociant juridiquement au travers du traité de Lisbonne les politiques supranationales des politiques intergouvernementales de l'Union. Cette situation a des impacts sur les réalisations extérieures de la PESC. Plus précisément à titre principal dans les domaines qui impliquent la contribution des valeurs de l'Union, comme le développement et le renforcement de la démocratie, de l'État de droit, ainsi que les droits de l'homme et les libertés fondamentales. Ensuite le second axe de la stratégie britannique a été de ne pas empêcher certaines évolutions de l'Union en matière de politique étrangère mais de s'en exclure lorsqu'elles vont dans un sens qui nécessite un transfert important des compétences nationales au niveau supranational. Ce fut le cas pour la politique européenne de voisinage (PEV), sur la base des grandes orientations fixées par la Commission européenne sous l'impulsion du Conseil.

[1] A. BARLETTA, « Le contrôle de la répartition des compétences en matière pénale : la recherche de l'équilibre institutionnel », *op. cit.*, pp. 116 et s.

La politique européenne de voisinage entend offrir des relations politiques et « une intégration poussée dans plusieurs domaines »[1]. Il s'agit pour les relations extérieures de l'Union, de jeter les bases d'un processus permettant de mettre sur pieds un nouveau cadre de coopération et d'assurer la stabilité de ces pays par la coopération. Conformément aux objectifs de politique étrangère de l'Union européenne, la PEV a plusieurs plans d'action dont l'objectif est d'accélérer l'exécution des accords d'association tout en s'adaptant à la situation de chaque pays. À la limite dans le cadre de cette analyse, on va s'intéresser aux actions qui justifient une mise en place des fondements de l'Union de droit et qui se heurtent régulièrement à la difficulté de la différenciation à cause des positions du Royaume-Uni.

Cela concerne notamment le dialogue politique en matière des droits de l'homme et de démocratie, de politique étrangère et de sécurité où la volonté de l'Union européenne de participer au règlement des conflits locaux est affirmée. L'Union européenne a en effet saisi l'occasion d'élaborer avec les pays tiers dans le cadre de la PEV, une forme de coopération policière et judiciaire avec les échanges d'informations, de disposition en matière d'asile ou de statut des réfugiés.

Par contre les situations dérogatoires du Royaume-Uni ont été consacrées dans ces formes de coopérations. Sans remettre en cause ces formes de coopérations, le Royaume-Uni n'a pas facilité pour autant la démarche qui consiste à inclure dans ces programmes le renforcement de la protection juridictionnelle dans les domaines de la PESC et de l'ELSJ.

---

[1] H. FLAVIER, *La contribution des relations extérieures à la construction de l'ordre constitutionnel de l'Union européenne, op. cit.*, p. 625.

Car chaque nouvelle étape exige de nouvelles dérogations pour obtenir un accord de sa part et pour pouvoir progresser dans le renforcement de la politique extérieure de l'Union. Malgré les rapports du Royaume-Uni avec la construction européenne, au travers de la contribution du droit au juge dans les relations extérieures de l'Union, la diplomatie conduite à l'égard des pays tiers a su prévaloir une vision d'ensemble sur la PESC. En prenant en compte ces évènements la PESC a favorisé une intensification des échanges entre le Royaume-Uni et les autres États membres de l'Union. La diversification des champs d'intérêts et l'organisation institutionnelle d'un dialogue politique ont beaucoup alourdi les conditions de gestion de la PESC. À l'évidence ces raisons avancées posent les bases solides du fondement idéologique du *Brexit* au Royaume-Uni.

§ 3. L'action extérieure de la France en faveur du droit au juge

La France en tant qu'État membre de l'Union européenne participe à l'effort d'affirmation de l'Union sur la scène internationale, au renforcement de la sécurité internationale et de la lutte contre le terrorisme. Dans ce contexte particulier où la France doit respecter le cadre des obligations de coopération internationale de l'Union, l'identification des caractéristiques de l'autonomie des relations extérieures de l'Union s'appuie sur le substrat théorique issu du droit public interne. Selon cette grille de lecture « il parait vain d'examiner l'autonomie de la fonction internationale de l'Union européenne sans avoir recours à des références conceptuelles qui sont nées au sein des ordres juridiques nationaux »[1].

[1] H. FLAVIER, *La contribution des relations extérieures à la construction de l'ordre constitutionnel de l'Union européenne, op. cit.*, p. 49.

En ce qui concerne l'État français surtout ses engagements internationaux en Europe, il est apparu essentiel de fonder cette analyse sur sa pratique des relations internationales et sur son apport à l'effort d'édification d'une PESC visible sur la scène internationale. La politique étrangère de la France sous la Ve République est le domaine réservé du chef de l'État. Par contre la construction européenne est à la fois trop intimement liée aux destinées nationales. De cette façon la PESC apparaît comme complétant les politiques étrangères nationales. Contrairement au Royaume-Uni l'approche française de la PESC est différente.

En France le juge constitutionnel peut être saisi dans le domaine des relations extérieures pour vérifier si aucune disposition de l'engagement international n'est pas contraire à la Constitution de 1958. En pratique le pouvoir normatif du juge constitutionnel est de vérifier « les conditions essentielles d'exercice de la souveraineté nationale »[1] par rapport aux engagements internationaux de la France. En matière de relation internationale le Conseil constitutionnel laisse à l'exécutif un haut degré de liberté. Selon une appréciation sur le sujet « le juge est bien souvent placé devant le fait accompli, et mettrait le gouvernement dans une position fort délicate vis-à-vis de ses partenaires européens »[2]. Cette question de l'articulation entre politique extérieure de la France et la PESC est tout à fait une donnée de grande importance dans la dynamique de la construction européenne.

---

[1] CC, Décision n° 2007-560 DC du 20 décembre 2007, *Traité de Lisbonne modifiant le traité sur l'Union européenne et le traité instituant les Communautés européennes* (*JORF*, 29. 12. 2007, p. 21813).

[2] H. FLAVIER, *La contribution des relations extérieures à la construction de l'ordre constitutionnel de l'Union européenne, op. cit.*, p. 113.

Plusieurs données des « grands axes de la politique extérieure de la France »[1] sont des vecteurs qui participent efficacement à l'affirmation de l'Union européenne comme acteur international dans certains domaines. Ceci fait que la France participe par son action au développement d'une identité politique de l'Union européenne à travers le renforcement de la PESC. Il en résulte que les objectifs de sécurité internationale et de protection des droits fondamentaux au sein de l'Union et dans les pays tiers constituent l'une des priorités de la politique étrangère française et de l'action extérieure de l'Union, mais encadrés par la PESC.

Partant de cette analyse, l'image d'un acteur international crédible et puissant que l'Union souhaite véhiculer vers le monde extérieur présuppose qu'elle exporte son acquis et son modèle : en l'occurrence les principes de l'Union de droit. Cet objectif ultime et propre à la visibilité internationale s'inscrit donc dans une logique de cohérence verticale entre l'Union européenne et la France. Sur toile de fond l'action entre « l'Union et la France »[2] exprimée dans l'obligation de loyauté est susceptible de sauvegarde de la sécurité de l'Union européenne, du renforcement de la sécurité internationale et de protection juridictionnelle. Cet ensemble marque une volonté pour la France et les autres États membres de l'Union européenne d'offrir une vision commune de la PESC en affirmant conjointement son rôle politique et le renforcement de la coopération avec les États tiers. Certes la position française à propos de la PESC est différente de celle régulièrement défendue par le Royaume-Uni.

---

[1] *Ibid.*, pp. 114 et s.

[2] M-Y. MINSONGUI, *Le principe de l'Union de droit de la Cour de justice de l'Union européenne : articulation entre les droits anglais et français*, Thèse de Doctorat, Université Paris-Saclay-UVSQ, *op. cit.*, p. 187.

Mais la prévalence de la logique intergouvernementale est justifiée par les États membres de l'Union européenne. Au fond les États membres de l'Union européenne veulent protéger la dimension externe de leur souveraineté en procédant à un renforcement significatif de la logique intergouvernementale de l'ordre juridique de l'Union européenne d'où la prévalence du rôle du Conseil dans les actions extérieures. *A priori* la reprise par le traité de Lisbonne des formules relatives à une action globale de l'Union sur « la scène internationale »[1] est une invitation à un rapprochement conceptuel de l'action extérieure de l'Union européenne entre logiques supranationale et intergouvernementale.

À la suite de ce raisonnement l'idée c'est surtout de mettre fin à l'ambiguïté d'une situation qui présente des approches différentes. Dans cette perspective d'approche l'exigence d'unité et d'efficacité des relations extérieures de l'Union suppose donc une articulation des deux logiques. Après tout de manière progressive la conception du droit au juge à l'échelle internationale, dans les actions extérieures de l'Union européenne dispose d'outils pour se concrétiser.

---

[1] Règlement (UE) 2021/947 du Parlement européen et du Conseil du 9 juin 2021 établissant l'instrument de voisinage, de coopération au développement et de coopération internationale – Europe dans le monde, modifiant et abrogeant la décision n° 466/2014/UE du Parlement européen et du Conseil et abrogeant le règlement (UE) 2017/1601 du Parlement européen et du Conseil et le règlement (CE, Euratom) n° 480/2009 du Conseil, *op. cit.,* p. 18.

Section 2. L'apport de la protection juridictionnelle à l'action extérieure de l'Union

Le traité de Lisbonne donne un peu plus de visibilité à la globalité de l'action extérieure de l'Union européenne en lui consacrant « le titre V du TUE »[1]. Dès lors le développement des relations extérieures de l'ordre juridique européen a conduit la Cour de justice à mener « une politique jurisprudentielle active »[2] au nom de la protection juridictionnelle des justiciables du droit de l'Union. Le choix réalisé par la Cour de justice s'inscrit dans une double analyse. Dans une première analyse, il est précisé que la fonction juridictionnelle du juge de l'Union européenne en matière de relation extérieure occupe une place particulière. Comme le soulignent ces auteurs la fonction juridictionnelle du juge en matière de relation extérieure cherche à établir « un équilibre entre la construction d'un ordre juridique autonome et les exigences des relations extérieures »[3]. Ces prises de position sont liées aux droits des personnes physiques ou morales garantis par les règles du droit international. En réalité la terminologie employée par la Cour de justice dans sa jurisprudence traduit toute la diversité et la complexité des domaines concernés. Dans une deuxième analyse pour l'avocat général Yves Bot « l'insertion des normes de droit international dans l'ordre juridique de l'Union est animée par une volonté de protection de cet

---

[1] C. HILLION, « Cohérence et action extérieure de l'Union européenne », *op. cit.*, p. 243.

[2] CJCE, 20 mai 2008, *Commission/Conseil*, aff. C-91/05, *Rec.*, p. I-3651, points 73-74.

[3] P. CEBULAK et F.-J. PARRAS, « Droits fondamentaux et sécurité : quelle cohérence pour l'approche de la Cour de justice en matière de gel des avoirs », *op. cit.*, p. 559.

ordre juridique »[1]. Ce qui revient à dire que la contribution des principes et valeurs de l'Union à l'action extérieure va dans le sens de la volonté de protection des justiciables et de l'ordre juridique de l'Union par la Cour de justice. En peu de mots les aspects de l'autonomie de l'action extérieure permettent donc de mieux appréhender la fonction juridictionnelle du juge en matière de relations extérieures (§ 1). Dans le même ordre d'analyse le statut des accords conclus par l'Union (§ 2) pose évidemment le problème de l'invocabilité des accords internationaux par les justiciables. Pour toutes ces raisons le rôle de la Cour de justice de l'Union dans le contentieux relevant de la PESC (§ 3) devient un enjeu majeur. L'idée étant de se fonder sur des éléments objectifs susceptibles de contrôle juridictionnel. *In fine* à cause du *Brexit* il est donc urgent d'accroître la résilience et l'indépendance de l'Union en se dotant d'une PESC renforcée qui soit consacrée à la paix, à la sécurité régionale et internationale, aux droits de l'homme, aux libertés fondamentales et à l'État de droit. L'Union ne peut être crédible sur la scène internationale que si ces principes sont protégés et respectés. À ce titre la finalité de ce processus est surtout de mettre en place une PESC renforcée et cohérente sur la scène internationale.

§ 1. Les aspects de l'autonomie de l'action extérieure de l'Union

L'ouverture de l'ordre juridique de l'Union au droit international va de pair avec une conception extensive de sa compétence. À cet effet pour la Cour « le problème de la base juridique se pose en cas de contentieux »[2], dans le domaine spécifique des relations extérieures de l'Union.

---

[1] Concl. Y. BOT, 16 novembre 2011, sous CJUE, 21 décembre 2011, *Afrasiabi e. a.* aff. C-72/11, p. I-14285, points 42 et 56.
[2] E. NEFRAMI, « Le contentieux de la base juridique sous l'angle de l'article 47 du traité sur l'Union européenne », *op. cit.*, p. 897.

L'un des arguments avancés par la jurisprudence est le problème de la fonction juridictionnelle de la Cour de justice dans un domaine politique. La preuve en est que l'avocat général Mengozzi dans ses conclusions du 28 juin 2011, sous l'arrêt *Bank Melli Iran/Conseil*, revient sur « les notions d'ordre politique et de base juridique du règlement »[1]. En poursuivant dans la même direction concernant les relations extérieures de l'Union, la Cour de justice est en effet limitée par le droit originaire. Par ailleurs le seul moyen qui permet de contrôler les actes de la PESC consiste à vérifier la conformité au droit de l'Union européenne d'un acte de l'Union pris en application d'une décision de la PESC.

Du point de vue du droit international et en référence à l'article 19 TUE, les mesures destinées à éradiquer le terrorisme international permettent à la Cour de justice de préserver la prééminence du droit ainsi que les principes et valeur de l'Union. De manière objective l'effectivité du *Brexit* relance le débat sur l'unicité et l'autonomie de l'action extérieure de l'Union. On note avec grand intérêt que, pour s'affirmer comme acteur global sur la scène internationale, l'Union doit être un acteur global. C'est-à-dire une Union européenne plus forte, unie, efficace et stratégique d'autant plus que le *Brexit* ouvre un nouveau cycle politique européen. Plus précisément toutes ces analyses s'inscrivent dans une lecture de politique juridique cherchant à démontrer que la PESC est susceptible de connaître des changements. Le retrait du Royaume-Uni de l'Union revêt une signification forte d'un point de vue politique ainsi que juridique d'où la nécessité d'une coopération européenne de manière à ce que l'Europe se fasse entendre sur la scène internationale.

---

[1] Concl. P. MENGOZZI, 28 juin 2011, sous CJUE, 13 mars 2012, *Melli Bank/Conseil*, aff. C-380/09 P, publié (e) au Recueil numérique, point 5.

Il ressort de cette lecture un besoin constant de renforcer l'efficacité et les pouvoirs d'exécution de l'Union au niveau international, de manière à pouvoir endosser un rôle mondial de premier plan, proactif et influent sur la scène internationale. À la limite l'Union européenne se donne les moyens pour agir en tant que puissance géopolitique, tout en veillant à défendre et à promouvoir les objectifs visés à l'article 21 TUE, surtout ses valeurs connues au premier rang desquelles la paix et les droits de l'homme.

§ 2. La fonction juridictionnelle du juge de l'Union en matière de PESC

La Cour de justice n'est pas compétente pour juger de la légalité de tous les actes adoptés dans le cadre de la PESC. Il convient de remarquer que l'article 218, paragraphe 11, TFUE établit un mécanisme conçu à l'origine comme un moyen d'empêcher la Cour de dépasser le champ de sa compétence. D'une part cette procédure est préventive, facultative où le juge exerce un contrôle de type objectif dans le but de prévenir les complications qui résulteraient des contestations en justice relatives à la compatibilité avec le traité d'accords internationaux engageant l'Union européenne. Dans une perspective de l'intérêt de « la sécurité juridique dans les relations extérieures »[1], la Cour de justice exerce sa compétence consultative en donnant des indications utiles aux États membres et aux institutions de l'Union. La position du juge dans les contentieux de la PESC a permis de définir les contours de la protection juridictionnelle au travers d'une procédure pénale.

[1] I. GOVAERE et V. DEMEDTS, « Quelle définition de « l'externe » en matière d'ELSJ ? Le cadre et les enjeux », *op. cit.*, p. 493.

D'une part la technique contentieuse de l'article 218, paragraphe 11, TFUE précise que « le recours préventif ne peut être recevable que dans la mesure où il concerne un accord envisagé »[1]. Dans la procédure d'avis 1/09, ayant pour objet une demande d'avis soumise à la Cour de justice, le Conseil a transmis à la Cour de justice « le projet d'accord sur la juridiction du brevet européen et du brevet communautaire »[2]. Les observations qui ont été formulées en ce qui concerne la recevabilité de la demande d'avis visent en substance trois questions à savoir « le degré de précision du contenu de l'accord envisagé, l'état des travaux préparatoires et le respect de l'équilibre institutionnel »[3]. Sur le fond la question qui se trouve au centre de la présente demande d'avis concerne non pas les compétences de la juridiction du brevet européen, mais celle relative au futur brevet communautaire. Pour le juge de l'Union européenne, le projet d'accord établissant en substance une nouvelle structure juridictionnelle n'est pas compatible avec les éléments fondamentaux de l'ordre juridique et du système juridictionnel de l'Union « tels qu'ils ont été conçus par les traités fondateurs et développés par la jurisprudence de la Cour »[4]. De même il appartient à la Cour de justice

---

[1] Aux termes de l'article 218, paragraphe 11, TFUE, le Parlement, le Conseil, la Commission ou un État membre peut recueillir l'avis de la Cour sur la compatibilité d'un accord envisagé avec les dispositions des traités (CJCE, avis 2/94, du 28 mars 1996, *Rec.,* p. I-1759, point 3 et CJUE, avis 1/09, du 8 mars 2010, *Rec.,* p. I-1137).

[2] CJUE, avis 1/09, du 8 mars 2010, *op. cit.,* point 3. La convention sur le brevet européen, signée à Munich le 5 octobre 1973 est traitée par trente-huit États, parmi lesquels tous les États membres de l'Union européenne sont aujourd'hui parties. Ladite convention prévoit une procédure unique de délivrance des brevets européens par l'Office européen des brevets (OEB).

[3] *Ibid.,* points 65 et 86.

[4] CJCE, avis 1/91, du 14 décembre 1991, *Accord sur la création de l'espace économique européen, Rec.*, p. I-6079, point 21.

d'assurer le respect de l'autonomie de l'ordre juridique de l'Union européenne ainsi créé par les traités. Lorsqu'on s'inscrit dans une logique de protection juridictionnelle, s'agissant d'un accord international prévoyant la création d'une juridiction chargée de l'interprétation de ses dispositions, la Cour a certes jugé qu'un tel accord n'est en principe pas incompatible avec le droit de l'Union.

Du reste la compétence de l'Union en matière de relations internationales et sa capacité à conclure les accords internationaux comportent nécessairement « la faculté de se soumettre aux décisions d'une juridiction créée en vertu de tels accords, pour ce qui concerne l'interprétation et l'application de leurs dispositions »[1]. Naturellement la protection juridictionnelle des individus est l'un des champs exploratoires des compétences de la Cour de justice en matière de politique étrangère. À titre d'exemple l'article 275, alinéa 2, TFUE permet à la Cour de justice d'élargir dans une certaine mesure sa compétence pour statuer sur les recours en annulation des individus directement et individuellement concernés par les actes de la PESC prévoyant des « mesures restrictives à l'encontre de personnes physiques ou morales »[2]. La protection juridictionnelle joue un rôle majeur dans le contentieux de la PESC. De cette manière en consacrant implicitement « le contrôle de la légalité des listes noires »[3], le traité de Lisbonne permet de développer la protection juridictionnelle de l'individu dans le cadre de la PESC. Ce qui équivaut à un renforcement des valeurs de l'Union européenne.

---

[1] CJUE, 15 septembre 2011, *Commission/Slovaquie*, aff. C-264/09, *Rec.*, p. I-8065, points 40 et 44.

[2] CJUE, 29 avril 2010, *M. e. a.*, aff. C-340/08, *Rec.*, p. I-3913, point 65.

[3] K. LENAERTS, « Le traité de Lisbonne et la protection juridictionnelle des particuliers en droit de l'Union européenne », *in CDE*, n° 5-6, 2009, pp. 728 et s.

À la lecture des conclusions de l'avocat général Yves Bot « les jurisprudences relativement fermées en matière d'accès individuels au recours direct en annulation se prolongent dans la jurisprudence relative aux mesures destinées à lutter contre le terrorisme »[1]. Dans cette optique les recours introduits par des personnes ou associations qui se trouvent mentionnées sur des listes de terroristes, avec les conséquences que cela pose du point de vue des libertés individuelles et des droits fondamentaux font l'objet d'un contentieux qui pose le problème de base juridique. Pour le reste dans le cadre des listes établies en vertu d'un règlement de l'Union européenne « au travers d'une jurisprudence abondante »[2], le juge de l'Union a eu l'occasion de développer et de structurer les principes du droit au juge et à une protection juridictionnelle effective. Pour toutes ces raisons avancées l'importance de la lutte antiterroriste impose de mobiliser tous les instruments juridiques que les traités offrent à l'Union européenne. En ce sens pour assurer un contrôle de légalité efficace les compétences de la Cour de justice doivent s'étendre aux actes de la PESC. En dernière analyse les principes de l'Union de droit issus d'une jurisprudence constante de la Cour de justice dans les domaines des relations internationales cherchent à sauvegarder les valeurs de l'Union et ses intérêts fondamentaux. On s'oriente donc vers un syncrétisme au sein de l'Union marqué par un phénomène d'émergence d'intérêts communs entre les États membres et l'Union, justifiant ainsi d'une certaine manière l'objectif d'affirmation de l'Union sur la scène internationale.

---

[1] Concl. Y. BOT, 31 janvier 2012, sous CJUE, 19 juillet 2012, *Parlement/Conseil*, aff. C-130/10, *op. cit.,* point 60.

[2] CJCE, 23 octobre 2007, *Parlement/Commission*, aff. C-403/05, *Rec.*, p. I-9045 et CJCE, 6 novembre 2008, *Parlement/Conseil*, aff. C-155/07, *Rec.*, p. I-8103.

§ 3. Le rôle de la Cour de justice dans les contentieux relevant de la PESC

Dans les recours des personnes physiques ou morales contre les mesures restrictives adoptées par le Conseil dans le cadre de la PESC, l'attention de la Cour de justice s'est principalement portée sur « le respect des droits de la défense »[1] et sur le principe du droit à une protection juridictionnelle effective. Ce schéma de protection juridictionnelle est l'expression de la structure même de l'ordre juridique de l'Union européenne et de « ses mécanismes de production normative »[2]. Tout d'abord la Cour de justice a eu recours aux principes issus du contentieux de la base juridique dans l'affaire *« C-130/10 »[3]*, *Parlement/Conseil*, afin de régler le problème du règlement litigieux n° 1286/2009 du Conseil du 22 décembre 2009 adopté sur le fondement de l'article 215, paragraphe 2, TFUE.

Par son recours le Parlement européen soutient qu'il aurait dû l'être sur le fondement de l'article 75 TFUE. Dans ses conclusions l'avocat général Yves Bot fait valoir avec pertinence de son côté au considérant 32 que « le moyen soulevé à titre principal par le Parlement offre à la Cour de justice l'occasion de préciser la méthode et les critères permettant de distinguer en matière de mesures restrictives, celles qui relèvent de l'ELSJ et celles qui doivent être adoptées dans le cadre de la PESC »[4].

---

[1] TPICE, 12 octobre 2007, *Pergan Hilfsstoffe für industrielle Prozesse/Commission*, aff. T-474/04, *Rec.* p. II-4225, point 22.

[2] A. WEYEMBERGH et V. RICCI, « Les interactions dans le secteur de la coopération judiciaire : le mandat d'arrêt européen », *in* G. GIUDICELLI-DELAGE et S. MANACORDA (sous la dir.), *Cour de justice et justice pénale en Europe*, *op. cit.*, p. 242.

[3] CJUE, 19 juillet 2012, *Parlement/Conseil*, *op. cit.*, point 84.

[4] Concl. Y. BOT, 31 janvier 2012, sous CJCE, 19 juillet 2012, *Parlement/Conseil*, *op. cit.*, point 32.

Au final la Cour de justice rejette le recours considérant que selon une jurisprudence constante, le choix de la base juridique d'un acte de l'Union doit se fonder sur des éléments objectifs susceptibles de contrôle juridictionnel, parmi lesquels figurent « la finalité et le contenu de cet acte »[1]. Toutefois la Cour a également jugé, notamment aux points 17 à 21 de l'arrêt du 11 juin 1991 « *Commission/Conseil, affaire C-300/89* »[2], que le recours à une double base juridique est exclu lorsque les procédures visées par l'une et l'autre de ces bases sont incompatibles. Pour plus de clarification à supposer même que le règlement attaqué poursuive à la fois plusieurs objectifs ou à plusieurs composantes qui sont liées de façon indissociable, sans que l'un soit accessoire par rapport à l'autre, les différences de procédures applicables en vertu des articles 75 TFUE et 215, paragraphe 2, TFUE empêchent que ces deux dispositions puissent être cumulées l'une avec l'autre pour servir de base juridique d'un acte tel que le règlement attaqué.

Par ailleurs dans le même ordre de lecture, l'article 215, paragraphe 2, TFUE permet au Conseil d'adopter des mesures restrictives à l'encontre de personnes physiques ou morales, de groupes ou d'entités non étatiques. Dans ce contexte particulier il y a lieu de rappeler que le Tribunal a considéré au point 197 de l'arrêt « *Kadi et Al Barakaat International /Conseil et commission* »[3], qu'une passerelle a été établie entre les actions de l'Union européenne comportant des mesures économiques et les objectifs du traité en matière de relations extérieures dont la PESC.

---

[1] CJUE, 9 novembre 2010, *B et D*, aff. jtes. C-57/09 et C-101/09, *Rec.*, p. I-10979, point 71.

[2] CJCE, 11 juin 1991, *Commission/Conseil*, aff. C-300/89, *Rec.*, p. I-2867.

[3] TPICE, 21 septembre 2005, *Al Barakaat International Foundation/Conseil et Commission*, *op. cit.*, p. II-3533 et TPICE, 21 septembre 2005, *Kadi/Conseil et Commission*, *op. cit.*, p. II-3649.

En vue de ce résultat l'article 215 TFUE prévoit explicitement une telle passerelle, ce qui n'est pas le cas de l'article 75 TFUE qui n'établit aucun lien avec les décisions relevant de la PESC. Ensuite le règlement attaqué institue une procédure d'inscription sur la liste garantissant que les droits fondamentaux de la défense et en particulier celui d'être entendu sont respectés. S'agissant de l'argument du Parlement européen selon lequel il serait contraire au droit de l'Union que puissent être adoptées de mesures ayant une incidence directe sur « les droits fondamentaux des particuliers et des groupes au moyen d'une procédure excluant la participation du Parlement européen »[1]. Il convient de relever que l'obligation de respecter les droits fondamentaux s'adresse conformément à l'article 51, paragraphe 1, de la Charte des droits fondamentaux de l'Union européenne à toutes les institutions, à tous les organes ou organismes de l'Union. En outre tant aux termes de l'article 75 TFUE qu'à ceux de l'article 215, paragraphe 3, TFUE, les actes visés par ces deux articles contiennent des dispositions nécessaires en matière de garanties juridiques. Selon une appréciation doctrinale la différence entre les articles 75 TFUE et 215 TFUE quant à l'implication du Parlement européen résulte d'un choix opéré par « les auteurs du traité de Lisbonne de conférer un rôle plus limité au Parlement européen à l'égard de l'action de l'Union dans le cadre de la PESC »[2]. Voilà pourquoi le choix d'une base juridique appropriée revêt une importance de nature constitutionnelle. Les spécificités de l'article 40 TUE, dans l'établissement du conflit de bases juridiques englobant la PESC présupposent une concurrence de compétence qui s'exprime par la convergence des

[1] I. BOSSE-PLATIÈRE, « Le Parlement européen et le volet externe de l'espace de Liberté, de sécurité et de justice », *op. cit.*, pp. 86 et s.
[2] *Ibid.*, p. 88.

objectifs et l'interférence des instruments. L'article 19 TUE confère à la Cour de justice la mission d'assurer le respect du droit dans l'interprétation des traités. En revanche l'article 24, paragraphe 1, deuxième alinéa TUE et l'article 275, premier alinéa TFUE prévoient expressément que la Cour n'est en principe pas compétente en ce qui concerne les dispositions relatives à la PESC, ni en ce qui concerne les actes adoptés sur leur base. Il faut garder à l'esprit que ces dispositions des traités reflètent des pratiques bien établies des juridictions nationales à l'égard des décisions de politique étrangère adoptées par les gouvernements de leurs États membres respectifs. Précisons que les dérogations accordées à certains États membres en matière de PESC et dans le contexte du *Brexit* ne sont pas les seules raisons pour justifier les restrictions du contrôle juridictionnel de la Cour dans les domaines relevant de la PESC. Il est important de rappeler que les actes adoptés sur la base des dispositions de la PESC sont en principe destinés uniquement à traduire des décisions de nature purement politique liées à la mise en œuvre de la PESC. Il est donc difficile de concilier le contrôle juridictionnel avec la séparation des pouvoirs. La Cour de justice n'exerce le contrôle des matières PESC que dans des circonstances exceptionnelles. Eu égard au pan de jurisprudence de la Cour, le fait qu'il existe un acte de la PESC dans les circonstances particulières d'une affaire ne signifie pas nécessairement que les limites fixées à la compétence de la Cour de justice par « l'article 24, paragraphe 1, TUE et l'article 275 TFUE soient d'application »[1] dès lors que cette jurisprudence concerne en partie des missions internationales de l'Union européenne.

---

[1] *Cf.* Concl. M. BOBEK, 19 mars 2020, sous CJUE, 25 juin 2020, *Centre satellitaire de l'Union européenne / KF, Conseil de l'Union européenne,* aff. C-14/19 P, non encore publié (e), point 51 à 85.

Conclusion du Chapitre 1

L'objectif ultime de l'action extérieure de l'Union européenne est de s'affirmer sur la scène internationale comme un acteur influent. La réalisation de cette ambition a nécessité la mise en place de plusieurs principes et valeurs de l'Union. L'affirmation de la protection juridictionnelle dans le domaine de la PESC s'inscrit logiquement dans cette approche. Il a été démontré que l'aspect externe de la protection juridictionnelle constitue un objectif majeur de l'Union et de ses États membres. Dans l'analyse des questions de politique internationale de l'Union, il est mis en avant les apports de la protection juridictionnelle de son action extérieure. La nouvelle approche de l'affirmation de l'action extérieure de l'Union milite en faveur de la consolidation du droit au juge dans les domaines de la PESC. En ce sens le *Brexit* a permis à l'Union et en particulier à la Cour de justice de bien mesurer la particularité de l'action internationale du Royaume-Uni pendant la période de transition. Selon un axe visant la prévalence de la logique supranationale, l'apport de l'approche française du droit international apparaît particulièrement indispensable. De fait l'articulation entre politique extérieure de la France et la PESC est une donnée de grande importance dans l'effort d'affirmation de l'Union sur la scène internationale et au renforcement de la sécurité internationale. Dans le cadre de notre analyse les apports de la protection juridictionnelle à l'action extérieure de l'Union permettent de dégager les lignes de force. Il en ressort clairement que les aspects de l'autonomie de l'action extérieure de l'Union permettent de mieux appréhender la fonction juridictionnelle du juge de l'Union en matière de relations extérieures. En se fondant essentiellement sur des éléments objectifs susceptibles de contrôle juridictionnel, le rôle de la Cour de justice dans le contentieux relevant de la PESC est devenu un enjeu majeur. Ce raisonnement s'inscrit parfaitement dans une lecture de politique juridique. C'est notamment à ce niveau que la problématique du contrôle des actes de la PESC apporte un éclairage intéressant. Avec l'avènement du *Brexit* l'Union européenne veut se doter d'une PESC renforcée, consacrée à la paix, à la sécurité régionale et internationale, aux droits de l'homme, aux libertés fondamentales et à l'État de droit. Dans le domaine des relations extérieures l'objectif d'affirmation de l'Union européenne sur la scène internationale est animé par une volonté de protection juridictionnelle des justiciables.

Chapitre 2

Le contrôle juridictionnel des accords internationaux de l'Union

Les normes conventionnelles en tant que source de la légalité de l'Union européenne prévalent sur les normes de droit dérivé. Cela étant la prévalence du droit originaire sur les accords externes reprend à son compte la logique constitutionnelle de l'Union européenne selon laquelle « le traité doit figurer au sommet de la hiérarchie des normes en tant que charte constitutionnelle »[1] d'une Union de droit. À cette interprétation vient s'ajouter les dispositions de l'article 216, paragraphe 2, TFUE. Pour la Cour « les accords conclus par l'Union lient les institutions de l'Union et les États membres »[2]. Cette lecture rejoint la notion d'invocabilité des accords externes par les justiciables du droit de l'Union européenne.

On retrouve ainsi le lien contentieux entre la hiérarchie des normes et leur invocabilité. De plus en exigeant que la norme internationale crée des droits au profit du particulier, la Cour de justice semble introduire une nouvelle condition de recevabilité ou du moins d'efficacité du recours en appréciation de validité. Ce raisonnement appelle deux décryptages de la Cour de justice à savoir le contrôle des accords internationaux conclus par l'Union (Section 1) et la projection de la protection juridictionnelle dans les relations internationales (Section 2).

---

[1] L. FAVOREU, « Rapport de synthèse : l'euroscepticisme du droit constitutionnel (suite)* », *in* B. MATHIEU, M. VERPEAUX et F. MÉLIN-SOUCRAMANIEN (sous la dir.), *Constitution et construction européenne*, Paris, Dalloz, 2006, p. 89

[2] CJUE, 21 juillet 2011, *Oguz*, aff. C-186/10, *Rec.*, p. I-6957, point 23.

Section 1. Le contrôle juridictionnel des accords internationaux conclus par l'Union

Le développement de l'intégration européenne et la condition internationale de l'Union européenne ouvrent des perspectives nouvelles au contrôle juridictionnel des accords internationaux conclus par l'Union européenne où « les actes issus de l'activité normative d'organisations internationales finissent par aboutir devant le prétoire de la Cour de justice »[1]. La volonté d'ouverture de l'Union européenne à l'ordre juridique international mérite une appréciation de l'invocabilité des accords externes aux actes impliqués par ces accords. Ce contentieux important fournit véritablement l'occasion de soulever plusieurs questions relatives à la compétence de la Cour de justice. Cela concerne effectivement les préoccupations articulées par la protection juridictionnelle effective des particuliers faite par le juge de l'Union autour d'actes dérivants d'accords internationaux. L'ordonnancement de ce contentieux est tributaire de l'effectivité du droit d'accès au juge. Selon une contribution de la doctrine « l'acte de conclusion des accords internationaux par l'Union européenne permet leur application dans l'ordre juridique de l'Union »[2]. Évidemment la Cour de justice a mis en lumière cette hypothèse à travers plusieurs décisions de justice en s'appuyant sur le droit de l'Union européenne et sur le droit international.

---

[1] I. GOVAERE et R. MUÑOZ, « Les accords internationaux », *in* M. DONY et E. BRIBOSIA (éds.), *Commentaire de la Constitution de l'Union européenne*, Bruxelles, Éditions de l'Université de Bruxelles, 2005, p. 426.

[2] L. BALMOND, « Les instruments juridiques des relations extérieures », *in* J. RIDEAU (sous la dir.), *De la Communauté de droit à l'Union de droit. Continuités et avatars européens*, Paris, LGDJ, 2000, pp. 99-119.

De ce fait dans l'arrêt *Racke,* affaire « C-162/96 »[1] du 16 juin 1998, la Cour de justice offre de remarquables précisions quant au statut et aux effets du droit international coutumier en droit de l'Union européenne. En effet la société *Racke* invoquait la clause *rebus sic stantibus* aux fins de l'invalidation par la Cour de justice du règlement (CEE) n° 3300/91 du Conseil, du 11 novembre 1991 suspendant les concessions tarifaires. Pour appuyer son argumentation le justiciable invoque des règles du droit coutumier international de nature fondamentale à l'encontre du règlement litigieux, lequel a été pris en application de ces règles et « le prive des droits au traitement préférentiel que lui accorde l'accord de coopération »[2]. La Cour de justice dans son considérant 26 revient sur les précisions exprimées par la Commission sur ses compétences. À la lecture d'une jurisprudence constante, la compétence de la Cour de justice s'étend à l'ensemble des motifs d'invalidité susceptibles d'entacher la validité des actes pris par les institutions « la Cour de justice est tenue d'examiner si leur validité peut être affectée du fait de leur contrariété avec une règle de droit international »[3]. Par ailleurs ce raisonnement de la Cour de justice est développé depuis l'arrêt *International Fruit Company.* Dans cet arrêt l'avocat général H. Mayras dans ses conclusions du 25 octobre 1972, met en avant la compétence de la Cour de justice pour statuer en vertu de l'article 177 (actuel article 267 TFUE) du traité, sur la validité des actes des institutions.

---

[1] CJCE, 16 juin 1998, *Racke,* aff. C-162/96, *Rec.,* p. I-3655.
[2] CJCE, 7 mai 1991, *Nakajima/Conseil*, aff. C-69/89, *Rec.,* p. I-2069, point 31.
[3] CJCE, 19 février 2009, *Soysal et Savalti*, aff. C-228/06, *Rec.,* p. I-1031.

De même dans l'arrêt *« Haegeman »*[1], affaire 181/73, l'avocat général J.-P. Warner considère les accords internationaux comme formant « dès leur entrée en vigueur, une partie intégrante de l'ordre juridique de l'Union européenne »[2] et cette intégration implique qu'ils soient considérés comme des sources de ce droit. Probablement la reconnaissance d'un effet direct des accords internationaux peut à l'origine apparaître comme une condition de recevabilité dans l'examen de la validité d'un acte de l'Union par rapport au droit international. Dans le cadre d'une démarche de contrôle juridictionnel, l'évolution tend à faire de l'invocabilité une condition de fond. Le contrôle juridictionnel effectué par la Cour de justice sur les accords internationaux se base sur des critères de l'invocabilité de ces accords. Au premier abord l'analyse de la jurisprudence de la Cour de justice confirme sans ambiguïté le lien entre l'invocabilité et la prise en compte des accords dans le cadre des voies de droit de l'Union. C'est le cas de l'arrêt *« IATA et ELFAA, du 10 janvier 2006 »*[3]. En même temps dans l'arrêt du 9 septembre 2008, affaire « C-120/06 P et C-120/06 P »[4],

---

[1] CJCE, 30 avril 1974, *Haegeman*, aff. 181/73, *Rec.*, p. 449.

[2] Concl. J.-P. WARNER, 2 avril 1974, sous CJCE, 30 avril 1974, *Haegeman*, *op. cit.*, p. 465.

[3] CJCE, 10 janvier 2006, *IATA et ELFAA,* aff. C-344/04, *Rec.,* p. I-403.

[4] CJCE, 9 septembre 2008, *FIAMM e. a. /Conseil et Commission,* aff. C-120/06 P et C-121/06 P, *Rec.*, p. I-6513. L'arrêt a pour origine un différend entre la Communauté européenne et les États-Unis relatif au régime communautaire d'importation des bananes mis en place par le règlement (CEE) n° 404/93 du Conseil du 13 février 1993, portant organisation commune des marchés dans le secteur de la banane (*JOCE,* n° L 47, p. 1). À cet effet, les institutions ont amendé, avec effet au 1er janvier 1999, le régime des échanges de bananes avec les États tiers par le règlement (CE) n° 1637/98 du Conseil, du 20 juillet 1998, complété par le règlement (CE) n° 2362/98 de la Commission, du 28 octobre 1998.

la jurisprudence insiste sur les effets que les dispositions d'un accord peuvent produire dans l'ordre interne des parties contractantes. L'affaire dont la Cour est saisie est née de deux pourvois l'un formé par *Fabbrica italiana accumulatori motocarri Montecchio SpA et Fabbrica italiana accumulatori motocarri Montecchio Technologies LLC,* contre l'arrêt du Tribunal du 14 décembre 2005. L'avocat général Poiares Maduro, au troisième considérant de ses conclusions fait valoir que les moyens soulevés par les demanderesses à l'appui des présents pourvois invitent la Cour à se prononcer sur l'incidence d'une décision de l'ORD ayant constaté l'incompatibilité de la règlementation communautaire avec les accords OMC sur l'invocabilité des règles de l'OMC et d'autre part, sur le principe et les conditions d'une responsabilité sans faute de la Communauté.

À la lecture d'une contribution doctrinale sur la question « il n'existe pas de codification internationale relative aux critères de l'invocabilité des traités internationaux »[1]. En revanche la Cour de justice se montre cependant généralement plus prolixe que les juges nationaux dans la motivation des choix opérés. Certaines particularités de l'arrêt *FIAMM e.a. /Conseil et Commission* sont sans doute le fruit des spécificités de l'ordre juridique de l'Union. De ce qui précède il convient de rappeler que les effets dans l'Union des dispositions d'un accord conclu par celle-ci avec les États tiers ne sauraient être déterminés en faisant abstraction de l'origine internationale des dispositions en cause.

---

[1] P. MENGOZZI, « Les particularités des accords OMC et le problème de leur invocabilité devant les juges communautaires », *in Mélanges en l'honneur de Philippe Manin. L'Union européenne : Union de droit, Union des droits,* Paris, A. Pedone, 2010, p. 884.

Conformément aux principes du droit international, les institutions de l'Union qui sont compétentes pour négocier et conclure un accord international sont libres de convenir avec les États tiers concernés des effets que les dispositions de cet accord doivent produire dans l'ordre interne des parties contractantes afin de mieux assurer la protection des justiciables. Finalement il appartient à la Cour de justice de déterminer, en se fondant notamment sur les principes d'une protection juridictionnelle effective, si les dispositions d'un accord international engendrent pour les justiciables de l'Union européenne « le droit de s'en prévaloir en justice, en vue de contester la validité d'un acte de l'Union »[1]. Vraisemblablement l'analyse de la jurisprudence permet d'identifier les différents critères utilisés par la Cour de justice pour établir ou refuser l'invocabilité des accords internationaux. La diversité des solutions nationales apporte notamment quelques éléments explicites de référence dans le cadre de la protection des justiciables du droit de l'Union. Précisément dans le domaine des relations internationales, les juridictions nationales s'intègrent dans l'espace juridictionnel de l'Union européenne où le juge national exerce une fonction juridictionnelle communautarisée. Le contrôle juridictionnel des accords internationaux conclus par l'Union se traduit ainsi par l'expansion de la fonction juridictionnelle. Cette approche met en évidence l'invocabilité des accords internationaux conclus par le Royaume-Uni (§ 1). Le rôle fondamental dans la détermination de ces accords soulève la question de leur invocabilité en France (§ 2).

[1] K. LENAERTS, « La systématique des voies de recours dans l'ordre juridique de l'Union européenne », *in Mélanges en l'hommage à Georges Vandersanden. Promenades au sein du droit européen*, *op. cit.*, p. 266.

§ 1. Les accords internationaux conclus par le Royaume-Uni

L'article 127, paragraphe 1 de l'accord de retrait du Royaume-Uni de l'Union prévoit une période de transition pendant laquelle le droit de l'Union continue d'être applicable au Royaume-Uni. L'Union européenne a informé ses partenaires internationaux des dispositions spécifiques prévues dans l'accord de retrait en vertu desquelles, pendant la période de transition, le Royaume-Uni a été traité comme un État membre suite aux accords internationaux auxquels l'Union est partie. En vertu de l'article 129, paragraphe 4, de l'accord de retrait, pendant la période de transition « le Royaume-Uni peut négocier, signer et ratifier des accords internationaux conclus en sa propre capacité, dans les domaines de compétence exclusive de l'Union »[1]. Dans le paragraphe 1 de l'article précité, il est précisé que le Royaume-Uni est lié par les obligations découlant des accords internationaux pendant la période de transitions. Aux fins de mieux apprécier l'invocabilité des accords internationaux conclus par le Royaume-Uni, le discours de la protection juridictionnelle s'inscrit dans une double problématique. Ce constat conduit à des efforts d'analyse de l'espace juridictionnel de l'Union européenne. Il s'agit de l'invocabilité des accords internationaux conclus avant le *Brexit* et pendant la période de transition. Premièrement avant le *Brexit*, le Royaume-Uni a conclu plusieurs accords internationaux pouvant être soumis au contrôle de la Cour de justice.

[1] Proposition de décision d'exécution du Conseil relative à l'autorisation accordée au Royaume-Uni à exprimer son consentement, en sa propre qualité à être lié par certains accords internationaux qui seront appliqués pendant la période de transition dans le domaine de la politique commune de la pêche de l'Union (COM (2020)) 489 final du 7.9.2020.

Dans la jurisprudence de la Cour de justice, les références à l'Union de droit, aux droits de l'homme et aux principes de la protection juridictionnelle effective des particuliers se faisaient de plus en plus abondantes. Au sujet de l'invocabilité des accords internationaux par les justiciables dans l'ordre interne des États membres, les juridictions nationales notamment anglaises ont mis en place « les mécanismes juridiques pour renforcer la protection juridictionnelle des personnes physiques ou morales »[1]. Dans l'ensemble les relations entre les accords conclus par les États membres avec des tiers et les sources du droit de l'Union peuvent, selon le cas apparaître comme des sources du droit de l'Union. La justiciabilité de ces accords tient compte d'accords conclus antérieurement ou postérieurement à l'appartenance à l'Union. L'article 351 TFUE doit être considéré comme une incidence faite aux États membres de négocier avec leurs partenaires pour apporter « les modifications nécessaires aux obligations antérieures en les adaptant à la situation créée par le traité de Lisbonne »[2], caractérisé par l'existence du TUE et du TFUE et par la suppression des piliers. D'après ces considérations l'incitation de réviser « les accords antérieurement conclus avant leur appartenance à l'Union européenne peut conduire les États membres à mieux respecter les droits des tiers et des particuliers »[3]. En effet un accord est incompatible avec les traités lorsque d'une part, il ne prévoit pas de dispositions permettant à « l'État membre concerné

---

[1] CJCE, 19 novembre 1998, *Royaume-Uni/Conseil*, aff. C-150/94, *Rec.*, p. I-7235, points 94 et 98. Voir également, CJCE, 30 septembre 1987, *Demirel*, aff. 12/86, *Rec.*, p. 3719, point 14.

[2] H. FLAVIER, *La contribution des relations extérieures à la construction de l'ordre constitutionnel de l'Union européenne, op. cit.*, p. 247.

[3] *Ibid.*, pp. 248 et s. Le juge de l'Union doit assurer un plein contrôle de la légalité de tous les actes au regard des droits fondamentaux.

d'exercer ses droits et de remplir ses obligations de protection juridictionnelle des justiciables en tant que membre de l'Union »[1] et que d'autre part, aucun mécanisme de droit international ne le permet non plus. La Cour de justice peut donc annuler un accord international en faisant prévaloir sur les obligations internationales le respect des droits fondamentaux. S'agissant des accords conclus postérieurement à l'appartenance à l'Union, les voies de droit spécifiques permettent le contrôle par la Cour de justice des accords auxquels sont parties les États membres de l'Union. Cette position doctrinale a été marquée par différentes évolutions jurisprudentielles. Dans l'affaire C-222/94, « *Commission/Royaume-Uni de Grande Bretagne et l'Irlande du Nord*, du 10 septembre 1996 »[2], ayant pour objet une requête à la Cour de justice le 28 juillet 1994 par la Commission, ce recours vise à faire constater que le Royaume-Uni a manqué aux obligations qui lui incombent en vertu de l'article 2, paragraphe 1 et 2, et de l'article 3, paragraphe 2, de la directive, en ne transposant pas correctement « la directive 89/552/CE du Conseil du 3 octobre 1989 »[3]. Dans son mémoire en défense le Royaume-Uni met en avant le droit anglais notamment *« le Broadcasting Act 1990 »*[4]. Il fait valoir qu'un État membre au sens de l'article 2,

---

[1] *Ibid.,* p. 268.

[2] CJCE, 10 septembre 1996, *Commission/Royaume-Uni*, aff. C-222/94, *Rec.*, p. I-4025.

[3] *Ibid.,* point 1.

[4] *Ibid.,* point 7. Le *Broadcasting Act 1990* (loi de 1990 sur la radiodiffusion) établit le cadre réglementaire, notamment pour la fourniture des services de programmes de télévision par des organismes indépendants au Royaume-Uni. La section 13 de la loi interdit la fourniture de services de programmes de télévision autres que ceux de la *BBC* et de la *Welsh Authority*, à moins qu'elle ne soit autorisée par ou en vertu d'une licence accordée par *l'Independent Television Commission* (« ITC »).

paragraphe 1, de la directive est celui sur le territoire duquel se trouve le lieu à partir duquel l'émission télévisée est transmise. La République française qui est intervenue au litige, partage et soutien les analyses de la Commission européenne sur lesquels se fondent les griefs. Pour la Cour de justice à propos de la Convention du Conseil de l'Europe sur la télévision transfrontalière, la solution des problèmes de compétences peut être facilitée dans l'hypothèse où un accord international prévoit les conditions respectives d'application du droit de l'Union et de l'accord. À cet effet la Cour de justice condamne le Royaume-Uni au respect de ladite Convention. Quoi qu'il en soit « il revient toujours à la Cour de justice de déterminer si l'acte en question équivaut bien à un accord international »[1] et si la procédure de conclusion des accords prévue à l'article 218 TFUE peut à bon droit être mobilisée. Concrètement « les accords internationaux peuvent être une source de tensions entre l'Union et ses États membres »[2]. À plus forte raison la protection juridictionnelle des particuliers est toujours au cœur des différends entre la protection offerte par l'Union, les accords internationaux et le cadre de protection nationale. Dans l'arrêt *« Royaume-Uni/Commission européenne,* affaire C-656/11 R *»*[3], du 18 avril 2012, la décision du Conseil contestée par le Royaume-Uni déterminait la position à adopter par l'Union européenne, en vue de la

[1] I. GOVAERE et R. MUÑOS, « Les accords internationaux », *in* M. DONY et E. BRIBOSIA (éds.), *Commentaire de la Constitution de l'Union européenne, op. cit.,* p. 417.

[2] *Ibid.,* p. 419.

[3] CJUE, ord. du 18 avril 2012, *Royaume-Uni/Commission européenne,* aff. C-656/11 R, publié (e) au Recueil numérique. Le cadre juridique est l'accord CE-Suisse sur la libre circulation des personnes. L'accord entre la communauté européenne et ses États membres d'une part, et la Confédération suisse, d'autre part, sur la libre circulation des personnes signé le 21 juin 1999 (*JOCE* n° L 114, p. 6).

modification de l'annexe II de l'accord avec la Suisse sur la coordination des régimes de sécurité sociale. Le recours introduit par le Royaume-Uni le 16 décembre 2011 tendant à l'annulation de la décision attaquée, suscite une série de questions intéressantes pour l'action extérieure. Le Royaume-Uni fonde son recours sur le fait que l'article 48 TFUE est une base juridique erronée pour la décision du Conseil. Précisément pour le Royaume-Uni, les modifications envisagées de l'annexe II ayant pour effet d'étendre les droits accordés aux ressortissants suisses impliquent le recours à l'article 78, § 2, b) TFUE et dès lors le droit, conformément au « protocole 21 annexé au traité de Lisbonne »[1] de ne pas participer à la décision.

Il ressort donc au point 19 de cette ordonnance que, le Conseil considère que la décision du comité mixte a été adoptée conformément à un accord international et qu'il n'est désormais pas possible de procéder à la suspension de l'application de cette décision unilatéralement. De l'avis de la Cour de justice, en concluant en ce sens « le Conseil doute de la possibilité du Royaume-Uni d'engager de manière utile une demande en référé »[2]. À la suite de cette position le Royaume-Uni fait valoir par sa demande en référé, qu'il vise à empêcher que des changements dans la situation juridique de l'Union et des personnes concernées portent atteinte à leurs droits jusqu'à ce que la Cour de justice ait la possibilité de se prononcer sur la validité de la décision au principal.

---

[1] I. LAMBRETH, « Les aspects institutionnels de la dimension externe de la coopération judiciaire civile », E. DONY (éd.), *La dimension externe de l'espace de liberté, de sécurité et de justice au lendemain de Lisbonne et de Stockholm : un bilan à mi-parcours*, Bruxelles, Éditions de l'Université de Bruxelles, 2012, p. 25.

[2] CJUE, ord. du 12 avril 2012, *Royaume-Uni/Commission, op. cit.*, point 18.

Sur toile de fond le Royaume-Uni en des circonstances exceptionnelles invoque utilement « le préjudice résultant des droits définitivement acquis par des particuliers dans le domaine de la coordination de la sécurité sociale »[1] au cours de la période pendant laquelle la décision du comité mixte appliquant la décision attaquée reste en vigueur. Dans le cadre du renforcement de la protection juridictionnelle effective des particuliers dans l'Union, le discours du Royaume-Uni trouve un écho favorable. D'autant plus qu'il s'inscrit dans la perspective de la protection de certaines valeurs prônées au sein des États membres de l'Union. Mais pour la Cour de justice, le Royaume-Uni n'a invoqué aucun élément concret susceptible d'établir que les autorités suisses refuseraient de renégocier la modification de l'annexe II de l'accord.

C'est pourquoi statuant en référé la Cour de justice rejette les arguments avancés par le Royaume-Uni pour prouver l'existence d'un préjudice grave et irréparable. Pour le dire en un mot, le principe de l'invocabilité des accords internationaux conclus par les États membres de l'Union participe non seulement au renforcement de la protection juridictionnelle des justiciables, mais aussi à « l'affirmation de l'Union européenne sur la scène internationale »[2]. La réalisation de cet objectif soulève parfois des problèmes de nature politique « liés à la volonté des États membres d'accepter l'Union en tant qu'acteur international »[3]. À la fin le Royaume-Uni dans une démarche de protection de son ordre constitutionnel au sein de l'Union et sur la scène internationale pose

[1] *Ibid.*, point 32.

[2] M. TELÒ, « Le modèle européen d'acteur international : aspects institutionnels », *in* M. DONY et L. SERENA ROSSI (éds.), *Démocratie, cohérence et transparence. Vers une constitutionnalisation de l'Union européenne ?* Bruxelles, Éditions de l'Université de Bruxelles, 2008, p. 222.

[3] *Ibid.*, p. 226.

régulièrement des conditions à la doctrine de l'action extérieure de l'Union. Deuxièmement dans le cadre du *Brexit* et pendant la période de transition, en vertu de l'article 3, paragraphe 1 de la décision « (UE) 2020/135 »[1] le Conseil peut autoriser le Royaume-Uni à exprimer son consentement, en sa propre capacité à être lié par un accord international destiné à entrer en vigueur ou à être appliqué pendant la période de transition, dans un domaine relevant de la compétence exclusive de l'Union. Si l'on se rapporte aux dispositions l'article 3 précité, paragraphe 1, b) et c) du même règlement, une telle autorisation ne peut être accordée d'une part si l'accord international en question est compatible avec le droit de l'Union applicable au Royaume-Uni et sur son territoire, conformément à l'article 127 de l'accord ainsi qu'avec les obligations visées à l'article 129, paragraphe 1, de l'accord et d'autre part si l'entrée en vigueur ou l'application de l'accord international en question pendant la période de transition ne compromet pas la réalisation de l'un des objectifs de l'action extérieure de l'Union dans le domaine concerné, ni ne porte autrement atteinte aux intérêts de l'Union. Sur le fondement de cette base juridique, le 3 avril 2020 le Royaume-Uni a notifié à la Commission européenne son intention d'exprimer son consentement, en sa propre capacité à être lié par cinq accords internationaux instituant cinq organisations régionales de gestion des pêches (ORGP), destinés à être appliqués pendant la période de transition dans le domaine relevant de la compétence externe exclusive de l'Union européenne en matière de pêche.

---

[1] Accord internationaux – Décision (UE) 2020/135 du Conseil du 30 janvier 2020 relative à la conclusion de l'accord sur le retrait du Royaume-Uni de Grande-Bretagne et d'Irlande du Nord de l'Union européenne et de la Communauté européenne de l'énergie atomique (*JOUE* n° L 29 du 31.1.2020, p. 2).

Par conséquent conformément aux dispositions de l'article 129, paragraphe 4, de l'accord de retrait, pendant la période de transition le Royaume-Uni peut en sa propre capacité signer et ratifier les cinq accords internationaux instituant les cinq ORGP auxquelles il souhaite adhérer. Dans le prolongement de cette analyse « le Royaume-Uni justifie son intérêt à adhérer à ces accords pendant la période de transition eu égard aux articles 63 et 64 de la convention des Nations unies sur le droit de la mer (CNUDM)»[1] et « aux articles 7 et 8 de l'accord des Nations unies aux fins de l'application des dispositions des Nations unies sur le droit de la mer du 10 décembre 1982 relative à la conservation et à la gestion des stocks chevauchants et des stocks de poissons grands migrants (UNFSA) »[2]. Il est surtout question en particulier des obligations de l'Union européenne et du Royaume-Uni de coopérer par l'intermédiaire des organisations régionales. Rappelons à ce stade de l'analyse que le but du Royaume-Uni était entre autres de participer pendant la période de transitions aux discussions sur des décisions en matière de gestion des pêches qui devraient entrer en vigueur à l'issue de la période de transition. À l'évidence en vertu des dispositions de l'article 3, paragraphe 1 de la décision (UE) 2020/135 du Conseil, les cinq accords internationaux instituant cinq organisations régionales de gestion des pêches (ORGP) sont compatibles avec le droit de l'Union

[1] Décision du Conseil du 23 mars 1998 concernant la conclusion par la Communauté européenne de la convention des Nations unies sur le droit de la mer du 10 décembre 1982 et de l'accord du 28 juillet 1994 relatif à l'application de la partie XI de ladite convention (*JO* L 179 du 23.6.1998, p. 1).

[2] Par sa lettre du 3 avril 2020, le Royaume-Uni a manifesté un intérêt particulier à ce que les accords internationaux en question s'appliquent déjà pendant la période de transition. Par conséquent la condition énoncée à l'article 3, paragraphe 1, point a) de la décision (UE) 2020/135 est remplie.

européenne applicable au Royaume-Uni et sur son territoire conformément à l'article 127, paragraphe 1, de l'accord de retrait et aux obligations visées à l'article 129, paragraphe 1, de l'accord de retrait. Le Royaume-Uni est donc lié par les obligations de la CNUDM et de l'UNFSA et doit par conséquent gérer et conserver les ressources marines vivantes de manière durable. Ces aspirations sont conformes à l'objectif de l'Union de garantir la durabilité et le maintien d'une activité de pêche responsable. L'idée c'est d'assurer la conservation à long terme et l'exploitation durable des ressources biologiques marines.

Pour terminer concernant l'impératif du contrôle juridictionnel effectué par la Cour de justice sur les accords internationaux, le Royaume-Uni a pu en sa propre capacité signer et ratifier les cinq accords internationaux instituant les ORGP auxquelles il a souhaité adhérer. Compte tenu de l'importance politique des décisions accordant de telles autorisations, les pouvoirs d'adopter de telles autorisations par voie d'actes d'exécution ont été conférés au Conseil sur proposition de la Commission. À ce propos le *Brexit* n'a pas été un obstacle au contrôle juridictionnel effectif des accords internationaux conclus par le Royaume-Uni.

§ 2. Les accords internationaux conclus par la France

La nécessité de protéger les justiciables du droit de l'Union lors de la conclusion des accords internationaux « contribue à renforcer l'accès au juge de l'Union »[1].

---

[1] K. LENAERTS, « La réorganisation de l'architecture juridictionnelle de l'Union européenne : quel angle d'approche ? », *in* M. DONY et E. BRIBOSIA (éds.), *L'avenir du système juridictionnel de l'Union européenne*, Bruxelles, Éditions de l'Université de Bruxelles, 2002, p. 57.

D'un autre côté conformément aux dispositions de l'article 8 du Protocole n° 2 annexé aux traités, la Cour de justice est compétente pour se prononcer sur le recours pour violation « par un acte législatif, du principe de subsidiarité formé »[1], selon les modalités prévues à l'article 263 TFUE, par un État membre ou « transmis par celui-ci conformément à son ordre juridique »[2]. Cette disposition devrait renforcer le contrôle juridictionnel des accords internationaux. La complémentarité des voies de droit nationales et européennes permet également aux « personnes physiques ou morales en cas de problème d'invoquer les accords internationaux »[3]. Ceci étant dit, la Cour de justice tend à établir dans quelle mesure une obligation édictée par un accord international présente des caractères tels qu'elle puisse être invoqué devant le juge national appelé à contrôler un acte européen ou national.

Il convient de relever qu'un accord ou des actes d'une organisation internationale ne sauraient porter atteinte à l'ordre des compétences fixées par les traités et partant, à l'autonomie du système juridique de l'Union dont la Cour de justice assure le respect en vertu de la compétence exclusive dont elle est investie par l'article 19 TUE. La nature et l'objet des accords internationaux jouent un rôle fondamental dans la détermination de l'invocabilité. Justement la Cour de justice, dans l'arrêt *Syndicat professionnel coordination des pêcheurs de l'étang de Berre et de la région/EDF*, affaire C-213/03, revient sur les critères essentiels retenus par les juges internationaux.

---

[1] A. BARLETTA, « Le contrôle de la répartition des compétences en matière pénale : la recherche de l'équilibre institutionnel », *op. cit.*, p. 129.

[2] *Ibid.*, p. 130.

[3] H. FLAVIER, *La contribution des relations extérieures à la construction de l'ordre constitutionnel de l'Union européenne, op. cit.*, p. 262. .

D'après une appréciation de la Cour de justice « une disposition d'un accord conclu par l'Union avec des pays tiers doit être considérée comme étant d'application directe, eu égard à ses termes ainsi qu'à l'objet et à la nature de l'accord, elle comporte une obligation claire et précise qui n'est subordonnée, dans son exécution ou dans ses effets »[1]. Dans cette affaire ayant pour objet une demande adressée à la Cour, en application de l'article 267 TFUE, par la Cour de cassation en France, les positions de la Cour se situent incontestablement dans le droit fil de l'assimilation des accords à des actes des institutions, qui conduit logiquement la juridiction de l'Union à admettre leur « contrôle par rapport aux traités »[2], sans tenir compte de leur nature internationale.

En l'espèce le 1er septembre 1999, la coordination des pêcheurs a fait citer EDF en référé devant le Tribunal de grande instance de Marseille, afin de voir ordonner l'arrêt de l'exploitation de la centrale hydroélectrique de Saint-Chamas sous peine d'une astreinte. La coordination des pêcheurs faisait notamment valoir que l'entreprise EDF déversait les rejets de cette centrale sans avoir obtenu l'autorisation préalable prévue à l'article 6, paragraphe 3, du protocole relatif à la protection de la mer méditerranée contre la pollution d'origine tellurique signé à Athènes le 17 mai 1980. En revanche EDF et le gouvernement français sont d'avis qu'il convient uniquement d'interpréter le protocole, dès lors que le protocole révisé n'est pas encore entré en vigueur.

---

1 CJCE, 15 juillet 2004, *Syndicat professionnel coordination des pêcheurs de l'étang de Berre et de la région/EDF*, aff. C-213/03, *Rec.*, p. I-7357, point 39.

2 *Ibid.*, points 41-42. La convention pour la protection de la mer Méditerranée contre la pollution, signée à Barcelone le 16 février 1976 (*JOCE*, n° L 240, p. 3), a été conclue par la Communauté économique européenne par la décision 77/585/CEE du Conseil, du 25 juillet 1977 (*JOCE*, n° L 240, p. 1).

À cet égard il résulte d'une jurisprudence constante que « la procédure institué par l'article 267 TFUE est un instrument de coopération entre la Cour de justice et les juges nationaux »[1]. Pour la Commission européenne l'absence de mesures, programmes et lignes directrices adoptés conjointement n'a pas pour effet de paralyser la mise en œuvre du protocole ni d'empêcher la délivrance d'autorisation de rejet, mais accroît le pouvoir d'appréciation des États membres dans la délivrance de ces autorisations dont l'exercice est susceptible d'un contrôle juridictionnel.

Compte tenu de ce qui précède pour la Cour de justice, l'article du protocole à l'origine du contentieux ainsi que les amendements à cet article ont un effet direct, de telle sorte que toute personne intéressée a le droit de se prévaloir desdites dispositions devant les juridictions nationales. Les réflexions sur le contrôle juridictionnel des accords internationaux attirent l'attention des États membres sur les faiblesses de la protection juridictionnelle effective dans les domaines relevant de la PESC de l'Union européenne. Ce faisant le dynamisme de certains juges internes, en amplifiant leur contrôle permet tout à la fois de réaliser le contournement des faiblesses de la garantie judiciaire des accords internationaux[2] voulu par la Cour de justice et de peser dans le prolongement de ses décisions sur l'invocabilité des accords internationaux. C'est-à-dire alimente et conforte la posture de la Cour de justice. Finalement « l'Union européenne et ses États membres sont face au défi de coordonner leur action

---

[1] CJCE, 16 juillet 1992, *Lourenço Dias*, aff. C-343/90, *Rec.*, p. I-4673, point 14 et CJCE, 18 mars 2004, *Siemens et ARGE Telekom*, aff. C-314/01, *Rec.*, p. I-2549, point 33.

[2] TPICE, ord. du 18 novembre 2005, *Selmani/Conseil et Commission*, *op. cit.*, p. II-20.

extérieure »[1] pour renforcer leur voix à l'échelle mondiale. Réellement dans l'ensemble des trois niveaux de l'action extérieure à savoir la négociation, la conclusion et l'exécution des accords internationaux, les États membres et l'Union dans « le respect des principes de l'Union de droit »[2] doivent favoriser l'accès à la justice en mettant en place des mécanismes de protection juridictionnelle effective des justiciables.

Section 2. La protection juridictionnelle dans les relations internationales

Le paragraphe 5 de l'article 3 TUE concerne plus particulièrement les objectifs de l'Union européenne dans le monde « dans ses relations avec le reste du monde, l'Union affirme et promeut ses valeurs et ses intérêts et contribue à la protection des citoyens. Elle contribue à la paix, à la sécurité, au développement durable de la planète, à la solidarité et au respect mutuel entre les peuples, [...] à la protection des droits de l'homme »[3]. L'article 3 TUE, lui-même invite à une autre lecture de l'action extérieure de l'Union européenne. Il est au service de l'affirmation des valeurs et de l'identité de l'Union européenne sur la scène internationale. Dans cette considération sont possibles l'affirmation des principes de la protection juridictionnelle dans le monde (§ 1) et l'insertion de ces

---

[1] A. WEYEMBERGH, « L'avenir des mécanismes de coopération judiciaire pénale entre les États membres de l'Union européenne », *in* G. DE KERCHOVE et A. WEYEMBERGH (éds.), *Vers un espace judiciaire pénal européen. Towards a European Judicial Criminal Aréa*, Bruxelles, Bruylant, Éditions de l'Université de Bruxelles, 2000, p. 151.

[2] M-Y. MINSONGUI, *Le principe de l'Union de droit de la Cour de justice de l'Union européenne : articulation entre les droits anglais et français*, Thèse de Doctorat, Université Paris-Saclay, *op. cit.,* p. 48.

[3] I. BOSSE-PLATIÈRE, « L'objectif d'affirmation de l'Union européenne sur la scène internationale », *op. cit.,* p. 272.

principes dans l'action extérieure de l'Union (§ 2). En substance dans le domaine de son action extérieure les valeurs de l'Union sont essentiellement humanistes et démocratiques.

§ 1. Les principes de la protection juridictionnelle dans le monde

La projection des principes de la protection juridictionnelle dans les relations extérieures emprunte deux voies. D'une part il s'agit de soutenir et de consolider les droits de l'homme dans les relations extérieures où la cause des droits fondamentaux s'affirme comme « l'axe de la politique étrangère de l'Union européenne »[1]. Selon cette approche non seulement l'Union européenne vise à obtenir de ses partenaires le respect des droits fondamentaux mais aussi « elle concrétise son soutien aux Nations unies »[2] en appuyant l'adoption de règles générales favorisant la consolidation de ces droits. D'autre part les relations entre la Cour de justice et la justice internationale donnent une certaine visibilité à ces principes, de nature à amplifier les valeurs de l'Union européenne dans les relations internationales. En principe la nature de l'ordre juridique de l'Union européenne est caractérisée d'une certaine manière par les relations qu'il entretient avec les Nations unies et la Cour EDH.

---

[1] J. AUVRET-FINCK, « La projection des droits fondamentaux dans les relations extérieures », *in* J. RIDEAU (sous la dir.), *Les droits fondamentaux dans l'Union européenne. Dans le sillage de la Constitution européenne*, Bruxelles, Bruylant, coll. Droit de l'Union européenne, 2009 p. 408.

[2] TPICE, 21 septembre 2005, *Kadi, op. cit.,* point 150.

§ 2. L'ordre juridique de l'Union et son rapport avec le droit international

L'ordre juridique de l'Union est un « ordre juridique propre »[1] qui a été institué par le traité. La Cour de justice l'a affirmé dans son arrêt « *Winner Wetten, affaire* C-409/06 »[2] du 8 septembre 2010 en précisant le propos selon lequel « la règle de droit de l'Union est directement applicable à l'égard du droit national contraire »[3]. On notera avec grand intérêt que la Cour de justice a dans l'affaire *Van Gend en Loos*[4] évoqué de manière assez ambiguë la création d'un nouvel ordre de droit international, du fait de la mise en place de l'Union européenne. Après la révision de Lisbonne, la Cour de justice a eu l'occasion de reconnaître dans les traités sur lesquels est fondée l'Union « la Charte constitutionnelle de base d'une Union de droit »[5]. En conséquence le fondement de l'action extérieure de l'Union sous le prisme de l'Union de droit s'inscrit dans une logique d'action qui cherche à prôner à travers le monde la protection juridictionnelle effective. Il a été souligné d'autre part les liens qui continuent d'unir le droit de l'Union et le droit international au travers d'une jurisprudence abondante. Même dans le contexte du *Brexit* le discours sur les droits de l'homme a acquis une position centrale dans les institutions européennes et dans les pays membres.

---

[1] CJCE, 15 juillet 1964, *Costa c/ Enel*, aff. 6/64, *Rec.*, p. 1141.

[2] CJUE, 8 septembre 2010, *Winner Wetten,* aff. C-409/06, *Rec.,* p. I-8015.

[3] *Ibid.,* point 36. Il ne saurait en effet être admis que des règles de droit national, fussent-elles d'ordre constitutionnel, porte atteinte à l'unité et à l'efficacité du droit de l'Union.

[4] CJCE, 5 février 1963, *Van Gend en Loos, aff.* 26/62, *Rec.,* p. 3.

[5] S. RETTERER, « Vers la protection de nouveaux droits », *in* J. RIDEAU (sous la dir.), *De la Communauté de droit à l'Union de droit. Continuités et avatars européens,* Paris, LGDJ, 2000, p. 246.

Il s'agit pour l'Union européenne et le Royaume-Uni de fonder leur futur partenariat sur une coopération et une coordination très étroites et régulières au sein des Nations unies, en particulier au Conseil de sécurité et au Conseil des droits de l'homme des Nations unies. En définitive le plan d'action en faveur des droits de l'homme vise à renforcer le rôle moteur que joue l'Union européenne dans la promotion de la protection des droits de l'homme.

Conclusion du Chapitre 2

L'action de l'Union sur la scène internationale semble se construire autour d'un double discours. C'est-à-dire le contrôle juridictionnel des accords internationaux conclus par l'Union et la protection juridictionnelle dans les relations internationales. D'une certaine manière la garantie de la voie judiciaire est un droit fondamental. L'ordonnancement de ce contentieux est tributaire de l'effectivité du droit d'accès au juge. Il est mis en avant le contrôle juridictionnel effectué par la Cour de justice sur les accords internationaux, en se basant entre autres sur les critères de l'invocabilité de ces accords. En ce sens une analyse de l'invocabilité des accords internationaux conclus par le Royaume-Uni avant le *Brexit* et pendant la période de transition met en évidence les différences d'approches entre la protection offerte par l'Union européenne, les accords internationaux et le cadre de la protection du Royaume-Uni.

Cela étant le *Brexit* n'a pas été forcément un obstacle au contrôle juridictionnel des accords internationaux conclus par le Royaume-Uni. Il a été constaté que l'invocabilité des accords internationaux conclus par la France permet de réaliser le contournement des faiblesses de la garantie judiciaire des accords internationaux, en confortant la posture de la Cour de justice. Compte tenu de la spécificité des accords internationaux et notamment de leurs articulations avec le droit de l'Union, le droit international et le droit des États membres, les principes de la protection juridictionnelle visent à consolider les droits de l'homme dans les relations extérieures de l'Union. Dans cette démarche l'Union européenne veut obtenir de ses partenaires en l'occurrence les pays tiers le respect des droits fondamentaux et de ses valeurs. On peut toutefois observer que la question de l'invocabilité des accords internationaux s'est logiquement posée en termes d'approche qui prône à travers le monde la protection juridictionnelle effective des justiciables. Cet alignement sur le droit au droit et le droit au juge conduit à un dépassement des impacts du *Brexit* sur le rayonnement international de l'Union européenne. Ces observations conduisent à dire que le contrôle juridictionnel effectif des accords internationaux conclus par l'Union européenne fait prévaloir sur les obligations internationales le respect des droits fondamentaux. L'accent est donc mis ici sur les voies de droit spécifiques permettant le contrôle par la Cour de justice des accords internationaux auxquels sont parties les États membres de l'Union européenne.

Conclusion du Titre 1

La protection juridictionnelle dans les relations extérieures de l'Union européenne se trouve aujourd'hui confrontée à un double défi. D'une part l'analyse des questions de politique internationale de l'Union permet de mettre en avant les apports de la protection juridictionnelle à l'action extérieure de l'Union européenne. Dans le cadre de la PESC le droit pour une victime d'une violation du droit de l'Union de soumettre au juge toute violation du droit de l'Union européenne suppose en premier lieu qu'elle puisse exercer utilement les voies de droit. C'est bien au sujet du contrôle juridictionnel des accords internationaux conclus par l'Union que la question de cette protection s'est posée avec le plus d'acuité.

D'autre part le *Brexit* questionne en profondeur la consolidation du droit au juge dans le domaine de la PESC, en particulier l'exigence d'unité de représentation internationale de l'Union et des États membres. Il reste que la particularité de l'action internationale du Royaume-Uni en termes d'apport à la PESC apparaît particulièrement significative. Ce qui explique plus précisément les analyses développées dans le cadre du Royaume-Uni avant le *Brexit* et pendant la période de transition. Cette approche répond essentiellement à des préoccupations relatives au contrôle juridictionnel des accords internationaux qui se traduit par l'expansion de la fonction juridictionnelle. Cela étant les voies de droit spécifiques permettent le contrôle par la Cour de justice des accords auxquels sont parties les États membres de l'Union européenne. Une conception plus large de la protection juridictionnelle effective à des accords internationaux de l'Union européenne a justifié une analyse de l'invocabilité des accords internationaux conclus par le Royaume-Uni.

Dans le prolongement de ce propos on peut considérer que l'invocabilité des accords conclus par la France joue un rôle fondamental dans la détermination des principes de la protection juridictionnelle dans les relations extérieures. Sa caractéristique d'effectivité lui confère un contenu concret et oblige l'Union à en assurer la garantie aux justiciables. On peut tout d'abord observer que l'Union européenne cherche à consolider les droits de l'homme dans les relations extérieures où la cause des droits fondamentaux s'affirme comme l'axe de politique étrangère de l'Union. Dans ce sens l'Union européenne cherche à obtenir de ses partenaires au travers des accords internationaux le respect des droits fondamentaux.

Titre 2

La structuration de l'action extérieure de l'Union à la suite du Brexit

L'Union européenne et le Royaume-Uni ont mis à profit la période de transition pour négocier un accord sur un nouveau partenariat. Dans le cadre de la stratégie globale pour la politique étrangère et de sécurité de l'Union européenne, le *Brexit* représente un intérêt scientifique majeur. L'élaboration doctrinale faite à ce sujet offre différentes perspectives d'analyse. Malgré le *Brexit* l'Union a continué à œuvrer en faveur d'un monde plus pacifique en poursuivant ses efforts en vue de réformer le système multilatéral et de conserver un rôle de premier plan sur la scène internationale. À titre d'illustration elle a intensifié sa coopération et ses partenariats avec des organisations sous régionales et internationales dans le cadre de la coopération internationale et du développement, de l'aide humanitaire, de la paix et de la sécurité internationale. Sur la scène internationale l'Union veut promouvoir un ordre mondial fondé sur le droit international et articulé autour des Nations unies en partenariat avec les organisations régionales. En outre l'Union s'est employée à promouvoir l'État de droit, l'accès à la justice et le renforcement des capacités des institutions judiciaires dans les pays partenaires du monde entier. Dans un contexte de défis persistants pour les droits de l'homme et la sécurité internationale il est dans l'intérêt de l'Union européenne d'accorder une attention particulière au multilatéralisme[1],

[1] Rapport sur la mise en œuvre de la politique étrangère et de sécurité commune – Résolution du Parlement européen du 15 janvier 2020 sur la mise en œuvre de la politique étrangère et de sécurité commune – Rapport (2019/2136 (INI)), *op. cit.*, p. 44.

pierre angulaire de la PESC. Pour rappel à la fin de la période de transition le Royaume-Uni est devenu un pays tiers. Tout de même l'Union européenne et le Royaume-Uni restent de proches voisins et continuent d'avoir des intérêts communs. Probablement le fondement de l'action extérieure de l'Union et les implications du *Brexit* (Chapitre 1) participent de cette façon à la projection de la protection juridictionnelle sur la scène internationale. Dans l'ensemble les interactions entre la jurisprudence de la Cour de justice et les organisations internationales constituent une démarche intégrative des relations extérieures de l'Union européenne. Cela étant l'exigence de cohérence de l'action extérieure de l'Union (Chapitre 2) reste toutefois cruciale pour l'action extérieure de l'Union européenne en faveur des droits de l'homme et des libertés fondamentales. Au fond en tant que qualité indispensable à la fondation d'une authentique fonction internationale de l'Union européenne, la notion de cohérence est liée aux relations extérieures dans leur dimension intergouvernementale.

Chapitre 1

Le fondement de l'action extérieure de l'Union et les implications du Brexit

La liste des objectifs de l'action extérieure de l'Union constitue une synthèse des objectifs de la PESC et des politiques commerciales, d'environnement, de coopération au développement et de coopération économique, financière et technique avec les pays tiers. Mais en ce qui concerne la visibilité de l'Union sur la scène internationale notre analyse se limite essentiellement au § 1 de l'article 21 TFUE, selon lequel l'action de l'Union sur la scène internationale repose sur les principes qui ont présidé à sa création, à son développement et à son élargissement et qu'elle vise à promouvoir dans le reste du monde. Ainsi la démocratie, l'État de droit « l'universalité et l'indivisibilité des droits de l'homme et des libertés fondamentales »[1], le respect de la dignité humaine « les principes d'égalité et de solidarité »[2] s'inscrivent logiquement dans les objectifs de l'Union européenne dans le monde. Dans cette optique l'Union s'efforce de respecter les principes de la Charte des Nations unies et le droit international. Autant dire que deux options sont alors concevables et également admissibles pour aborder le problème. Au préalable les principes fondateurs mentionnés à l'article 2 TUE du traité de Lisbonne et au préambule de la Charte des droits fondamentaux de l'Union connaissent dans les accords extérieurs de l'Union

---

[1] J. ANDRIANTSIMBAZOVINA, « L'autorité de la chose interprétée et le dialogue des juges. En théorie et en pratique un couple juridiquement inséparable », *in Le dialogue des juges. Mélanges en l'honneur du président Bruno Genevois,* Paris, Dalloz, 2009, p. 25.

[2] M. BORGETTO, R. LAFORE, « La solidarité », *in* J.-B. AUBY (sous la dir.), *L'influence du droit européen sur les catégories du droit public,* Paris, Dalloz, coll. Thèmes & commentaires, 2010, p. 538.

des analyses doctrinales variées. En effet la doctrine a fort justement mis en évidence les apports concernant le triptyque que l'on retrouve de façon constante en tant qu'élément essentiel dans la plupart d'accords extérieurs de l'Union à savoir « le principe du respect des droits de l'homme et des libertés fondamentales, le principe de l'État de droit et le principe de la démocratie »[1]. Sans entrer dans le détail de l'analyse, le *Brexit* a joué un rôle primordial et déterminant permettant à la PESC de connaître une relance qualitative. D'ailleurs l'immense effort de développement des systèmes régionaux de protection des droits de l'homme, auquel se rattache la construction d'une protection juridictionnelle effective prend dans cette perspective un relief particulier. C'est dire que « l'Union de droit, s'est nourrie au niveau interne de l'État de droit dont elle a repris les références sémantiques et idéologiques »[2]. L'Union européenne parallèlement à sa propre mutation vers un approfondissement de la protection juridictionnelle a enclenché « une internationalisation de ces mêmes valeurs fondatrices par le biais de sa politique de coopération au développement »[3].

---

[1] E. BRIBOSIA, « Les droits fondamentaux dans la constitution de l'Union européenne », *in* M. DONY et E. BRIBOSIA (éds.), *Commentaire de la Constitution de l'Union européenne*, Bruxelles, Éditions de l'Université de Bruxelles, 2005, p. 116.

[2] R. MEHDI, « Les retombées de la Communauté de droit dans les États de droit », *in* J. RIDEAU (sous la dir.), *De la Communauté de droit à l'Union de droit. Continuités et avatars européens*, Paris, LGDJ, 2000, p. 377.

[3] G. DUSÉPULCHRE, « Dimension politique de la politique communautaire de coopération au développement, quelle cohérence ? », *in* M. DONY et L. SERENA ROSSI (éds.), *Démocratie, cohérence et transparence. Vers une constitutionnalisation de l'Union européenne ?* Bruxelles, Éditions de l'Université de Bruxelles, 2008, p. 266.

Désormais l'Union européenne conditionne sa coopération à l'acceptation de certains préalables. Nous pouvons noter par exemple l'exercice des libertés fondamentales, l'émergence de l'État de droit et de l'aide au développement. Dans l'affaire *Portugal c/ Conseil*[1], la République portugaise avait demandé à la Cour de justice l'annulation de la décision 94/578/CE du Conseil qui portait approbation d'un accord entre la Communauté et la République de l'Inde. Cet accord de coopération relatif au « partenariat et au développement »[2] contenait en son article premier une clause des droits de l'homme libellée, le respect des droits de l'homme et des principes démocratiques est la base de la coopération entre les parties contractantes.

À cet égard le gouvernement portugais rappelle tout d'abord que, dans les accords de coopération conclus avant l'entrée en vigueur du traité sur l'Union européenne (TUE), l'article 235 du traité CEE garantissait à la Communauté européenne la base juridique adéquate pour l'inclusion d'une disposition concernant les droits de l'homme. Il estime ensuite le fait que « les droits fondamentaux en tant que principes généraux s'imposent dans l'ordre juridique de l'Union »[3], ne permet pas de conclure que l'Union détient la compétence pour adopter des mesures dans ce domaine. Selon le gouvernement portugais les articles du traité ne constitueraient une base juridique suffisante, pour la conclusion d'un accord de coopération que dans la mesure où le respect des droits de

---

[1] CJCE, 3 décembre 1996, *Portugal c/ Conseil*, aff. C-268/94, *Rec.*, p. I- 6177.

[2] CJCE, 23 octobre 2007, *Parlement / Commission*, aff. C-403/05, *op. cit.*, p. I-9045.

[3] T. BONTINCK, « L'effectivité des droits fondamentaux dans le traité de Lisbonne », *in* FAVREAU (B.) (sous la dir.), *La Charte des droits fondamentaux de l'Union européenne après le traité de Lisbonne*, Bruxelles, Bruylant, 2010, p. 119.

l'homme n'est prévu que comme objectif général de cet accord. Par conséquent le Conseil appuyé par le gouvernement danois et la Commission considèrent que l'article 1er, de l'accord constitue un corollaire de l'exigence du triptyque : le principe du respect des droits de l'homme et des libertés fondamentales, le principe de l'État de droit et le principe de la démocratie. Cette exigence étant un élément essentiel de la politique de développement « il serait logique de le mentionner dans l'accord »[1]. Finalement la Cour de justice a rejeté le recours contre le Conseil de l'Union en condamnant la République portugaise aux dépens. Dans un autre aspect de cette question importante, on relève également que le paragraphe 2 de l'article 21 TUE vise expressément les principes fondateurs dans leur dimension externe « l'Union définit et mène des politiques communes et des actions pour assurer un haut degré de coopération dans tous les domaines des relations internationales : […], de consolider et de soutenir la démocratie, l'État de droit, les droits de l'homme et les principes du droit international »[2]. Cet état de choses invite à une double lecture de l'action extérieure de l'Union européenne. Tout d'abord « l'Union contribue à l'action des Nations unies de diverses manières »[3]. Elle le fait en participant dans des organes traitant des questions des droits de l'homme.

---

[1] G. DUSÉPULCHRE, « Dimension politique de la politique communautaire de coopération au développement, quelle cohérence ? », *in* M. DONY et L. SERENA ROSSI (éds.), *Démocratie, cohérence et transparence. Vers une constitutionnalisation de l'Union européenne ? op. cit.,* p. 267.

[2] C. HILLION, « Cohérence et action extérieure de l'Union européenne », *op. cit.,* p. 247.

[3] C. RAPOPORT, « La Cour de justice de l'Union européenne et les mesures restrictives dans le cadre de la lutte antiterroriste. Quelles évolutions après Lisbonne ? », *op. cit.,* p. 164.

Parmi les objectifs de l'Union européenne, l'article 21 TUE cite le développement et le renforcement de la démocratie et de l'État de droit ainsi que le respect des droits de l'homme et des libertés fondamentales. Dans ce cas les objectifs assignés au droit au juge sur la scène internationale, notamment l'ONU ouvrent d'une manière générale « les perspectives très larges à l'Union européenne »[1]. Ensuite dans une deuxième lecture, il faut préciser que la matière de sécurité et de défense inclut les missions humanitaires dites de Petersberg, les missions de maintien de la paix et les missions de force de combat pour la gestion des crises. Dans le cadre des organisations internationales « l'Union européenne s'efforce de donner une image distincte et cohérente en matière de droits de l'homme »[2]. Pour développer ce propos il est judicieux d'analyser la projection de la protection juridictionnelle sur la scène internationale (Section 1) ainsi que les interactions entre la jurisprudence de la Cour de justice et les organisations internationales (Section 2). Pour autant le *Brexit* doit être regardé comme une opportunité permettant à l'action extérieure de l'Union de devenir la priorité majeure autour de l'approfondissement de l'Europe, pour en faire une Europe forte sur la scène internationale. Ces différentes lignes de partage permettent de mieux éclairer les postulats de base de l'action extérieure de l'Union.

---

[1] C. FLAESCH-MOUGIN, « La représentation de l'Union européenne post-Lisbonne dans les organisations internationales », *in* C. FLAESCH-MOUGIN et L. SERENA ROSSI (sous la dir.), *La dimension extérieure de l'espace de liberté, de sécurité et de justice de l'Union européenne après le traité de Lisbonne*, Bruxelles, Bruylant, *op. cit.*, p. 211.

[2] S. KOUPOULIS-SPILIOTOPOULOS, « Les droits sociaux : droits proclamés ou droits invocables ? (622) Un appel à la vigilance », *in* B. FAVREAU (sous la dir.), *La Charte des droits fondamentaux de l'Union européenne après le traité de Lisbonne*, Bruxelles, Bruylant, 2010, p. 279.

Section 1. La protection juridictionnelle sur la scène internationale

La jurisprudence de la Cour de justice de l'Union tend vers une juridictionnalisation du système international « mouvement déjà à l'œuvre mais qu'elle souhaiterait voir approfondir à un niveau supérieur »[1]. L'action extérieure de l'Union européenne est abordée dans sa dynamique d'outil d'affirmation sur la scène internationale. Effectivement l'Union projette son modèle normatif dans l'ordre international en attendant de lui une modification de sa structure même. À la vérité la spécificité de la démarche européenne se cristallise autour du thème de l'Union de droit et de la sécurité internationale. Dans ce but il est possible de lire l'arrêt *Kadi*[2] comme une incitation de la Cour de justice en faveur de « la verticalisation de l'ordre juridique international autour du respect de certaines valeurs fondamentales »[3]. Pour la doctrine « une sorte de Solange à l'européenne »[4] répondant au défi de trouver un juste équilibre entre la protection des droits fondamentaux et les exigences de la coopération internationale de l'Union européenne. Dès lors le cadre juridique de la politique extérieure de l'Union est l'instrument de la projection de la protection juridictionnelle. À ce propos l'action de l'Union après le *Brexit* consiste à mettre l'accent sur la promotion du droit

---

[1] *Ibid.,* p. 280.

[2] CJCE, 3 sept. 2008, *Kadi et Al Barakaat International Foundation, op. cit.,* p. I-6351.

[3] B. DELCOURT, « La politique étrangère et de sécurité commune (PESC) », *in* M. DONY et E. BRIBOSIA (éds.), *Commentaire de la Constitution de l'Union européenne,* Bruxelles, Éditions de l'Université de Bruxelles, 2005, pp. 355-374.

[4] P. CEBULAK et F.-J. MENA PARRAS, « Droits fondamentaux et sécurité : quelle cohérence pour l'approche de la Cour de justice en matière de gel des avoirs ? », *op. cit.,* pp. 567 et s.

international des droits de l'homme (§ 1). À l'heure où les puissances en compétition remettent de plus en plus en question l'ordre mondial fondé sur les règles, le multilatéralisme devient la clé de voûte de la politique étrangère de l'Union européenne (§ 2).

§ 1. La promotion du droit international des droits de l'homme

Les efforts constants de l'Union en faveur de la préservation et du renforcement d'un ordre international libre et ouvert sont fondés sur le respect des droits de l'homme. À ce niveau la dimension internationale de l'Union devient le point de convergence de plusieurs lectures et l'un des thèmes qui polarise l'attention de la Cour de justice. La première lecture est un retour sur l'arrêt *Kadi* du 3 septembre 2008, affaires jointes C-402/05 P et C-415/05 P. Dans ladite affaire, le juge de l'Union a dû faire face à la question de l'incidence sur les droits fondamentaux. Il s'agit de la mise en œuvre européenne du régime des sanctions ciblées fondées sur « la résolution 1267 »[1] du Conseil de sécurité des Nations unies, dans le cadre de la lutte internationale contre le financement du terrorisme. Le Tribunal a considéré que, le contrôle des actes de l'Union à l'égard des droits fondamentaux est « l'expression dans une Communauté de droit d'une garantie constitutionnelle découlant du traité en tant que système juridique autonome, à laquelle un accord international ne saurait porter atteinte »[2]. D'autre part il ne saurait être reconnu, malgré l'article 351 TFUE, une quelconque immunité juridictionnelle des résolutions

[1] *Cf.* S/RES/1267 (1999), 15 octobre 1999, telle que modifiée notamment par les résolutions 1333 (2000), 1390 (2002), 1445 (2003), 1526 (2004), 1617 (2005), 1735 (2006), 1822 (2008) et 1904 (2009).
[2] TPICE, 21 septembre 2005, *Kadi/Conseil et Commission*, *op. cit.*, points 213 et 279.

du Conseil de sécurité au vu de « l'absence manifeste des garanties d'une protection juridictionnelle au niveau des Nations unies »[1]. Dans ce but la juridiction de l'Union doit exercer un contrôle en principe complet sur la validité du règlement litigieux au regard des droits fondamentaux du requérant, à la suite duquel la Cour de justice annula le règlement attaqué. À propos du respect des droits fondamentaux, l'une des critiques qui a été faite à l'égard de la position de la Cour de justice dans l'arrêt *Kadi* est celle de vouloir imposer leurs droits au reste du monde.

Ces propos restent à relativiser. Car les Nations unies ne sont pas construites sur la même vision de centralité de l'individu, mais une jurisprudence de type *Solange I* de protection équivalente dans les rapports entre le droit de l'Union européenne et le droit des Nations unies serait susceptible de provoquer une amélioration des droits fondamentaux au niveau des Nations unies. Dans la deuxième lecture à travers l'idée d'Union de droit, l'Union européenne dispose de multiples instruments juridiques pour exporter son système de valeurs. L'Union de droit telle qu'organisée par le système de l'Union repose sur un ensemble de droits et libertés protégés. C'est la raison pour laquelle la transposition d'une telle approche au plan externe n'est pas forcement aisée. Tout de même il est précisé que « les accords passés par l'Union présentent une originalité accentuée car ils se situent dans un processus inachevé d'intégration juridique »[2]. Puisque l'accord ne se soumet qu'imparfaitement aux exigences de la garantie des droits de l'homme.

---

[1] C. RAPOPORT, « La Cour de justice de l'Union européenne et les mesures restrictives dans le cadre de la lutte antiterroriste. Quelles évolutions après Lisbonne ? », *op. cit.*, p. 162.

[2] I. LAMBRETH, « Les aspects institutionnels de la dimension externe de la coopération judiciaire civile », *op. cit.*, p. 23.

Par conséquent « les incertitudes juridiques sont encore aggravées par l'existence de compétences externes partagées entre l'Union et les États membres »[1] et débouchant sur des accords mixtes. Cependant la politique de l'Union accorde une attention spécifique aux pays en développement. L'action de l'Union européenne en faveur des droits de l'homme et des principes démocratiques repose sur deux règlements[2] dont les dispositions sont presque identiques mais de bases juridiques différentes. Les objectifs principaux de ces règlements s'inscrivent dans les principes de l'Union de droit, la promotion et la défense des droits de l'homme et des libertés fondamentales, le soutien au processus démocratique, « le soutien des actions de promotion du respect des droits de l'homme et de démocratisation dans le cadre de la prévention des conflits et du traitement de leurs conséquences »[3]. Finalement selon cette considération et d'après cette analyse la projection de la protection juridictionnelle sur la scène internationale permet de tendre vers « une amélioration de la protection des droits fondamentaux au niveau des Nations unies en vue

---

[1] *Ibid.,* p. 24.

[2] Règlement (CE) n° 975/1999 du Conseil, du 29 avril 1999, fixant les exigences pour la mise en œuvre des actions de coopération au développement et le règlement n° 976/1999 du Conseil, du 29 avril 1999. L'Union dispose d'une compétence propre en matière de coopération au développement afin d'atteindre les objectifs qui lui sont assignés. Ceux-ci consistent dans le développement économique et social durable, l'insertion harmonieuse et progressive dans l'économie harmonieuse et progressive dans l'économie mondiale.

[3] L'arrêt *Kadi et Al Barakaat* (CJCE, 3 sept. 2008, *Kadi et Al Barakaat International Foundation/Conseil et Commission, op. cit.,* point 78) a souligné avec force la nécessité du respect des droits fondamentaux en annulant les arrêts du Tribunal (TPICE, 21 septembre 2005, *Yusuf et Al Barakaat International Foundation/Conseil et Commission, op. cit.,* p. 3533 ; TPICE, 21 septembre 2005, *Kadi/Conseil et Commission, op. cit.,* p. 3649).

d'obtenir une protection équivalente »[1] à celle de l'Union. Autrement dit la contribution de l'accord international à l'édification d'une protection juridictionnelle effective apparaît donc envisageable sur plusieurs plans. Dans le fond l'on voit combien il importe sur ce point, de distinguer nettement les apports du droit international sur les droits de l'homme et la contribution de l'Union au travers de la protection juridictionnelle à l'amélioration de la condition humaine dans sa globalité en Europe et au sein des États tiers.

§ 2. Le multilatéralisme pour une Europe plus forte sur la scène internationale

La sortie du Royaume-Uni de l'Union européenne représente un défi sérieux auquel l'Union devra faire face, au moment où les puissances en compétition remettent sérieusement de plus en plus en question l'ordre mondial fondé sur les règles. Voilà pourquoi il est raisonnable pour l'Union européenne de défendre les valeurs, les règles et les principes universels en particulier le multilatéralisme, le droit international, l'État de droit, la démocratie et le respect des droits de l'homme tant à l'intérieur qu'à l'extérieur de l'Union. Après le *Brexit* il est grand temps pour l'Union européenne d'imposer concrètement sa présence dans ses relations extérieures et de réfléchir aux mesures qui lui permettront d'aborder avec confiance certaines situations complexes à venir. La relance de la politique extérieure de l'Union européenne appelle un renforcement de la gouvernance multilatérale et de la coopération internationale fondée sur les règles. En effet par sa nature même le multilatéralisme est un concept utilisé dans le champ des relations internationales.

---

[1] G. VANDERSANDEN, « Le traité de Lisbonne et le contentieux de la politique étrangère et de sécurité commune », *op. cit.*, p. 681.

Il est le principe cardinal de l'Union en tant que moyen le plus efficace pour « régir les relations internationales[1]. Premièrement la présente analyse évoque les adaptations possibles du mode de fonctionnement de l'Union dans l'idée de mettre en place une approche plus rigoureuse et stratégiques de son engagement multilatéral. Pour plus de précision la politique extérieure de l'Union européenne se définit fondamentalement par un choix résolu en faveur du multilatéralisme.

L'attachement de l'Union au multilatéralisme est d'autant plus crucial qu'elle veut promouvoir la paix, la sécurité mondiale, défendre les droits fondamentaux, les valeurs universelles et le droit international qui constituent le fondement des relations de coopération entre les États. Le processus enclenché lors des accords de retrait du Royaume-Uni de l'Union offre à l'Union l'occasion de redonner vie au multilatéralisme de sorte qu'il soit plus efficace et inclusif. Ainsi la volonté de contribuer à un multilatéralisme efficace suppose un système multilatéral adapté aux finalités de l'Union. Deuxièmement dans le domaine de la politique extérieure de l'Union il est possible d'envisager l'émergence *post-Brexit* d'une nouvelle approche de la part du Royaume-Uni, d'un éloignement des positions de l'Union européenne et à un développement des intérêts nationaux britanniques sur la scène internationale. La perspective d'un isolement diplomatique du Royaume-Uni en Europe qui se profile n'est pas favorable au multilatéralisme. En fait le risque de l'unilatéralisme britannique est bien élevé. À la faveur de ce propos, il convient de mentionner que le Royaume-Uni a décidé de revoir à la baisse le statut diplomatique de l'Union lors des négociations relatives au *Brexit.*

---

[1] Communication conjointe au Parlement européen et au Conseil relative au renforcement de la contribution de l'UE à un multilatéralisme fondé sur les règles JOIN (2021) 3 final/2.

À cet égard le Royaume-Uni à placer davantage l'accent sur la nécessité de renforcer sa relation avec les Etats-Unis. À l'évidence les autorités britanniques ont incarné l'espoir de créer un nouvel ordre mondial multilatéral lors de « la déclaration politique »[1] fixant le cadre des relations entre l'Union et le Royaume-Uni. Du moins cette volonté de contribuer à un multilatéralisme s'est toutefois limitée à des professions de foi. En entrainant la communauté internationale vers des objectifs partagés et ambitieux, l'Union européenne accorde systématiquement un soutien actif aux instruments juridiques multilatéraux.

Section 2. La jurisprudence de la CJUE et les organisations internationales

L'article 47 TUE reconnaît explicitement la personnalité juridique à l'Union et surtout fusionne la Communauté au sein d'une même personnalité juridique : l'Union a la personnalité juridique. Cette disposition doit se lire en relation avec l'article 335 TFUE qui octroie à l'Union dans l'ordre interne « la capacité juridique la plus large connue aux personnes morales par les législations nationales »[2]. Sur le plan externe elle l'autorise à agir en son nom propre au niveau international.

---

[1] Déclaration politique fixant le cadre des relations futures entre l'Union européenne et le Royaume-Uni (2019 / C384 I/02) (*JOUE* n° C 384, p. 178)

[2] Concl. M. GERARD HOGAN, 20 janvier 2021, sous CJUE, 22 juin 2021, *Venezuela / Conseil* (affectation d'un État tiers), aff. C-872/19 P, non encore publié (e), points 32 et 41. Aux termes de l'article 263, quatrième alinéa, TFUE, « toute personne physique ou morale peut former, un recours contre les actes dont elle est le destinataire ou qui la concerne directement ou individuellement ».

L'organisation devient ainsi « un sujet de droit international »[1]. À la suite de ce discours la reconnaissance par la Cour de justice des racines internationales du processus d'intégration européenne n'a pas été perdue de vue dans les affaires plus récentes. Dans l'avis 1/91 du 14 décembre 1991, la Cour rappelle une nouvelle fois que « le traité, bien que conclu sous la forme d'un accord international, n'en constitue pas moins la Charte constitutionnelle d'une Communauté de droit »[2]. Dans différents avis « la Cour a admis la participation de l'Union européenne à la création d'organisations internationales »[3], dont elle serait appelée à être membre. En conséquence depuis « l'avis 1/08 du 30 novembre 2009 »[4], la Cour de justice de l'Union peut être conduite à déterminer le contenu des accords examinés. À la lecture de cette analyse il est possible d'envisager une communautarisation des relations extérieures de l'Union (§ 1). Les rapports entre la Cour de justice et la Cour EDH, sous le prisme de la protection juridictionnelle effective (§ 2) montrent une tendance évidente de la communautarisation croissante des accords internationaux. *A fortiori* au travers de ces rapports la Cour de justice cherche non seulement à rendre le système de protection de l'Union visible sur la scène internationale, mais aussi à renforcer les mécanismes de protection juridictionnelle des justiciables du droit de l'Union au niveau international.

---

[1] A. THIES, « Le devoir de coopération loyale dans l'exercice des compétences externes de l'Union européenne et des États membres », *in* E. NEFRAMI (sous la dir.), *Objectifs et compétences dans l'Union européenne,* Bruxelles, Bruylant, coll. Droit de l'Union européenne – Colloques, 2012, p. 324.

[2] CJCE, avis 1/91, du 14 décembre 1991, *op. cit.,* p. I-6079.

[3] CJCE, avis 1/76 du 26 avril 1977, *Rec.,* p. 741, pour le Fonds européen d'immobilisation de la navigation intérieure sur le Rhin ; CJCE, avis 1/92 du 10 avril 1992, *Rec.*, p. I-2821.

[4] CJCE, avis 1/08, du 30 novembre 2009, *GATS*, *Rec.,* p. I-11129.

La stratégie principale de cette réflexion est de promouvoir le respect du droit international des droits de l'homme y compris la Déclaration universelle des droits de l'homme et le droit international humanitaire.

§ 1. La démarche intégrative des relations extérieures de l'Union

L'influence du droit de l'Union européenne sur le droit international se constate d'abord à l'examen de la communautarisation des « règles de conflit de juridictions »[1]. Ensuite le mode d'intervention du droit de l'Union sur le droit international « la communautarisation de l'ordre public international »[2] est aussi mise en œuvre par la jurisprudence de la Cour de justice de l'Union. D'une certaine manière cette approche supranationale des relations extérieures de l'Union est protéiforme. La démarche jurisprudentielle de la Cour de justice de l'Union à travers l'idée de protection juridictionnelle est un nouvel activisme judiciaire qui se traduit par une communautarisation croissante des relations extérieures de l'Union. Le but poursuivi est la justiciabilité et la cohérence de l'action extérieure par rapport à l'action interne ainsi que le droit au juge. Conformément à l'article 21 du traité sur l'Union européenne, l'Union veille à la cohérence entre différents domaines de son action extérieure et entre ceux-ci et ses politiques.

---

[1] L. POTVIN-SOLIS, « Le respect de l'autonomie institutionnelle et procédurale interne devant la juridiction communautaire », *in* J.-C. BARBATO J.-D. MOUTON (sous la dir.), *Vers la reconnaissance de droits fondamentaux aux États membres de l'Union européenne ? Réflexions à partir des notions d'identité et de solidarité,* Bruxelles, Bruylant, coll. Droit de l'Union européenne – Colloques, 2010, p. 121.

[2] C. BLUMANN, « Contribution du traité d'Amsterdam à la transformation de la Communauté de droit en Union de droit », *in* J. RIDEAU (sous la dir.), *De la Communauté de droit à l'Union de droit. Continuités et avatars européens,* Paris, LGDJ, 2000, pp. 371 et s.

Deux aspects susceptibles d'éclairer cette contribution méritent d'être analysés au travers de « l'avis 1/03 »[1] et de l'arrêt *MOX*[2]. Sous l'effet de la protection juridictionnelle des justiciables du droit de l'Union, la jurisprudence de la Cour de justice s'est fondée sur deux théories différentes pour amorcer le mouvement de communautarisation du droit international. Ainsi la théorie de la compétence implicite découle de deux justifications distinctes « le parallélisme »[3] et « la compétence potentielle »[4]. Les différentes justifications de la compétence extérieure de l'Union européenne s'articulent d'abord dans la théorie du parallélisme. Selon une interprétation jurisprudentielle ce principe a été indiqué dans l'arrêt *AETR,* c'est-à-dire « une compétence externe de l'Union découle des compétences qui ont déjà été exercées sur le plan intérieur »[5]. Autrement dit l'Union européenne peut conclure des accords dans les matières où elle a déjà adopté des règlements ou des directives.

---

[1] L'avis 1/03 (CJCE, 7 février 2006, *Compétence de la Communauté pour conclure la nouvelle convention de Lugano concernant la compétence judiciaire, la reconnaissance et l'exécution des décisions en matière civile et commerciale,* p. I-1145) a permis de préciser plusieurs dimensions de la problématique. On trouve dans cet avis, une distinction nette entre le fondement implicite et la nature éventuellement exclusive de la compétence externe de la Communauté.

[2] CJCE, 30 mai 2006, *MOX*, aff. C-459/03, *Rec.*, p. I-4635.

[3] Ce principe a été indiqué dans l'arrêt *AETR*, (CJCE, 31 mars 1971, *AETR* aff. 22/70, *Rec.*, p. 263).

[4] La deuxième source de compétence communautaire sur le plan extérieur est précisée dans l'avis 1/76 (CJCE, avis 1/76 du 26 avril 1977, *Fonds européen d'immobilisation de la navigation intérieure*, *op. cit.*, p. 741).

[5] Dans l'arrêt *AETR*, la Cour de justice a affirmé aussi que l'article 308 CE (désormais article 352 TFUE) permet au Conseil de prendre toute disposition appropriées : « également dans le domaine des relations extérieures ».

Cependant il convient de remarquer que l'accord délimite le mouvement de communautarisation du droit international ainsi que la projection des valeurs de l'Union sur la scène international. Pour preuve la question est de savoir si une telle compétence a la même portée quand il s'agit de compétences internes ou des compétences externes. Concrètement à partir de l'arrêt *AETR* la Cour de justice, en formulant la théorie des compétences parallèles à une conclusion beaucoup plus nuancée « au fur et à mesure que l'Union adopte des règles communes sur le plan intérieur, la compétence parallèle sur le plan extérieur devient exclusive »[1]. Etant donné que le but affiché de cette position est de renforcer l'aspect extérieur de l'Union. Sur ce point la jurisprudence a subi des évolutions. Tout d'abord dans « l'avis 1/94 »[2], la Cour a estimé que la compétence externe naît lorsqu'une harmonisation complète de la matière a été accomplie sur le plan interne.

Conformément à l'idée de communautarisation des relations extérieures de l'Union, la deuxième source de compétence de l'Union sur le plan extérieur a été précisée dans l'avis 1/76 sur ces termes « un accord peut être conclu par l'Union européenne aussi lorsqu'il est nécessaire pour réglementer une matière également sur le plan interne »[3]. Dans ce cas de figure, l'Union européenne aurait une compétence potentielle à adopter des règlements ou des directives sur le plan intérieur. Mais elle préfère réglementer la matière en concluant un accord international.

---

[1] CJCE, 31 mars 1971, *Commission /Conseil, AETR, op. cit.,* point 17.

[2] CJCE, avis 1/94 du 15 novembre 1994, *Compétence de la Communauté pour conclure les accords internationaux en matière de services et de protection de la propriété intellectuelle, Rec.,* p. I-5267.

[3] Dans l'avis 1/76 (CJCE, avis 1/76 du 26 avril 1977, *Fonds européen d'immobilisation de la navigation sur le Rhin, op. cit.,* p. 741).

Dans le même temps l'avis 1/03 apporte une autre lecture sur les compétences extérieures de l'Union. Certainement d'après une interprétation de cet avis la Cour reconnaît une compétence exclusive de l'Union européenne, notamment lorsque « la conclusion d'un accord par les États membres est incompatible avec l'unité du marché commun et l'application uniforme du droit de l'Union européenne »[1]. Pour la Cour de justice cette approche de la communautarisation est essentielle afin d'assurer une application uniforme et cohérente des règles de l'Union. La protection juridictionnelle reste donc une priorité pour la Cour de justice. Dans ce contexte la Cour de justice développe une nouvelle doctrine en faveur de la protection juridictionnelle « la doctrine des effets »[2], selon laquelle « la compétence exclusive de l'Union se produit dans tous les cas où les effets de l'accord international en question peuvent affecter le bon fonctionnement d'un système cohérent de règles fixées par le droit de l'Union »[3]. Cette nouvelle doctrine pourrait être en principe un développement cohérent de la doctrine *AETR*.

---

[1] *Cf.* l'avis C-1/03 (CJCE, avis C-1/03 du 7 février 2006, *Compétence de la Communauté pour conclure la nouvelle convention de Lugano concernant la compétence judiciaire, la reconnaissance et l'exécution des décisions en matière civile et commerciale*, *op. cit.*, point 114).

[2] F. CASOLARI, « L'insertion du droit international dans l'ordre juridique de l'Union européenne : analyse à la lumière du processus de réforme institutionnelle en cours », *in* M. DONY et L. SERENA ROSSI (éds.) *Démocratie, cohérence et transparence. Vers une constitutionnalisation de l'Union européenne,* Bruxelles, Éditions de l'Université de Bruxelles, coll. Études européennes, 2008, p. 148.

[3] I. LAMBRETH, « Les aspects institutionnels de la dimension externe de la coopération judiciaire civile », DONY (E.) (éd.), *La dimension externe de l'espace de liberté, de sécurité et de justice au lendemain de Lisbonne et de Stockholm : un bilan à mi-parcours*, *op. cit.*, p. 14.

Dans la même ligne d'analyse, l'arrêt *MOX*[1] réaffirme la volonté de la Cour de justice de s'arroger le monopole de juridiction sur toute affaire susceptible d'affecter l'interprétation du droit de l'Union européenne. Cette réflexion met surtout en évidence l'idée d'un contrôle juridictionnel effectif des accords extérieurs de l'Union. À cette fin dans son arrêt du 30 mai 2006, la Cour de justice, suivant l'avis de l'avocat général Poiares Maduro a condamné l'Irlande pour violation du traité. Selon son argumentation elle considère que sa juridiction est exclusive. Dans cet arrêt la Cour de justice assume une position très radicale et son attention est surtout focalisée sur la question de la compétence juridictionnelle, « la compétence découlait du fait que la conclusion de la convention était considérée comme nécessaire pour poursuivre un objectif de l'Union »[2]. Certainement selon une interprétation jurisprudentielle, il s'agit d'une hypothèse de compétence partagée découlant de « l'avis 1/76 »[3] et non d'un cas de parallélisme. Au fond dans le cadre de la juridictionnalisation de l'Union, le nœud gordien qui unit l'arrêt *MOX* à l'avis 1/03 est la réduction de l'autonomie de négociation des États membres. Cette tendance à la communautarisation croissante des accords internationaux s'inscrit logiquement dans une approche de monopole juridictionnel sur l'interprétation des accords internationaux qui touchent la compétence de l'Union.

---

[1] CJCE, 30 mai 2006, *MOX, op. cit.*, p. I-4535.

[2] *Ibid.*, p. 95. L'arrêt *MOX*, réaffirme la volonté de la Cour de justice de s'arroger le monopole de juridiction sur toute affaire susceptible d'affecter, même au sens large, l'interprétation du droit européen.

[3] CJCE, avis 1/76 du 26 avril 1977, *op. cit.*, p. 741. Une partie de la doctrine s'était d'ailleurs prononcée contre l'examen au fond d'un recours dirigé contre un acte portant conclusion d'un accord en raison des implications internationales de la mise en cause judiciaire de ce type d'acte l'accord considéré comme incontournable (CJCE, 27 septembre 1988, *Commission/Conseil*, aff. 165/87, *Rec.*, p. 5545).

L'exigence de garantir un contrôle juridictionnel effectif du droit de l'Union et son interprétation uniforme justifie la démarche de la Cour de justice.

§ 2. Les rapports entre CJUE et Cour EDH autour de la prééminence du droit

La Cour de justice et la Cour EDH prônent la prééminence du droit et le respect des droits fondamentaux. À l'image du principe de prééminence du droit qui permet à la Cour EDH de procéder à « une interprétation progressiste de la CEDH »[1], le principe de la protection juridictionnelle permet au juge de proposer une autre lecture du traité et de la Charte des droits fondamentaux de l'Union. « L'idée est de fonder la distinction entre système international et le système de l'Union »[2]. L'article 6, paragraphe 2 du TUE et une jurisprudence abondante des deux Cours permettent de mieux centrer cette réflexion. Plus logiquement « l'accord relatif à l'adhésion de l'Union européenne à la Convention européenne de sauvegarde des droits de l'homme et des libertés fondamentales »[3] prévue à l'article 6, paragraphe 2, TUE veut préserver les caractéristiques spécifiques du droit de l'Union.

---

[1] La qualité de la loi doit être « compatible avec la prééminence du droit » (*Malone c/ Royaume-Uni*, 2 août 1984, A. 82, § 67, *JDI*, 1986, 1064, note P. TAVERNIER).

[2] F. SUDRE, « La cohérence issue de la jurisprudence européenne des droits de l'homme. L' « équivalence » dans tous ses états », *in* C. PICHERAL, L. COUTRON (sous la dir.), *Charte des droits fondamentaux de l'Union européenne et Convention européenne des droits de l'homme*, Bruxelles, Bruylant, coll. Droit de l'Union européenne – Colloques, 2012, p. 51.

[3] O. DE SCHUTTER, « L'adhésion de l'Union européenne à la Convention européenne des droits de l'homme comme élément du débat sur l'avenir de l'Union européenne », *in* M. DONY et E. BRIBOSIA (éds.), *L'avenir du système juridictionnel de l'Union européenne,* Bruxelles, Éditions de l'Université de Bruxelles, 2002, p. 209.

Cette adhésion offre deux raisonnements qui s'inscrivent aux valeurs d'intégration véhiculées par la Cour de justice et systématisées autour du principe de l'Union de droit. Tout d'abord le premier raisonnement insiste sur les avantages de l'adhésion à la CEDH. Car cela permet aux institutions de l'Union de participer pleinement aux procédures devant la Cour EDH, lorsqu'un acte de l'Union est attaqué et à l'Union de disposer d'un juge au sein de la Cour EDH représentant le droit de l'Union européenne. En plus l'adhésion permet de soumettre l'Union européenne comme les États membres à un contrôle juridictionnel externe en matière de droits fondamentaux. Cette contribution est déterminante pour l'effectivité de la protection juridictionnelle au sein de l'Union et sur le plan international. Ensuite le deuxième raisonnement souligne des difficultés à surmonter la Cour européenne n'interprète en effet pas le droit national des États parties et n'intervient pas non plus dans l'interprétation du droit de l'Union. Cependant elle laisse aux parties contractantes des marges d'appréciation appropriées. À ce niveau « le principe de subsidiarité »[1] en vigueur en droit de l'Union préside aux relations entre la Cour européenne des droits de l'homme et les institutions de l'Union. Ce n'est pas une relation de hiérarchie mais de coopération.

[1] V. MICHEL, « La subsidiarité », *in* J.-B. AUBY (sous la dir.), *L'influence du droit européen sur les catégories du droit public,* Paris, Dalloz, coll. Thèmes & commentaires, 2010, p. 617.

Sur le plan jurisprudentiel « les risques de divergences d'interprétation des deux cours sont quasi inexistants »[1] compte tenu de l'article 52, paragraphe 3 de la Charte des droits fondamentaux de l'Union européenne. Cette dualité des systèmes juridiques européens n'est pas sans ambiguïtés. Effectivement « l'arrêt *Bosphorus* n'est pas construit sur une logique d'affrontement »[2], mais sur « une logique de conciliation des deux systèmes européens de protection des droits fondamentaux »[3]. Cet arrêt est un élément de réponse à l'idée de savoir si la Cour européenne des droits de l'homme serait-elle compétente pour connaître « la compatibilité des actes du droit originaire de l'Union européenne avec la convention »[4]. Dans cette affaire la Cour vérifie si la saisie de l'aéronef relève d'une « marge d'appréciation des autorités nationales irlandaises »[5] ou d'une mise en œuvre des obligations du droit de l'Union européenne.

---

[1] R. TINIÈRE, « La cohérence assurée par l'article 52, § 3 de la Charte des droits fondamentaux de l'Union. Le principe d'alignement sur le standard conventionnel pour les droits correspondants », *in* C. PICHERAL, C. COUTRON (sous la dir.), *Charte des droits fondamentaux de l'Union européenne et Convention européenne des droits de l'homme,* Bruxelles, Bruylant, coll. Droit de l'Union européenne – Colloques, 2012, p. 7.

[2] C. PICHERAL, « Le bilan des « ajustements spontanés ». Le mode d'ajustement de la Cour européenne des droits de l'homme au droit communautaire (1). Mérites et limites de la théorie de l'équivalence », *in* C. PICHERAL, L. COUTRON (sous la dir.), *Charte des droits fondamentaux de l'Union européenne et Convention européenne des droits de l'homme*, Bruxelles, Bruylant, coll. Droit de l'Union européenne, 2012, p. 78.

[3] *Ibid.*

[4] *Ibid.,* pp. 84 et s. Après la reconnaissance de sa compétence pour contrôler les actes communautaires du droit originaire, la Cour confirme sa compétence pour connaître des actes nationaux d'application du droit de l'Union européenne.

[5] CJUE, 11 avril 2013, *HK Danmrk*, aff. C-335/11 et 337/11, publié (e) au Recueil numérique.

D'après « une interprétation jurisprudentielle de l'arrêt *Bosphorus* »[1], la Cour de justice contrôle indirectement la compatibilité avec la Convention des actes du droit dérivé de l'Union, qu'elle ne peut connaître directement *ratione personae*. Par ailleurs dans l'intérêt des justiciables, le respect de l'autonomie procédurale de la Cour EDH et de la Cour de justice, ne doit pas conduire à des disparités de traitement issues de divergences d'approches. L'analyse de cette thèse s'exprime au travers de deux exigences complémentaires de l'Union de droit. L'une tient à la notion de compétence de la Cour et de celle de juridiction. En l'espèce l'affaire *Ilascu*[2] témoigne de la complexité de la notion de juridiction énoncée par l'article 1er de la Convention en ces termes « les États parties reconnaissent à toute personne relevant de leur juridiction les droits protégés par la convention »[3]. En réalité l'arrêt *Ilascu* affirme le principe de la juridiction de l'État territorial et en précise les limites[4]. La Cour écarte ainsi dans sa décision de recevabilité *Ilascu*, la déclaration faite par la Moldavie qui aurait pour effet de priver totalement les

---

[1] A. NIETO MARTIN, « Architectures judiciaires du droit pénal européen », *in* G. GIUDICELLI-DELAGE et S. MANACORDA (sous la dir.), *Cour de justice et justice pénale en Europe*, Paris, Société de la législation comparée, 2010, p. 293.

[2] *Ilascu et al. C / Moldavie et Russie, 8 juillet 2004 (Grande Chambre), RGDIP*, 2004, 1036, *chron.* P. Weckel ; *L'Europe des libertés*, 2005, n° 15, 5, obs. F. Benoît-Rohmer ; *JDI,* 2005, 472, obs. O. de Frouville ; *RDP*, 2005, 759, obs. F. SUDRE.

[3] Le fait que la compétence juridictionnelle de l'État soit « principalement territoriale » (*Ilascu*, § 312) implique, naturellement que la notion de juridiction couvre les faits survenus sur le territoire national de l'État.

[4] Le principe de la territorialité de la juridiction de l'État est énoncé, dans la ligne de la décision d'irrecevabilité *Bankovic* (12 déc. 2001, Gr. Ch., *Bankovic et al. c/ 17 Etats membres de l'OTAN, RTDH*, 2002, 1057, obs. G. Cohen-Jonathan), en prenant appui sur le droit international public.

personnes se trouvant sur ces territoires de la protection de la Convention. L'autre exigence est liée à « l'équivalence de protection des justiciables »[1]. La Cour EDH s'est attardée sur « les voies de droit en contentieux de l'Union »[2]. Elle a minimisé les obstacles rencontrés par les particuliers pour accéder à la Cour de justice en s'alignant sur la jurisprudence *Union de Paquenos Agricultores*[3], en constatant un niveau de protection suffisant des droits fondamentaux. L'insuffisance manifeste de la « protection des droits fondamentaux au sein de l'Union »[4] invite à la création d'un recours individuel au nom des droits fondamentaux devant la Cour de justice. Ce recours interne à épuiser avant d'aller devant la Cours de Strasbourg semble incontournable pour l'affermissement de la protection juridictionnelle effective. Ceci étant la complémentarité entre les deux Cours n'en serait alors que plus forte et bénéfique pour l'Union européenne.

---

[1] B. FAVREAU, « La Charte des droits fondamentaux de l'Union européenne. Pourquoi ? Comment ? », *in* B. FAVREAU (sous la dir.), *La Charte des droits fondamentaux de l'Union européenne après le traité de Lisbonne*, Bruxelles, Bruylant, 2010, p. 29.

[2] F. BERROD, *La systématique des voies de droit communautaires*, Paris, Dalloz, 2003, p. 217.

[3] CJCE, 25 juillet 2002, *Union Pequenos Agricultores c/ Conseil*, aff. C-50/00 P, *Rec.*, p. I-6677.

[4] S. PLATON, « Le principe de non-discrimination dans l'Union européenne », *in* B. FAVREAU (sous la dir.), *La Charte des droits fondamentaux de l'Union européenne après le traité de Lisbonne*, Bruxelles, Bruylant, 2010, p. 143.

Conclusion du Chapitre 1

L'action extérieure de l'Union européenne *post-Brexit* traverse une période de transition marquée par d'importants changements de pouvoirs géopolitiques. La sortie du Royaume-Uni de l'Union présente un défi sérieux et urgent de l'action extérieure de l'Union. Sans doute le *Brexit* appelle un renforcement de l'action extérieure de l'Union sur la scène internationale et un système multilatérale performent. L'intérêt stratégique de l'Union est de promouvoir les objectifs visés à l'article 21 du traité sur l'Union européenne, ses règles et principes universels ainsi que ses valeurs au premier rang desquelles la paix, la sécurité internationale et les droits de l'homme. Conformément aux engagements internationaux de l'Union, la coopération internationale est un préalable pour relever ces nombreux défis.

Dans le contexte actuel du *Brexit* l'Union a décidé de mettre en place une stratégie de son engagement multilatéral en contribuant aux réformes efficaces des institutions multilatérales. À cet effet plusieurs objectifs stratégiques ont été définis en faveur de son action multilatérale. Il en ressort clairement que cet effort constitue un intérêt stratégique pour l'Union. En se retirant de l'Union le Royaume-Uni est devenu un État tiers. Néanmoins il ne sera jamais assimilé aux autres pays tiers en raison de son statut d'ancien État membre de l'Union et de son alignement réglementaire complet.

Les relations entre les deux parties devraient reposer dans une coopération internationale profondément intégrée et coordonnée. Ce qui constituerait un atout important pour l'ordre mondial étant donné qu'ils adoptent les démarches similaires en vue de garantir l'efficacité du multilatéralisme, de préserver la paix, la stabilité internationale et les droits de l'homme.

Le *Brexit* a indubitablement mis à l'épreuve les objectifs de la déclaration politique fixant le cadre des relations futures entre l'Union et le Royaume-Uni. La nouvelle politique *post-Brexit* du Royaume-Uni a finalement abouti à un éloignement des positions de l'Union européenne, surtout à un repli sur la protection des intérêts nationaux britanniques. Pour l'essentiel la place croissante des interactions entre la jurisprudence de la Cour de justice et les organisations internationales en partie favorisée par la participation de l'Union à la communautarisation des accords internationaux semble incontournable pour la protection effective des droits de l'homme et des libertés fondamentales.

Chapitre 2

L'articulation entre cohérence de l'action extérieure de l'Union et Brexit

Le discours sur la cohérence de l'action extérieure de l'Union représente un intérêt décisif de cette analyse. Conformément à l'article 18 TUE, paragraphe 4 « le haut représentant est l'un des vice-présidents de la Commission. Il veille à la cohérence de l'action extérieure de l'Union »[1]. Ce haut représentant de l'Union pour les affaires étrangères et la politique de sécurité a les mêmes attributions et le même statut que « le ministre des affaires étrangères de l'Union, prévu par le traité établissant une Constitution pour l'Europe »[2]. La création d'un haut représentant constitue un progrès significatif qui devrait renforcer la présence de l'Union européenne sur la scène internationale. D'après une prise de position doctrinale « les mécanismes institutionnels, quelle que soit leur efficacité, ne suffiront pas à créer une politique étrangère européenne, qui continuera de dépendre de la volonté des États membres de l'Union européenne »[3]. Eu égard à ce propos seule une convergence progressive des politiques étrangères nationales permettra à une politique étrangère commune de voir le jour.

---

[1] C. HILLION, « Cohérence et action extérieure de l'Union européenne », *op. cit.,* p. 249.

[2] B. DELCOURT, « La politique étrangère et de sécurité commune (PESC) », *in* M. DONY et E. BRIBOSIA (éds.), *Commentaire de la Constitution de l'Union européenne*, Bruxelles, Éditions de l'Université de Bruxelles, *op. cit.,* p. 361.

[3] A. THIES, « Le devoir de coopération loyale dans l'exercice des compétences externes de l'Union européenne et des États membres », *in* E. NEFRAMI (sous la dir.), *Objectifs et compétences dans l'Union européenne,* Bruxelles, Bruylant, coll. Droit de l'Union européenne – Colloques, *op. cit.,* pp. 317 et s.

Le but affiché de nombreuses sources intellectuelles et des analyses de la Cour de justice est la cohérence de l'action extérieure de l'Union qui se traduit par « l'affirmation d'objectifs communs à l'ensemble de ces politiques »[1]. Ces objectifs s'imposent également lors de la mise en œuvre des principes internes de l'Union comportant des aspects extérieurs. Il résulte de ces prémisses que l'exigence de cohérence en matière de relations extérieures de l'Union a plusieurs dimensions. La justiciabilité de l'exigence de cohérence (Section 1) et la formulation d'une doctrine de l'action extérieure (Section 2) constituent le cœur de notre analyse sur l'action extérieure. Le *Brexit* est l'occasion de constater que la cohérence de l'action extérieure de l'Union peut être appréhendée à travers une approche multilatérale. Un engagement mondial efficace après le *Brexit* signifie que l'Union doit approfondir les partenariats avec les pays tiers et les organisations multilatérales. Cette nécessité est compatible avec une orientation multilatérale étant donné que les principes qui sous-tendent l'Union sont les mêmes que ceux qui guident les Nations-unies. Dans le contexte actuel du *Brexit* l'efficacité et la cohérence du système multilatéral sont primordiales

Section 1. La justiciabilité de l'exigence de cohérence

La cohérence dans l'action extérieure de l'Union présente une difficulté consubstantielle. Contrairement à la Communauté européenne, l'Union ne peut s'affirmer comme acteur global aussi longtemps que les deux logiques « communautaire »[2] et intergouvernementale se

---

[1] I. BOSSE-PLATIÈRE, « L'objectif d'affirmation de l'Union européenne sur la scène internationale », *op. cit.,* p. 268.

[2] H. LABAYLE, « Les nouveaux domaines d'intervention de la Cour de justice : l'espace de liberté, de sécurité et de justice », *op. cit.,* p. 84.

projettent sur le plan externe. Cette hypothèse est assez complexe mais les mécanismes de cohérence matérielle et institutionnelle (§1) militent en faveur du renforcement du contrôle juridictionnel effectif de la Cour de justice (§ 2).

§ 1. L'exigence de cohérence institutionnelle et matérielle

La réalisation du droit au juge a eu un impact sur l'interprétation donnée au principe de cohérence de l'action extérieure de l'Union. D'ailleurs envisagé comme une dimension volontariste de construction d'un ordre juridique « le principe de cohérence s'est affirmée »[1]. Postuler la cohérence de l'action extérieure de l'Union c'est l'envisager comme un facteur de convergence globale des normativités. Au premier abord l'étymologie du mot cohérence vient du latin *cohaerentia* c'est-à-dire un rapport étroit d'idées qui s'accordent entre elles.

En d'autres termes non-contradiction et intégration en fonction d'un projet. Ces aspects correspondent bien à l'exigence que l'on formule au sujet de l'action extérieure de l'Union européenne lorsqu'on la soumet à l'impératif de cohérence. Dans le sens de ces considérations sur la cohérence « la recherche d'une définition exacte révèle deux risques méthodologiques »[2]. Le premier risque est d'analyser la cohérence comme une valeur positive, comme un impératif ou comme une qualité axiomatique d'un ordre juste.

---

[1] A. RANCUREL, « La cohérence de l'action extérieure de l'Union européenne en Amérique latine », *in* M. DONY et L. SERENA ROSSI (éds.), *Démocratie, cohérence et transparence. Vers une constitutionnalisation de l'Union européenne ?* Bruxelles, Éditions de l'Université de Bruxelles, 2008, p. 240.

[2] G. DUSÉPULCHRE, « Dimension politique de la politique communautaire de coopération au développement, quelle cohérence ? », *op. cit.*, p. 277.

Le second risque est de retenir une définition englobante de la cohérence qui serait omniprésente et donc inopérante. Certainement dans le cadre de cette réflexion la cohérence se rattache à l'idée que les traités sont les dispositions non contradictoires mais que leur logique repose sur des principes fondateurs. À ce propos la cohérence de l'action extérieure de l'Union a trop souvent été confondue avec la prétention du droit de l'Union à l'unité et à l'uniformité. Dans le cadre de la protection juridictionnelle on appréhende la cohérence comme « une méthode pour ordonner le pluralisme, il s'agit de montrer comment le souci de cohésion normative tend à discipliner les divergences pour arbitrer les conflits »[1]. À titre d'illustration l'action extérieure de l'Union est la conséquence d'une cohérence institutionnelle. Dans son aspect vertical, la cohérence institutionnelle se traduit par l'exclusivité des compétences de l'Union qui trouve son fondement soit dans le traité soit dans la jurisprudence[2] de la Cour. Au même titre le champ d'application d'une compétence externe exclusive par attribution s'élargit doublement dans le traité de Lisbonne. Selon certaines contributions intellectuelles l'existence d'une compétence externe et exclusive de l'Union par attribution, exprime « une cohérence institutionnelle verticale, nécessaire à l'affirmation internationale de l'Union »[3]. Il en ressort clairement que la cohérence s'exprime à travers la doctrine

[1] M. BOURRICHE, « La cohérence de la politique européenne de coopération au développement », *in* M. DONY et L. SERENA ROSSI, (éds.), *Démocratie, cohérence et transparence. Vers une constitutionnalisation de l'Union européenne ?* Bruxelles, Éditions de l'Université de Bruxelles, 2008, pp. 252 et s.

[2] CJCE, 15 novembre 1994, avis 1/94, *Compétence de la Communauté à propos des résultats des négociations du cycle d'Uruguay, op. cit.*, p. I-5267.

[3] C. HILLION, « Cohérence et action extérieure de l'Union européenne », *op. cit.*, p. 258.

de la préemption : laquelle en vertu du critère d'affectation des règles communes, consacré par l'arrêt *AETR* conduit à l'exclusivité de la compétence de l'Union. Si bien que « la cohérence institutionnelle horizontale de l'Union européenne, limitée par le principe d'attribution ne dispose pas de compétence externe en principe »[1]. Sur ce plan n'ayant pas un caractère procédural, la cohérence institutionnelle horizontale n'assure pas la cohérence matérielle de l'action de l'Union européenne. Dans le prolongement de cette réflexion, il est clairement identifié que la cohérence matérielle des différentes politiques de l'Union européenne conditionne le poids de sa présence internationale. Pour plus de précision la cohérence matérielle dans le sens de « la non-contradiction du contenu des différentes politiques »[2] est un impératif aux fins de l'efficacité de l'action internationale de l'Union et de la crédibilité des valeurs de l'Union. Ceci étant en ce qui nous concerne l'exigence de cohérence est inhérente à l'objectif de l'intégration. Pour cette raison la cohérence matérielle est un objectif régulateur de compétences externes de l'Union européenne à atteindre.

Toutefois la question se pose de savoir à travers quels mécanismes cette cohérence peut être assurée. Au fil du temps la Cour de justice a joué un rôle de plus en plus important dans l'exigence de cohérence matérielle. Au premier abord le rôle du juge dans l'exercice du contrôle juridictionnel des actes de politiques étrangères étant limité l'interférence des différentes politiques pourrait être un mécanisme de cohérence matérielle.

---

[1] *Ibid.*, p. 259.

[2] *Cf.* CJCE, avis, C- 1/03 du 7 février 2006, *Compétence de la Communauté pour conclure la nouvelle convention de Lugano concernant la compétence judiciaire, la reconnaissance et l'exécution des décisions en matière civile et commerciale, op. cit.*, p. I- 1145.

À ce propos l'article 3 TUE n'a qu'une portée déclaratoire et sa justiciabilité serait limitée au contrôle des actes de l'Union, puisque les actes de l'Union seraient toujours soustraits au contrôle juridictionnel à l'égard de l'impératif de cohérence. En conséquence la cohérence matérielle horizontale dans l'exercice des compétences externe de l'Union ne peut donc être réalisée à travers le contrôle juridictionnel. En revanche force est de constater que « la justiciabilité de l'exigence de cohérence matérielle horizontale pourrait se rattacher à l'article 47 TUE »[1]. De toute évidence l'article 47 TUE confirme l'approche restrictive de la cohérence matérielle. Car la justiciabilité de l'article 47 TUE peut être considérée comme un moyen de prévention des incohérences, mais également d'une façon négative comme « une clause d'étanchéité qui renforce l'incohérence institutionnelle »[2]. Pour cette raison la cohérence institutionnelle est déterminante pour la consécration de l'Union européenne en tant qu'acteur global. À la différence de la cohérence matérielle la cohérence institutionnelle est un dépassement de l'étanchéité et l'accomplissement de plusieurs objectifs. L'efficacité de l'action extérieure de l'Union ne dépend pas de la recherche de la cohérence institutionnelle verticale, mais de l'action des États membres en matière de politique étrangère.

---

[1] H. FLAVIER, *La contribution des relations extérieures à la construction de l'ordre constitutionnel de l'Union européenne, op. cit.*, p. 491.

[2] La Cour de justice a rappelé (points 82 à 84 de l'arrêt CJCE, du 5 novembre 2002, *Commission c/Danemark*, aff C-467/98. *Rec.*, p. I-9519) les trois critères déjà utilisés dans l'avis 1/94 pour retenir une compétence exclusive de l'Union. Dans l'affaire C-467/98, la Commission reproche au royaume de Danemark d'avoir violé la compétence externe de la Communauté en prenant des engagements litigieux.

À notre sens pour renforcer sa capacité à se profiler comme un acteur mondial, il est essentiel que l'Union garantisse la cohérence entre ses actions externes et ses actions politiques internes. À cette condition après le *Brexit* il est dans l'intérêt de l'Union de renforcer sa coordination afin que l'Union et les États membres puissent exercer une forte influence au sein du système multilatéral. Dans l'idée de maximiser ce que l'on considère comme une influence collective, l'Union européenne devrait donc renforcer non seulement sa cohérence, mais aussi son unité et sa solidarité dans les enceintes multilatérales.

§ 2. Le renforcement du rôle du Parlement européen

Dans le cadre de cette réflexion postuler la cohérence de l'ordre juridique de l'Union c'est prendre conscience de « l'incessante recherche de la cohérence de l'architecture institutionnelle »[1]. Par hypothèse le choix initial de la coopération intergouvernementale qui a conditionné les débuts de l'action extérieure de l'Union explique l'essentiel des difficultés de sa compréhension du point de vue institutionnel. Eu égard à ce propos l'action de l'Europe sur la scène internationale n'a pas contribué à la lisibilité et à l'équilibre du système institutionnel. La dénonciation du déficit démocratique dans l'Union de droit demeure donc un thème récurrent des analyses institutionnelles sur l'action extérieure de l'Union européenne.

---

[1] A. SAUTENET, « L'intégration de l'espace de liberté, de sécurité et de justice dans les partenariats stratégiques : l'exemple de l'Asie », *in* M. DONY (éd.), *La dimension externe de l'espace de liberté, de sécurité et de justice au lendemain de Lisbonne et de Stockholm : un bilan à mi-parcours*, Bruxelles, Éditions de l'Université de Bruxelles, 2012, p. 109.

L'appréciation des exigences de la protection juridictionnelle effective sur ce point nécessite une participation de l'instance démocratique : le Parlement européen. Tout d'abord les progrès dans le respect des exigences démocratiques sont bien réels mais insuffisants. Le Parlement européen s'est toujours efforcé d'élargir « l'étendu de ses pouvoirs dans la conclusion des accords internationaux »[1]. Selon toute vraisemblance il est précisé que « l'accord international ne satisfait encore qu'imparfaitement de ce point de vue, aux obligations de l'Union européenne »[2]. À l'adoption de l'intégration et de la production d'une législation unilatérale par des institutions communes « les États membres opposent leur préférence pour les méthodes de coopération interétatique reposant sur l'accord unanime et le consensus systématique des participants à la coopération »[3]. Cet accord est le plus souvent concrétisé juridiquement dans la plupart du temps de façon conventionnelle. Les inconvénients de cette situation ont été souvent mis en lumière. La cohérence de l'action extérieure de l'Union, sa lisibilité et son effectivité sont bien évidemment compromises par cette diversité institutionnelle. Cependant avec le traité de Lisbonne il y a eu des « aménagements des procédures de décision »[4] des relations extérieures. Ensuite les traités n'accordaient aucun rôle formel au Parlement européen en matière de politique extérieure.

---

1 G. DUSÉPULCHRE, « Dimension politique de la politique communautaire de coopération au développement, quelle cohérence ? », *op. cit.,* p. 269.

2 C. FLAESCH-MOUGIN, « La représentation de l'Union européenne post-Lisbonne dans les organisations internationales », *op. cit.,* p. 212.

3 *Ibid.,* pp. 213 et s.

4 *Ibid.,* p. 216.

Cette absence du Parlement européen nuisait à « la légitimation de cette politique »[1] qui soulève des enjeux de société majeure et dont les conséquences sont importantes pour les droits des citoyens européens et la démocratie. D'une certaine manière le traité de Lisbonne apporte sur ce point un progrès essentiel. Il prévoit en effet que la procédure législative ordinaire s'applique désormais à la définition du cadre général dans lequel la politique commerciale est mise en œuvre dans son article 207, § 2, TFUE. En outre à la lecture de l'article 218, § 6, TFUE « tous les accords commerciaux sont désormais soumis à l'approbation du Parlement européen »[2]. Celui-ci est régulièrement tenu informé de l'état d'avancement des négociations. À cette condition le rôle du Parlement est considérablement renforcé. De tout temps « son avis conforme n'était requis que pour quatre catégories d'accords »[3]. Mais le traité de Lisbonne étend le champ de l'avis conforme du Parlement, outre les accords visés à tous les accords ouvrant des domaines auxquels s'appliquent « la procédure législative spéciale »[4] lorsque l'approbation du Parlement européen est requise. Toutefois la cohérence institutionnelle nécessaire à la consécration de l'Union comme acteur global, doit être entendue comme une implication effective du Parlement européen dans la pluralité des actions extérieures de l'Union. L'éclaircissement de cette question préalable liée au renforcement des pouvoirs du Parlement européen permet de mieux centrer l'analyse sur la projection de l'Union de droit sur la scène internationale.

---

[1] A. WEYEMBERGH et V. SANTAMARIA, « Le contrôle démocratique dans l'espace pénal européen », *in* M. DONY et L. SERENA ROSSI (éds.), *Démocratie, cohérence et transparence. Vers une constitutionnalisation de l'Union européenne ? op. cit.*, p. 78.

[2] *Ibid.*, p. 80.

[3] *Ibid.*, p. 81.

[4] *Ibid.*, pp. 88 et s.

Au regard des valeurs de l'Union européenne, le principe démocratique occupe une place centrale. En effet l'article 10 TUE énonce le principe de la démocratie représentative fondé sur la participation des citoyens européens à la vie politique : « tout citoyen a le droit de participer à la vie démocratique de l'Union »[1]. Effectivement la cohérence de l'action extérieure de l'Union se traduit par l'implication du Parlement européen. Cette réflexion qui trouve dans l'interprétation de l'article 21 TUE un éclairage met en évidence le rôle éminent pour ne pas dire important de la démocratie dans l'action extérieure de l'Union européenne.

Dans le cadre du *Brexit* la conclusion en toute dernière minute des accords de retrait et de coopération a eu une incidence sur les prérogatives du Parlement européen en matière de contrôle démocratique. À l'évidence il se révèle que le Parlement européen devrait jouer un rôle majeur dans le suivi et la mise en œuvre de ces accords pour être associé aux décisions importantes.

§ 3. L'intérêt de l'exigence de cohérence

À la suite de notre analyse, les actions européennes de coopération au développement contribuent à l'affirmation de l'identité extérieure et à la crédibilité de l'Union. Leur cohérence constitue un élément voire une condition de la réalisation des objectifs de l'Union européenne sur la scène internationale. En effet « le traité de Lisbonne soumet la coopération au développement à des objectifs qui sont communs à l'ensemble de l'action extérieure de l'Union »[2]. En tout état de cause les objectifs du maintien

[1] G.-L. NEUMAN, « Fédéralisme et citoyenneté aux États-Unis et dans l'Union européenne », *in Critique internationale,* n° 21, 2003, p. 159.

[2] G. DUSÉPULCHRE, « Dimension politique de la politique communautaire de coopération au développement, quelle cohérence ? », *op. cit.,* p. 278.

de la paix, de la préservation des conflits et du renforcement de la coopération internationale, de la sauvegarde des valeurs, des intérêts fondamentaux et de la sécurité, de l'indépendance et de l'intégrité de l'Union intègrent expressément la politique de coopération au développement. La principale raison de l'exigence de cohérence est « l'élargissement prétorien des activités menées au titre de la politique de coopération au développement »[1]. Autrement dit l'axe fondamental est de renforcer la démocratie, l'État de droit, les droits de l'homme et des libertés fondamentales. L'articulation et la structuration de ces hypothèses nécessite un droit de regard sur l'action extérieure de l'Union européenne en faveur des droits de l'homme (A) et une attention particulière sur les clauses relatives aux droits de l'homme et à la démocratie (B).

A. L'action extérieure de l'Union en faveur des droits de l'homme

À la lecture du traité de Lisbonne, assurément l'existence d'une partie spécifique consacrée à l'ensemble de l'action extérieure de l'Union européenne est une innovation. Cette innovation illustre « la volonté de renforcer la cohérence de l'action extérieure »[2]. Selon cette description afin de mieux comprendre le rôle et surtout l'impact de la protection juridictionnelle effective des justiciables, il est primordial d'examiner « le lien qui a graduellement été créé entre politique commerciale commune et la protection des droits de l'homme »[3].

---

[1] *Ibid.*, p. 280.
[2] M. BOURRICHE, « La cohérence de la politique européenne de coopération au développement », *in* DONY (M.) et SERENA ROSSI (L.) (éds.), *Démocratie, cohérence et transparence. Vers une constitutionnalisation de l'Union européenne ? op. cit.*, p. 251.
[3] *Ibid.*, p. 256.

Les mêmes objectifs guident aussi la politique européenne de coopération au développement. Désormais dans la mise en œuvre de la politique étrangère de l'Union après le *Brexit,* le rôle de l'aide publique au développement est fondamental. Cette approche consiste à limiter l'incidence négative du retrait du Royaume-Uni de l'Union sur les pays en développement. Par ailleurs selon l'article 207 TFUE, § 1, « la politique commerciale commune est menée dans le cadre des principes et objectifs de l'action extérieure de l'Union »[1]. Dès lors la Cour de justice a eu l'occasion de confirmer à différentes reprises le caractère exclusif de la politique commerciale commune.

En l'espèce la Cour de justice a été interrogée par la Commission européenne sur la mise en œuvre de certaines dispositions sur le commerce des services. Dans son « avis 1/08 »[2] du 30 novembre 2009 relatif à l'accord général sur le commerce des services *(GATS),* la Cour de justice insiste sur plusieurs points. Dans cet avis la Cour précise que « l'obligation de se fonder sur les dispositions du traité spécifiques à la politique des transports s'impose également concernant les accords ne portant pas exclusivement ou principalement sur ce domaine »[3]. En revanche le traité de Lisbonne dans son article 207 TFUE met l'ensemble de la politique commune commerciale dans la compétence exclusive de l'Union faisant en principe disparaître les incertitudes qui ont rendu

---

[1] *Ibid.,* p. 261. La Cour de justice a eu l'occasion de confirmer à différentes reprises le caractère exclusif de la politique commerciale commune. Après lui avoir donné un contenu assez large dans un certain nombre de décisions (CJCE, avis 1/78 du 4 octobre 1979, *Accord international sur le caoutchouc naturel, Rec.,* p. 2871).

[2] CJCE, avis 1/08 du 30 novembre 2009, *op. cit.,* p. I-11129. Voir également, l'exposé du contexte de l'avis 1/08 : par sa décision 94/800/CE du 22 décembre 1994.

[3] CJCE, avis du 30 novembre 2009, *accord général sur le commerce des services* (GATS), *op. cit.,* p. I- 11129.

nécessaire le recours aux accords mixtes à la suite de « l'avis 1/94 »[1]. Par conséquent l'objectif est d'aboutir à une coordination des efforts de l'Union et des États membres dans le domaine de leurs compétences respectives. Dès lors il devient de plus en plus difficile d'isoler « les questions de politiques commerciales des droits de l'homme »[2]. Pour ce faire dans les actions de l'Union « les droits de l'homme sont devenus un objectif transversal »[3]. Dans ce contexte l'objectif de consolidation de la démocratie et de l'État de droit ainsi que l'objectif du respect des droits de l'homme et des libertés fondamentales dans les États tiers se retrouvent dans les piliers de l'Union. Ces mêmes objectifs qui guident l'Union de droit sont aussi ceux de la politique de coopération au développement. Le rôle de l'Union est donc central pour relever les défis communs de la politique de développement après le *Brexit*.

B. Les clauses relatives aux droits de l'homme et à la démocratie

La politique de la coopération au développement suppose au terme de l'article 208 TFUE que « les activités menées rencontrent deux conditions cumulatives »[4]. D'une part l'objectif principal de la politique de l'Union européenne

[1] Dans l'avis 1/94 (CJCE, avis 1/94 du 15 novembre 1994, *compétence de la Communauté pour conclure des accords internationaux en matière de services et de protection de la propriété intellectuelle, op. cit.*, p. I-5267).

[2] A. RANCUREL, « La cohérence de l'action extérieure de l'Union européenne en Amérique latine », *in* M. DONY et L. SERENA ROSSI (éds.), *Démocratie, cohérence et transparence. Vers une constitutionnalisation de l'Union européenne ? op. cit.*, p. 234.

[3] J. AUVRET-FINCK, « La projection des droits fondamentaux dans les relations extérieures », *op. cit.*, p. 411.

[4] M. BOURRICHE, « La cohérence de la politique européenne de coopération au développement », *op. cit.*, p. 257.

est « la réduction et l'éradication de la pauvreté »[1]. D'autre part cette politique doit contribuer à l'objectif général de développement et de consolidation de la démocratie, de l'État de droit ainsi qu'à l'objectif du respect des droits de l'homme et des libertés fondamentales. En conséquence l'application des clauses des droits de l'homme et de la démocratie dans les relations conventionnelles de l'Union européenne avec les pays tiers renforce les principes de la protection juridictionnelle à travers le monde. Pour l'essentiel ces questions centrales appellent quelques observations sur l'usage et la notion de clauses de conditionnalité. Dans un premier temps conformément à une décision du Conseil et à une communication de la Commission européenne, l'Union européenne utilise systématiquement des clauses des droits de l'homme dans ses « accords avec les pays tiers »[2] depuis 1995. En règle générale en droit de l'Union européenne étymologiquement « clause des droits de l'homme »[3], « conditionnalité démocratique »[4], et « conditionnalité politique »[5] sont des termes utilisés pour caractériser la politique extérieure de l'Union européenne. D'après la définition retenue la conditionnalité politique est plus vaste que les deux autres expressions et les englobe.

---

[1] *Ibid.,* p. 259.

[2] *Ibid.,* p. 262. Commission européenne : communication sur « la prise en compte du respect des principes démocratiques et des droits de l'homme dans les accords entre la Communauté et les pays tiers » (COM (95) 216 final, du 23 mai 1995.

[3] G. DUSÉPULCHRE, « La coopération avec les États tiers et l'aide humanitaire », *in* M. DONY et E. BRIBOSIA (éds.), *Commentaire de la Constitution de l'Union européenne*, Bruxelles, Éditions de l'Université de Bruxelles, 2005, p. 411.

[4] *Ibid.*

[5] *Ibid.*, p. 412.

En conséquence le terme conditionnalité renvoie à l'idée de soumettre un droit au respect d'un certains nombres de critères. L'objectif de conditionnalité démocratique souligne le caractère politique des exigences posées aux pays tiers. Cela concerne le respect de la démocratie, de l'État de droit et des droits de l'homme, mais qui peuvent aussi englober d'autres critères comme la prévention et le règlement des conflits, la bonne gestion des affaires publiques et la consolidation de la paix. À partir de cette structuration, ce triptyque va servir de point de convergence à diverses politiques et cette évolution est progressive. Dans un deuxième temps, la question centrale reste les fondements juridiques des clauses des droits de l'homme. Sur le plan jurisprudentiel pour la Cour de justice dès lors qu'une activité ressort du champ de la politique de coopération au développement « elle peut prendre en compte les liens qui peuvent exister entre le développement, la paix et la sécurité »[1]. Mieux encore s'agissant de la prétention de faire de la prévention des conflits, de la consolidation de la paix et du renforcement de la sécurité un objet direct d'aide, l'arrêt CJCE du 3 décembre 1996 « aff. C-268/94, *Portugal c/ Conseil* »[2] donne certaines bases juridiques. En l'espèce à l'idée de savoir si l'Union a une compétence pour insérer les clauses des droits de l'homme dans le cadre de la coopération au développement, la Cour a pris position sur « la compétence de l'Union à intégrer ces clauses dans un accord externe »[3].

---

[1] *Cf.* Rapport annuel 2010 sur les politiques de l'Union européenne en matière de développement et d'aide extérieure et leur mise en œuvre en 2009 (COM (2010) 335 final. L'arrêt, T., 7 décembre 2010, *Fahas/Conseil,* aff. T-49/07, p. II-5555, point 60.

[2] CJCE, 3 décembre 1996, *Portugal/Conseil*, aff. C-268/94, *op. cit.,* p. I-6177.

[3] CJUE, 6 juillet 2010, *Monsanto Technology*, aff. C-428/08, *Rec.,* p. I-6765.

Dans la mesure où l'Union prône la protection des droits de l'homme, la Commission européenne s'aligne sur cette logique en plaidant en faveur de la cohérence dans la coopération au développement. L'idée à la base est surtout de « surmonter la division en pilier qui mine la cohérence de son action »[1]. D'un autre côté les implications du traité de Lisbonne en matière de coopération au développement sont nombreuses. L'article 208 TFUE fournit la base juridique de deux éléments essentiels de la politique européenne en matière de développement, la réduction de la pauvreté et « la cohérence des politiques au service du développement »[2]. À proprement parler cette base juridique est utile à la protection juridictionnelle puisqu'elle conduit à développer « les possibilités de contrôle juridictionnel des accords internationaux »[3]. À l'évidence c'est une avancée majeure pour l'Union de droit mais aussi pour l'équilibre entre lutte contre la pauvreté et le respect des droits fondamentaux. Dans une dernière analyse selon le point 44 de l'arrêt *E et F* du 29 juin 2010 « l'Union est une Union de droit dans laquelle ses institutions sont soumises au contrôle de la conformité de leurs actes, avec le traité FUE et les principes généraux de droit »[4]. Sûrement au regard de la coopération au développement, l'Union de droit est confrontée dans cette affaire à une double exigence « en tant qu'œuvre majeure de l'Union »[5], la cohérence

---

[1] COM (2004) 626 final, communication de la Commission au Conseil et au Parlement européen, relative aux instruments consacrés à l'aide extérieure dans le cadre des futures perspectives financières.

[2] G. DUSÉLPULCHRE, « La coopération avec les États tiers et l'aide humanitaire », *op. cit.,* p. 406.

[3] CJCE, 10 janvier 2006, *IATA et ELFAA*, *op. cit.,* p. I-403.

[4] CJUE, du 29 juin 2010, *E et F,* aff. C-550/09, *op. cit.,* point 44.

[5] *Cf.* les arrêts du TPICE (21 sept. 2005, *Kadi c/ Conseil et Commission*, aff. T-315/01, *Rec.,* p. II-3649 et *Yusuf et Al Barakaat c/ Conseil et Commission*, T-306/01, *op. cit.,* p. II-3533).

institutionnelle et la cohérence du discours au regard de l'intégration des accords internationaux dans le droit de l'Union européenne ainsi que du contrôle juridictionnel de la Cour de justice de l'Union. Par voie de conséquence « les clauses ont fourni la possibilité à l'Union de dialoguer sur les droits de l'homme et la démocratie »[1] avec presque tous les États du monde et d'affermir en même temps les principes de l'Union européenne à travers le monde. Toutefois ces types de clauses font l'objet de critiques diverses notamment par le Parlement européen qui souligne « les difficultés rencontrées dans la pratique de ces clauses »[2]. Au regard de l'évolution du droit de l'Union européenne, la protection juridictionnelle reste à construire de façon cohérente comme un ensemble d'intégration, au lieu de la façonner au gré des hésitations politiques. Pour terminer dans le sillage du *Brexit* le retrait du Royaume-Uni de l'Union laisse un grand vide dans la politique globale de l'Union européenne en matière de coopération au développement et d'aide humanitaire. À ce propos il est rappelé que le Royaume-Uni reste l'un des plus importants donateurs bilatéraux au monde. L'Union devrait donc aborder dans un esprit de partenariat les possibilités[3] de coopération avec le Royaume-Uni.

---

[1] La clause des droits de l'homme a été invoquée plusieurs fois depuis 1995. Le Parlement européen est doté de pouvoirs renforcés dans la procédure de conclusion des clauses des droits de l'homme (Sahara occidental, résolution. du 15 janv.1992, *JOCE*, n° C. 39/54, 17 févr. 1992).

[2] A. WEYEMBERGH et V. SANTAMARIA, « Le contrôle démocratique dans l'espace pénal européen », *op. cit.*, p. 90.

[3] Recommandation pour les négociations en vue d'un nouveau partenariat avec le Royaume-Uni de Grande-Bretagne et d'Irlande du Nord – Recommandation du Parlement européen du 18 juin 2020 pour les négociations en vue d'un nouveau partenariat avec le Royaume-Uni de Grande-Bretagne et d'Irlande du Nord (2020/2023 (INI), *op. cit.*, p. 109.

Dans cet ordre de considération pour respecter pleinement la spécificité de l'approche européenne fondée sur les droits de l'homme, l'Union milite en faveur d'un partenariat solide, tout en garantissant la coopération en matière de réalisation des objectifs de développement durable, de droits de l'homme et d'éradication de la pauvreté. Le cadre d'action global est la recherche d'un ordre mondial fondé sur des règles et des valeurs avec pour principe essentiel le multilatéralisme articulé autour des Nations-unies.

À l'appui de ce raisonnement le partenariat *post-Brexit* gagnerait à être renforcé ainsi que la stratégie Union européenne-Afrique, grâce à une coopération efficace avec le Royaume-Uni. Dans le fond la participation à un dialogue structuré sur les droits de l'homme dans le cadre des clauses des droits de l'homme est utilisée comme un instrument pour soulever les cas particuliers de violation des droits de l'homme dans les pays tiers.

Section 2. La formulation d'une doctrine de l'action extérieure sur la scène internationale

Le traité de Lisbonne notamment l'article 21 TUE formalise une doctrine de l'action extérieure de l'Union européenne. D'autant plus que « la réalisation de cet objectif politique implique une approche globale et intégrée des compétences externes de l'Union »[1] à la lumière des principes de la protection juridictionnelle effective dans le sillage de la jurisprudence de la Cour de justice de l'Union européenne.

[1] V. MICHEL, « Les objectifs à caractère transversal », *in* E. NEFRAMI (sous la dir.), *Objectifs et compétences dans l'Union européenne*, Bruxelles, Bruylant, coll. Droit de l'Union européenne – Colloques, 2012, p. 196.

Cette démarche s'inscrit dans la suite de l'interprétation de la Cour de justice dans l'arrêt *Pologne/Commission*[1], affaire C-336/09 P. L'apport principal de la formulation de cette doctrine réside dans la volonté exprimée par la Cour de justice de rationaliser les compétences externes de l'Union dans le cadre de l'intégration des principes et valeurs de l'Union dans les clauses d'adhésion à l'Union européenne (§1). Cette volonté se trouve caractérisée par l'organisation de la Cour de justice en faveur de la lutte contre le terrorisme et la criminalité internationale (§ 2).

§ 1. L'intégration des valeurs de l'Union dans les clauses d'adhésion

L'article 49 TUE précise « les conditions d'adhésion à l'Union européenne »[2]. Cet article pose trois conditions essentielles, être un État de droit, être un État européen, respecter les valeurs de l'Union et s'engager à les promouvoir en commun. Au travers des principes de l'Union « les nouveaux États membres bénéficient aussi du droit à une protection juridictionnelle effective »[3]. La démarche stratégique de la Cour de justice est d'inclure dans les procédures juridictionnelles ces nouveaux États. D'une certaine manière l'incorporation d'un nouvel État européen à l'Union européenne constitue un processus complexe en relation directe avec l'intensité de l'intégration européenne et de « la richesse grandissante de son acquis »[4]. D'abord la promotion du droit international acquiert une dimension supplémentaire dans certains

[1] CJUE, 26 juin 2012, *Pologne/Commission*, C-336/09P, publié (e) au Recueil numérique, points 22 et 36.
[2] Dans l'affaire C-336/09 P, *Pologne/Commission*, *op. cit.* points 36-37.
[3] *Ibid.*, point 38.
[4] H. LABAYLE, « Le juge dans l'espace de liberté, sécurité et justice de l'Union européenne », *op. cit.*, p. 598.

accords externes de l'Union européenne. De la sorte les actes d'adhésion à l'Union contiennent des clauses de conditionnalité qui font de l'affirmation de l'Union sur la scène internationale un élément essentiel de l'acte d'adhésion. Tout de même il importe à cet égard de souligner que l'idée d'une Union de droit désormais la valeur de l'État de droit impose non seulement le respect des droits fondamentaux et la soumission des institutions au contrôle de la conformité de leurs actes à la charte constitutionnelle que constituent les traités, mais également « la création démocratique du droit dérivé »[1] de l'Union européenne. Ce qui implique une participation égalitaire de tous les États membres au processus de l'intégration européenne.

Il faut à cet égard partir du principe désormais énoncé à l'article 4, paragraphe 2, TUE selon lequel « l'Union respecte l'égalité des États membres devant les traités »[2]. Ce qui exclut en tout état de cause les inégalités non justifiées entre les États membres de l'Union. D'ailleurs le respect des obligations de la protection juridictionnelle contribue à renforcer la portée juridique, voire à juridiciser les objectifs d'affirmation de l'Union européenne sur la scène internationale en s'inscrivant pleinement dans le cadre du respect du droit international tel que visé à l'article 21 TUE. Par la suite l'Union doit jouer un rôle sur la scène internationale en étant prête à assumer sa part de responsabilité dans la sécurité mondiale et à montrer la voie pour trouver des réponses communes à des défis communs.

---

[1] CJUE, 23 novembre 2010, *Tsakouridis,* aff. C-145/09, *Rec.,* p. I-11979, points 52 et 56.

[2] CJUE, 28 octobre 2010, *Commission/Lituanie*, aff. C-350/08, *Rec.,* p. I-10525, points 66 et 71. Voir également, CJCE, 28 novembre 2006, *Parlement/Conseil*, C-413/04, *Rec.,* p. I-11221.

Pour toutes ces raisons l'idée d'une Union de droit contribue à la protection des citoyens de l'Union européenne. Ces questions ont été soulevées par la Cour de justice dans le cadre d'un litige opposant Madame Kaur au *« Secretary of State for the Home Department »*[1] au sujet d'une demande d'obtention d'un titre de séjour formulée par Madame Kaur afin de résider au Royaume-Uni. Conformément au principe établi par l'arrêt du 7 juillet 1992 *« Micheletti e. a.*, affaire, C-369/90 *»*[2], un État membre ne peut définir « la notion de ressortissant »[3] que dans le respect du droit de l'Union et dès lors, dans le respect des droits fondamentaux.

Par conséquent lors de son adhésion à l'Union le Royaume-Uni a indiqué aux parties contractantes par « la déclaration de 1972 »[4], quelles étaient les catégories de citoyens qui devaient être considérées comme ses ressortissants au sens du droit de l'Union. Cette déclaration annexée à l'acte final, bien qu'unilatérale était destinée à clarifier une question particulièrement importante pour les autres parties contractantes à savoir la délimitation du champ d'application *ratione personae* des dispositions du droit de l'Union faisant l'objet du traité d'adhésion. En fin de compte plusieurs espaces différents ont influencé l'affirmation de l'Union sur la scène internationale. Les rapports entre les juridictions constitutionnelles nationales et la Cour de justice, les rapports entre celles-ci et la Cour européenne des droits de l'homme et les rapports entre la CEDH et la Cour de justice méritent une attention particulière.

---

[1] CJCE, 20 février 2001, *The Queen,* aff. C-192/99, *Rec.,* p. I-1237.

[2] CJCE, 7 juillet 1992, *Micheletti e. a.* aff. C-369/90, *Rec.,* p. I-4239.

[3] *Ibid.,* points 13 et 14.

[4] O. DEPARIS, « La Cour suprême au Royaume-Uni et la question de constitutionnalité », *in Les Nouveaux Cahiers du Conseil constitutionnel, op. cit.,* p. 227.

Car c'est sur la base de la tension née des rapports entre la Cour de justice et les juridictions nationales que les propositions théoriques les plus élaborées relatives à la volonté de faire de l'Union un acteur pesant sur les enjeux mondiaux ont été formulées. La confluence des valeurs de l'Union auxquelles s'ajoutent les principes de la protection juridictionnelle doit être perçue comme une approche qui s'impose avec une acuité particulière dans le cadre de la mise en œuvre de la PESC et de l'ELSJ, domaines régaliens où s'articulent difficilement préoccupations sécuritaires et respect des droits fondamentaux. Au final le *Brexit* a indubitablement mis à l'épreuve le processus d'adhésion des nouveaux État à l'Union européenne.

§ 2. L'approche de la CJUE contre le terrorisme et la criminalité internationale

Les principes constitutifs d'une protection juridictionnelle effective au scin de l'Union représentent les facteurs importants d'une intégration fondée sur le droit. À cet égard pour les juges de la Cour de justice « la légalité assume une fonction spécifique dans la mesure où elle garantit la protection d'un exercice correct de l'activité normative de l'Union »[1]. Le prolongement de cette analyse s'inscrit dans les perspectives offertes à la Cour de justice par les principes de l'Union. Effectivement à travers l'Union de droit « la Cour de justice adopte une conception large du droit au juge »[2] qui marque sa volonté ferme d'étendre le plus possible le champ de la protection juridictionnelle effective aux questions liées au terrorisme et à la criminalité internationale.

---

[1] K. LENAERTS, « L'encadrement par le droit de l'Union européenne des compétences des États membres », *in Chemins d'Europe. Mélanges en l'honneur de Jean-Paul Jacqué*, Paris, Dalloz, 2010, p. 426.

[2] *Ibid.*, p. 430.

Dans une première considération l'objectif de préservation de la paix, de prévention des conflits et de renforcement de la sécurité internationale impose la sollicitation des compétences de l'Union européenne au titre de la politique de coopération au développement. À la lecture de la jurisprudence, la Cour de justice a d'ailleurs admis dans certaines affaires récentes que la lutte contre le terrorisme et la criminalité internationale peut faire partie des matières susceptibles de s'insérer dans les objectifs de la coopération au développement. Par surcroît pour clarifier cette position dans l'arrêt « *Sofiane Fahas/Conseil* »[1], affaire T-49/07, ayant pour objet l'adoption des mesures restrictives spécifiques à l'encontre de certaines personnes et entités dans le cadre de la lutte contre le terrorisme, le Tribunal en se positionnant par rapport à la Communauté de droit, puis à l'Union de droit évoque le droit à une protection juridictionnelle effective.

Dans son considérant 45, le Tribunal s'inspire des traditions constitutionnelles communes aux États membres ainsi que des indications fournies par « les instruments internationaux concernant la protection des droits de l'homme auxquels les États membres ont coopéré ou adhéré »[2]. Dans le contexte d'une décision liée à la lutte contre le terrorisme et la criminalité internationale, notamment le gel de fonds, le principe de respect des droits de la défense et le principe de l'Union de droit exigent à moins que des considérations impérieuses touchant à la sûreté de l'Union ou de ses États membres ou à la conduite de leurs relations internationales ne s'y opposent que « les éléments à charge soient communiqués

---

[1] T., 7 décembre 2010, *Sofiane Fahas/Conseil*, T-49/07, *Rec.*, p. II-5555.

[2] Par sa position commune 2002/976/PESC, du 12 décembre 2002, mettant à jour la position commune 2001/931 et abrogeant la position commune 2002/847/PESC (*JOCE* n° L 337, p. 93).

à l'intéressé »[1]. Cet impératif est l'un des piliers de la doctrine de la Cour de justice en matière de contrôle juridictionnel. Il y a donc dans cette logique une adaptation des principes de la protection juridictionnelle effective et la politique de coopération au développement à des actions qui poursuivent des objectifs sécuritaires. Dans ce schéma d'analyse « la nécessité du renforcement du contrôle juridictionnel au sein de l'Union est une question centrale »[2]. En cause le rôle restrictif auquel la Cour de justice est cantonnée dans le cadre de l'ELSJ et de la PESC est appelé à disparaître afin de la rendre plus opérationnelle dans la lutte contre la criminalité et le terrorisme internationale. Par conséquent « il n'est pas exclu que le renforcement de la sécurité internationale puisse passer par la mise en œuvre de l'espace de liberté, de sécurité et de justice dans sa dimension externe »[3]. Dans une deuxième considération plusieurs défis majeurs apparaissent pour la Cour. D'une part les résolutions du Conseil de sécurité des Nations unies ont un statut particulier dans l'ordre juridique de l'Union. Pour preuve l'Union est consciente de l'importance de mettre en œuvre les mesures restrictives adoptées par le Conseil de sécurité des Nations unies. L'Union a tout intérêt à relever d'importants défis pour donner sa pleine mesure au sein des Nations unies. À propos l'Union s'efforce en sorte que le Conseil des droits de l'homme des Nations unies agisse avec une plus grande efficacité sur des situations nationales de manière pertinente.

---

[1] C. RAPOPORT, « La Cour de justice de l'Union européenne et les mesures restrictives dans le cadre de la lutte antiterroriste. Quelles évolutions après Lisbonne ? », *op. cit.*, p. 143.

[2] *Ibid.*, 153.

[3] *Ibid.*, pp. 165 et s. L'article 75 TFUE autorise le législateur de l'Union à adopter des mesures définissant un cadre de mesures administratives dans le domaine de la prévention du terrorisme et des activités connexes.

Sur ce point dans les arrêts *Yusuf*[1] et *Kadi* les requérants invoquent l'absence de compétence de l'Union européenne, la violation du droit de propriété et des droits de la défense. Or le règlement attaqué était adopté en application de la position commune 2002/402/PESC, elle-même adoptée en exécution de la résolution 1390(2002) du Conseil de sécurité des Nations unies. Le Tribunal après avoir confirmé la compétence de l'Union européenne pour adopter *« les smart sanctions »*[2] est appelé à considérer le règlement par rapport au respect des droits fondamentaux.

À ce propos les résolutions du Conseil de sécurité, dont la mise en œuvre poursuit « un objectif d'intérêt général fondamental pour la communauté internationale »[3] constituent de ce fait une source d'obligation pour l'Union européenne. Selon les conclusions de l'avocat général Mengozzi « l'organisation des rapports entre le respect des résolutions du Conseil de sécurité des Nations unies et les compétences de l'Union européenne »[4], dans le cadre de la lutte contre le terrorisme pose le problème de l'autonomie de l'ordre juridique de l'Union européenne. Dans le même temps, le droit à une protection juridictionnelle effective tient une place importante parmi les droits fondamentaux. En ce sens, le respect des droits de la défense a une pertinence directe pour la garantie du droit à un contrôle juridictionnel effectif.

---

[1] TPICE, 21 septembre 2005, *Yusuf*, *op. cit.*, points 154-157.

[2] P. CEBULAK et F.-J. MENA PARRAS, « Droits fondamentaux et sécurité : quelle cohérence pour l'approche de la Cour de justice en matière de gel des avoirs ? », *op. cit.*, p. 553.

[3] C. FLAESCH-MOUGIN, « La représentation de l'Union européenne post-Lisbonne dans les organisations internationales », *op. cit.*, p. 226.

[4] Concl. P. MENGOZZI, 17 mai 2010, sous CJUE, 29 juin 2010, *E et F, op. cit.*, points 133-134.

D'autre part compte tenu de la complexité du contentieux de la PESC lié aux affaires terroristes et à la criminalité internationale, la Cour de justice a privilégié une interprétation *praeter legem* des traités dès lors qu'il n'était pas possible de « garantir autrement le droit à une protection juridictionnelle effective »[1], composante essentielle de l'Union de droit. D'après ce raisonnement on pourrait même ajouter que l'interprétation *praeter legem* est appelée à s'imposer chaque fois qu'elle constitue la seule réponse valable à une question, non prévue par les traités mettant radicalement en cause l'une des valeurs de l'Union telles que celles énumérées à l'article 2 TUE. En quittant l'Union le Royaume-Uni a intérêt à coopérer avec l'Union dans le domaine de la lutte contre le terrorisme. La lutte contre le terrorisme reste une priorité pour l'Union européenne et la communauté internationale.

---

[1] M. BORRACCETTI, « La collaboration entre Europol et Interpol : un parcours vers l'intégration ? », *in* C. FLAESCH-MOUGIN et L. SERENA ROSSI (sous la dir.), *La dimension extérieure de l'espace de liberté, de sécurité et de justice de l'Union européenne après le traité de Lisbonne*, Bruxelles, Bruylant, coll. Rencontres européennes, 2013, p. 344.

Conclusion du Chapitre 2

La nécessité de la cohérence des politiques extérieures de l'Union européenne après le *Brexit* appelle des objectifs plus stratégiques de la PESC et la coordination de ces politiques avec les partenaires internationaux. L'avènement du *Brexit* a suscité des conséquences politiques sur l'action extérieure de l'Union. Pour parvenir aux résultats qu'elle s'était fixée en matière d'approche de cohérence de l'action extérieure, la politique extérieure de l'Union ne pouvait plus se passer de la coopération internationale. Dans le but d'accroître l'impact de la garantie de son action extérieure, l'Union a renforcé sa capacité à se profiler comme un acteur mondial.

Dans un monde marqué par la montée des tensions géopolitiques, par un accroissement des conflits de haute intensité et des menaces pesant sur la stabilité internationale et régionale, l'Union européenne veut assurer un haut degré de coopération dans tous les domaines des relations internationales. Selon les débats doctrinaux le multilatéralisme reste le principe cardinal de l'Union en tant que moyen le plus efficace pour régir les relations internationales.

En réalité une coopération internationale profondément intégrée et coordonnée entre l'Union européenne et le Royaume-Uni serait un atout considérable pour l'ordre mondial. La conviction profonde est de garantir l'efficacité du multilatéralisme, de préserver la paix et la stabilité internationale. Il est donc nécessaire pour le Royaume-Uni et l'Union d'apporter des réponses communes aux défis en matière de politique étrangère de sécurité et de défense à savoir : la lutte contre le terrorisme, le respect des droits de l'homme et des libertés fondamentales. L'objectif principal de la politique de l'Union en matière de coopération au développement est la réduction et à terme l'éradication de la pauvreté.

Cette politique contribue surtout aux finalités de son action extérieure. En permanence l'Union européenne veille à la cohérence des politiques de coopération au développement. Elle applique les clauses des droits de l'homme lors de la mise en œuvre des politiques qui sont susceptibles d'affecter les pays tiers. C'est la clé de lecture de la stratégie visant à atteindre les objectifs et les principes de l'Union européenne. Dans ce contexte le *Brexit* fait émerger de perspectives nouvelles pouvant apporter des réponses communes aux défis en matière de PESC. Pour les deux parties la coopération dans la lutte contre le terrorisme, l'extrémisme violent et les menaces émergentes devient un impératif pour défendre leur sécurité commune, leurs intérêts partagés et la sécurité internationale.

Conclusion du Titre 2

L'étude de la structuration de l'action extérieure de l'Union européenne à la suite du *Brexit* a démontré que le débat sur la protection juridictionnelle offre différentes perspectives d'analyses. Il semble particulièrement important d'approfondir le fondement idéologique et la cohérence de l'action extérieure de l'Union dans le contexte du *Brexit*. La protection juridictionnelle a d'abord été développée dans les travaux consacrés à la projection de l'Union sur la scène internationale. La nécessité de doter le système juridique de l'Union des mécanismes de protection juridictionnelle se définit comme un préalable pour relever les défis auxquels l'Union est confronté pour donner sa pleine mesure sur la scène internationale.

Le rôle de l'Union européenne dans le système multilatéral constitue désormais l'un des principaux thèmes de la gestion de ses relations extérieures. Dans ce sens les aspects de la contribution de l'Union à l'efficacité des instruments juridiques et de ses engagements multilatéraux ont particulièrement été développés. Le débat sur le *Brexit* a finalement donné lieu à différentes approches relatives à la cohérence de l'action extérieure de l'Union. L'élaboration doctrinale faite à ce sujet démontre que l'Union veut devenir un acteur mondial crédible, de manière à pouvoir endosser un rôle mondial de premier plan et proactif sur la scène internationale. Il est question pour l'Union européenne d'agir en tant que puissance géopolitique tout en veillant à promouvoir ses principes dits universels. Pour le Parlement européen le retrait du Royaume-Uni de l'Union relève d'une erreur historique. L'idée fondamentale derrière ce propos est le constat selon lequel une coopération internationale profondément intégrée et coordonnée entre l'Union et le Royaume-Uni constituerait un atout important pour les deux parties et pour l'ordre mondial.

La formulation d'une doctrine de l'Union européenne sur la scène internationale s'intéresse aux clauses des droits de l'homme et la démocratie, aux clauses de conditionnalités des actes d'adhésion à l'Union. Il s'agit d'affirmer un vif intérêt pour la coopération au développement et l'aide humanitaire. Sur ce plan le Royaume-Uni est un acteur majeur dans le domaine de l'aide au développement et de l'aide humanitaire. Tout compte fait la relance de l'action extérieure de l'Union a été largement préparée par les institutions européennes. Certes le *Brexit* apporte un changement de paradigme mais le Royaume-Uni reste un partenaire important dans les efforts multilatéraux de l'Union visant à consolider la paix et approfondir les alliances avec les pays tiers.

Conclusion de la Deuxième partie

L'accord de retrait et l'accord de commerce et de coopération entre l'Union européenne et le Royaume-Uni insufflent une dynamique à l'action extérieure de l'Union. Tout au long du processus de retrait du Royaume-Uni de l'Union, la Cour de justice s'est efforcée de protéger les droits des citoyens britanniques et de l'Union. Dans le domaine de la politique étrangère, il est dans l'intérêt de l'Union et du Royaume-Uni de maintenir une coopération étroite et durable, pour promouvoir la paix, la sécurité internationale, un ordre mondial fondé sur des règles et un multilatéralisme effectif. Conformément à cette approche des relations extérieures, il semble important de souligner que suite au *Brexit* l'Union est déterminée à consolider sa position sur la scène internationale. Selon cette approche certains principes et valeurs dont essentiellement, l'État de droit et la démocratie, la consolidation de la paix, la protection des droits de l'homme et des libertés fondamentales sont mis en avant dans la réalisation de ces objectifs. L'attachement de l'Union au renforcement de la protection juridictionnelle et à la sécurité internationale est inhérent à son affirmation sur la scène internationale. Autant dire que l'intégration européenne est avant tout une intégration juridique reposant sur la primauté du droit. Le problème auquel l'action extérieure de l'Union est confrontée est clair : la relance des objectifs de politique étrangère de l'Union après le *Brexit*. L'Union européenne est à cet égard investie d'une grande responsabilité. Dans une première approche elle a fait de la protection juridictionnelle et du multilatéralisme des principes constants de ses relations extérieures. Le multilatéralisme représente d'ailleurs un défi sérieux pour l'Union. Dans une deuxième approche plus rigoureuse et stratégique, en mettant en œuvre ses engagements internationaux l'Union prend une part plus active à la coopération internationale pour relever les nombreux défis auxquels le monde est confronté. Dans le cadre du *Brexit* l'Union a renforcé ses actions de promotion de la paix et la sécurité mondiale. La démarche consiste à défendre les droits fondamentaux, les valeurs universelles et le droit international qui constituent le fondement idéologique des relations de coopération entre les pays et les peuples. Finalement cela nécessite une plus grande efficacité des mécanismes de coordination entre l'Union européenne et ses États membres sur les priorités communes et une volonté de mettre en œuvre la puissance collective de l'Union européenne en vue de projeter ses valeurs sur la scène internationale.

Conclusion générale

L'étude de la protection juridictionnelle par la Cour de justice à la suite du *Brexit* a permis de souligner l'apport important de l'articulation entre juridictionnalisation de l'Union et structuration de son action extérieure. La consolidation de la fonction internationale de l'Union après le *Brexit* a rendu nécessaire une lecture plus fine des enjeux de la protection juridictionnelle dans les domaines de la PESC et de l'ELSJ. On rappellera avec grand intérêt que l'étude de l'action extérieure de l'Union après l'accord de retrait du Royaume-Uni de l'Union fournit de précieux outils d'analyse sur l'état de la discussion doctrinale sur le *Brexit*. Pour identifier les postulats dominants de la protection juridictionnelle, notre analyse a permis de mettre en place de nouveaux concepts plus aptes à éclairer en profondeur le projet d'intégration européenne. À travers cette lecture une réflexion sur le changement du statut épistémologique de la juridictionnalisation de la PESC et de l'ELSJ a sérieusement été menée. L'approche retenue milite en faveur de l'évolution des schémas explicatifs mis en avant par la doctrine et la jurisprudence de la Cour de justice pour analyser la cohérence de l'action extérieure de l'Union dans le sillage du *Brexit*. L'intérêt de notre étude est surtout de faire émerger de nouveaux concepts, voire une nouvelle stratégie de la Cour de justice en faveur du contrôle juridictionnel des actes de la PESC et de l'ELSJ.

L'engagement de l'Union dans la lutte contre le terrorisme et la criminalité internationale prend désormais un tournant décisif avec le *Brexit*. Dans l'appréciation de notre étude il en découle l'absence d'une garantie judiciaire adéquate à l'échelle de l'Union européenne. Une telle analyse a l'avantage de mettre en avant les faiblesses du pouvoir juridictionnel de la Cour de justice face aux autres institutions de l'Union européenne.

Le glissement sémantique de l'assimilation de l'Union européenne à un système qui prévoit ses propres valeurs vers une orientation dans le sens de l'approfondissement offre des analyses pertinentes relatives au renforcement de la gouvernance multilatérale et à la coopération internationale fondée sur des règles. Le *Brexit* fournit dans cette perspective les bases utiles d'une réflexion sur la protection juridictionnelle de la Cour de justice. Pour s'en convaincre il suffit de rappeler que le *Brexit* a suscité une relecture de l'organisation contentieuse des voies de droit de la PESC et de l'ELSJ. L'Union européenne a donc intérêt à tirer plus efficacement profit de sa relation future avec le Royaume-Uni d'autant plus que l'aspect externe de la PESC représente un intérêt doctrinal important.

Bibliographie générale

I. Ouvrages généraux, manuels, précis, traités

- ALLAND (D.), RIALS (S.)(dir.), *Dictionnaire de la culture juridique*, Paris, PUF, 2003, 1649 p.
- BODEÜS (R.), *La philosophie et la cité*, Liège, Université de Liège, 1982, 230 p.
- CARRÉ DE MALBERG (R.), *Théorie générale de l'État*, Paris, Sirey, 2e éd., 1922 réed. CNRS 1962, 2 vol., 837 p et 637 p.
- CORNU (G.), *La linguistique juridique,* Paris, LGDJ-Montchrestien, *23ème éd*, 2005, 443 p.
- DAILLIER (P.), FORTEAU (M.), PELLET (A.), *Droit international public*, Paris, LGDJ, 8e éd. 2009, 1709 p.
- HAYEK (F.-A.), *Law, legislation and liberty. A new Statement of the Liberal Principles of Justice and Political Economy,* London, Routledge, coll. Routledge Classics, 2012, 584 p.
- HEUSCHLING (L.), *État de droit, Rechtsstaat, Rule of law*, Paris, Dalloz, 2002, 739 p.
- JENNINGS (Sir W. Ivor),
  - *The Law and the Constitution, 4th edn.*, London, University of London Press, 1948, 322 p.
  - *The British Constitution, fourth edition*, Cambridge, University Press, 1961, 240 p.
- SIMON (D.), *L'interprétation judiciaire des traités des organisations internationales. Morphologie des conventions et fonction juridictionnelle,* Paris, Pédone, 1981, 936 p.

II. Ouvrages spécialisés, monographies, thèses

- BERROD (F.), *La systématique des voies de droit communautaires*, Paris, Dalloz, 2003, 1136 p.
- FLAVIER (H.), *La contribution des relations extérieures à la construction de l'ordre constitutionnel de l'Union européenne*, Bruxelles, Bruylant, coll. Droit de l'Union européenne, 2012, 885 p.
- GUILLARD (C.), *L'intégration différenciée dans l'Union européenne*, Bruxelles, Bruylant, coll. Droit de l'Union européenne, 2007, 619 p.
- MINSONGUI (M-Y), *Le principe de l'Union de droit de la Cour de justice de l'Union européenne : articulation entre les droits anglais et français*, Thèse de Doctorat, Université Paris-Saclay - UVSQ, 2015, 1 vol. (VIII - 556 p).
- NEFRAMI (E.), *Les accords mixtes de la Communauté européenne : aspects communautaires et internationaux*, Bruxelles, Bruylant, coll. Droit de l'Union européenne, 2007, 711 p.
- RIDEAU (J.), *Droit institutionnel de l'Union européenne*, Paris, LGDJ, *6e éd.,* 2010, 1464 p.

III. Ouvrages collectifs, colloques, conférences

- AUBY (J.-B.) (sous la dir.), *L'influence du droit européen sur les catégories du droit public,* Paris, Dalloz, coll. Thèmes & commentaires, 2010, 990 p.
- AUVRET-FINCK (J.) (dir.), *L'Union européenne, carrefour de coopérations,* Paris LGDJ, 2002, 442 p.

▪ BARBATO (J.-C.) MOUTON (J.-D) (sous la dir.), *Vers la reconnaissance de droits fondamentaux aux États membres de l'Union européenne ? Réflexions à partir des notions d'indenté et de solidarité,* Bruxelles, Bruylant, coll. Droit de l'Union européenne – Colloques, 2010, 332 p.
▪ BROSSET (E.), CHEVALLIER-GOVERS (C.) EDJAHARIAN (V.) et SCHNEIDER (C.) (sous la dir.), *Le traité de Lisbonne. Reconfiguration ou déconstitutionnalisation de l'Union européenne*, Bruxelles, Bruylant, 2009, 352 p.
▪ DE KERCHOVE (G.) et WEYEMBERGH (A.) (éds), *Vers un espace judiciaire pénal européen. Towards a European Judicial Criminal Area,* Bruxelles, Éditions de l'Université de Bruxelles, 2000, 373 p.
▪ DONY (M.), ROSSI (L-S.)(éds.), *Démocratie, cohérence et transparence. Vers une constitutionnalisation de l'Union européenne ?* Bruxelles, Éditions de l'Université de Bruxelles, 2008, 367 p.
▪ DONY (M.) et BRIBOSIA (E.)(éds.), *Commentaire de la Constitution de l'Union européenne*, Bruxelles, Éditions de l'Université de Bruxelles, 2005, 451 p.
▪ DUTHEIL DE LA ROCHÈRE (J.) (sous la dir.), *L'exécution du droit de l'Union, entre mécanismes communautaires et droits nationaux,* Bruxelles, Bruylant, coll. Droit de l'Union européenne, 2009, 298 p.
▪ FAVREAU (B.) (sous la dir.), *La Charte des droits fondamentaux de l'Union européenne après le traité de Lisbonne*, Bruxelles, Bruylant, 2010, 334 p.

▪ FLAESCH-MOUGIN (C.), SERENA ROSSI (L.) (sous la dir.), *La dimension extérieure de l'espace de liberté, de sécurité et de justice de l'Union européenne après le traité de Lisbonne*, Bruxelles, Bruylant, coll. Rencontres européennes, 2013, 670 p.
▪ GIUDICELLI-DELAGE (G.) et MANACORDA (S.) (sous la dir.), *Cour de justice et justice pénale en Europe,* Paris, Société de législation comparée, 2010, 323 p.
▪ MATHIEU (B.) VERPEAUX (M.) et MÉLIN-SOUCRAMANIEN (F.) (sous la dir.), *Constitution et construction européenne*, Paris, Dalloz, 2006, 254 p.
▪ NEFRAMI (E.) (sous la dir.), *Objectifs et compétences dans l'Union européenne,* Bruxelles, Bruylant, coll. Droit de l'Union européenne – Colloques, 2012, 440 p.
▪ RIDEAU (J.) (sous la dir.), *Les droits fondamentaux dans l'Union européenne. Dans le sillage de la Constitution européenne*, Bruxelles, Bruylant, coll. Droit de l'Union européenne, 2009, 489 p.

IV. Mélanges
(Ordre chronologique)

▪ *Le droit de l'Union européenne en principes. Liber amicorum en l'honneur de Jean Raux,* Renne, Éditions Apogée, 2006, 830 p.
▪ *Mélanges en hommage à Georges Vandersanden. Promenades au sein du droit européen*, Bruxelles, Bruylant, 2008, 1030 p.
▪ *Le dialogue des juges. Mélanges en l'honneur du président Bruno Genevois,* Paris, Dalloz-Sirey, 2009, 1166 p.

▪ *L'Union européenne, Union de droit, Unions des droits, Mélanges en l'honneur du Professeur Philippe Manin,* Paris, A. Pédone, 2010, 937 p.
▪ *Mélanges en l'honneur de Jean Paul Jacqué. Chemins d'Europe,* Paris, Dalloz, 2010, 787 p.

V. Articles, contributions

▪ ANDRIANTSIMBAZOVINA (J.), « L'autorité de la chose interprétée et le dialogue des juges. En théorie et en pratique un couple juridiquement inséparable », *in Le dialogue des juges. Mélanges en l'honneur du président Bruno Genevois,* Paris, Dalloz, 2009, pp. 11-28.
▪ ARNOLD (R.), « Le principe de supranationalité dans l'Union européenne et dans l'Europe orientale : quelques aspects comparatifs », *in Le droit de l'Union européenne en principes. Liber amicorum en l'honneur de Jean Raux,* Renne, Éditions Apogée, 2006, pp. 163-391.
▪ ARROYO ZAPATERO (L.), MUÑOZ DE MORALES ROMERO (M.), « Le contrôle des choix de pénalisation : effets directs et indirects », *in* GIUDICELLI-DELAGE (G.) et MANACORDA (S.) (sous la dir.), *Cour de justice et justice pénale en Europe,* Paris, Société de Législation comparée, 2010, pp. 23-55.
▪ AUDIT (M.), « La compatibilité du principe de l'autonomie procédurale avec l'édification de l'espace judiciaire européen », *in* DUTHEIL DE LA ROCHÈRE (J.) (sous la dir.), *L'exécution du droit de l'Union, entre mécanismes communautaires et droits nationaux,* Bruxelles, Bruylant, coll. Droit de l'Union européenne – Colloques, 2009, pp. 253-263.

▪ AUVRET-FINCK (J.), « La projection des droits fondamentaux dans les relations extérieures », *in* RIDEAU (J.) (sous la dir.), *Les droits fondamentaux dans l'Union européenne. Dans le sillage de la Constitution européenne*, Bruxelles, Bruylant, coll. Droit de l'Union européenne, 2009, pp. 407-447.

▪ AUVRET (P.), « L'adhésion de l'Union à la Convention européenne des droits de l'homme », *in* RIDEAU (J.) (sous la dir.), *Les droits fondamentaux dans l'Union européenne. Dans le sillage de la Constitution européenne*, Bruxelles, Bruylant, coll. Droit de l'Union européenne – Colloques, 2009, pp. 379-403.

▪ BALMONT (L.),

- « Agence européenne de défense et cohérence de l'action extérieure de l'Union européenne », *in* DONY (M.) et SERENA ROSSI (L.), *Démocratie, cohérence et transparence. Vers une constitutionnalisation de l'Union européenne ?* Bruxelles, Éditions de l'Université de Bruxelles, 2008, pp. 337-351.

- « Les instruments juridiques des relations extérieures », *in* RIDEAU (J.) (sous la dir.), *De la Communauté de droit à l'Union de droit. Continuités et avatars européens*, Paris, LGDJ, 2000, pp. 99-119.

▪ BARLETTA (A.), « Le contrôle de la répartition des compétences en matière pénale : la recherche de l'équilibre institutionnel », *in* GIUDICELLI-DELAGE (G.) et S. MANACORDIA (S.) (sous la dir.), *Cour de justice et justice pénale en Europe*, Paris, Société de la législation comparée, 2010, pp. 111-133.

- BAUCHY (J.), CORNETTE (F.), COUTTS (S.), DIBOS (F.), HOURMAT (C.), LARBRE (D.), LE BORGNE (K.), LOUBEYRE (A.), MOILLE (C.), MORIN (M.-E), PAILLER (L.), PELLEGRINI (C.), RACHO (T.) et VENENCIE (M.-B.), « L'espace de liberté sécurité justice : un droit à géométrie variable ? », *in RTD eur*, n° 4, 2012, pp. 829-838.
- BENOIT-ROHMER (F.), « Valeurs et droits fondamentaux dans le traité de Lisbonne », *in* E. BROSSET, CHEVALLIER-GOVERS (C.), EDJAHARIAN (V.) et SCHNEIDER (C.) (sous la dir.), *Le traité de Lisbonne. Reconfiguration ou déconstitutionnalisation de l'Union européenne*, Bruxelles, Bruylant, 2009, pp. 143-164.
- BILLET (C.), « Le contrôle des relations extérieures des agences ELSJ après Lisbonne », *in* FLAESCH-MOUGIN (C.) et SERENA ROSSI (L.) (sous la dir.), *La dimension extérieure de l'espace de liberté, de sécurité et de justice de l'Union européenne après le traité de Lisbonne*, Bruxelles, Bruylant, coll. rencontres européennes, 2013, pp. 95-129.
- BLUMANN (C.), « Contribution du traité d'Amsterdam à la transformation de la Communauté de droit en Union de droit », *in* RIDEAU (J.) (sous la dir.), *De la Communauté de droit à l'Union de droit. Continuités et avatars européens*, Paris, LGDJ, 2000, pp. 355-374.
- BONTINCK (T.), « L'effectivité des droits fondamentaux dans le traité de Lisbonne », *in* FAVREAU (B.) (sous la dir.), *La Charte des droits fondamentaux de l'Union européenne après le traité de Lisbonne*, Bruxelles, Bruylant, 2010, pp. 101-121.

▪ BORRACCETTI (M.), « La collaboration entre Europol et Interpol : un parcours vers l'intégration ? », *in* FLAESCH-MOUGIN (C.) et SERENA ROSSI (L.) (sous la dir.), *La dimension extérieure de l'espace de liberté, de sécurité et de justice de l'Union européenne après le traité de Lisbonne*, Bruxelles, Bruylant, coll. Rencontres européennes, 2013, pp. 339-348.

▪ BORGETTO (M.), LAFORE (R.), « La solidarité », *in* AUBY (J.-B.) (sous la dir.), *L'influence du droit européen sur les catégories du droit public,* Paris, Dalloz, coll. Thèmes & commentaires, coll. Thèmes & commentaires, 2010, pp. 529-539.

▪ BOSSE-PLATIÈRE (I.),

- « Le Parlement européen et le volet externe de l'espace de liberté, de sécurité et de justice », *in* FLAESCH-MOUGIN (C.) et SERENA ROSSI (L.), *La dimension extérieure de l'espace de liberté, de sécurité et de justice de l'Union européenne après le traité de Lisbonne*, Bruxelles, Bruylant, coll. Rencontres européennes, 2013, pp. 71-93.
- « L'objectif d'affirmation de l'Union européenne sur la scène internationale », *in* NEFRAMI (E.) (sous la dir.), *Objectifs et compétences dans l'Union européenne*, Bruxelles, Bruylant, coll. Droit de l'Union européenne – Colloques, 2012, pp. 265-292.

▪ BOURRICHE (M.), « La cohérence de la politique européenne de coopération au développement », *in* DONY (M.) et SERENA ROSSI (L.) (éds.), *Démocratie, cohérence et transparence. Vers une constitutionnalisation de l'Union européenne ?* Bruxelles, Éditions de l'Université de Bruxelles, 2008, pp. 249-263.

- BRAMMERTZ (S.), « Eurojust : parquet européen de la première génération ? », *in* DE KERCHOVE (G.) et WEYEMBERGH (A.) (éds.), *Vers un espace judiciaire pénal européen. Towards a European Judicial Criminal Area*, Bruxelles, Éditions de l'Université de Bruxelles, 2000, pp. 105-118.
- BRIBOSIA (E.), « Les droits fondamentaux dans la constitution de l'Union européenne », *in* DONY (M.) et BRIBOSIA (E.) (éds.), *Commentaire de la Constitution de l'Union européenne*, Bruxelles, Éditions de l'Université de Bruxelles, 2005, pp. 115-137.
- BRICCA-DRUFFIN (S.) et HENRY (C.), « Juges civils et système de protection des droits fondamentaux de l'Union européenne », *in* RIDEAU (J.) (sous la dir.), *Les droits fondamentaux dans l'Union européenne. Dans le sillage de la Constitution européenne*, Bruxelles, Bruylant, coll. Droit de l'Union européenne – Colloques, 2009, pp. 291-319.
- BROSSET (E.), « Clartés et obscurités des actes de l'Union européenne », *in* BROSSET (E.), CHEVALLIER-GOVERS (C.) EDJAHARIAN (V.) et SCHNEIDER (C.) (sous la dir.), *Le traité de Lisbonne. Reconfiguration ou déconstitutionnalisation de l'Union européenne ?* Bruxelles, Bruylant, 2009, pp. 107-138.
- BRUGGEMAN (W.), « Europol et Interpol », *in* DE KERCHOVE (G.) et WEYEMBERGH (A.) (éds.), *Vers un espace judiciaire pénal européen. Towards a European Judicial Criminal Area*, Bruxelles, Éditions de l'Université de Bruxelles, 2000, pp. 97-100.

▪ BURGORGUE-LARSEN (L.), « Les résistances des États de droit », *in* RIDEAU (J.) (sous la dir.), *De la Communauté de droit à l'Union de droit. Continuités et avatars européens*, Paris, LGDJ, 2000, pp. 423-458.

▪ CASOLARI (F.), « L'insertion du droit international dans l'ordre juridique de l'Union européenne : analyse à la lumière du processus de réforme institutionnelle en cours », *in* M. DONY (M.) et SERENA ROSSI (L.) (éds.) *Démocratie, cohérence et transparence. Vers une constitutionnalisation de l'Union européenne,* Bruxelles, Éditions de l'Université de Bruxelles, coll. Études européennes, 2008, pp. 125-153.

▪ CEBULAK (P.) et MENA PARRAS (F.-J), « Droits fondamentaux et sécurité : quelle cohérence pour l'approche de la Cour de justice en matière de gel des avoirs ? », *in* FLAESCH-MOUGIN (C.) et ROSSI (S.) (sous la dir.), *La dimension extérieure de l'espace de liberté, de sécurité et de justice de l'Union européenne après le traité de Lisbonne*, Bruxelles, Bruylant, coll. Rencontres européennes, 2013, pp. 549-573.

▪ CHALTIEL (F.), « La séparation horizontale des pouvoirs », *in* MATHIEU (B.) VERPEAUX (M.) et MÉLIN-SOUCRAMANIEN (F.) (sous la dir.), *Constitution et construction européenne*, Paris, Dalloz, 2006, pp. 107-123.

▪ CHEVALLIER-GOVERS (C.), « Le traité de Lisbonne et la différenciation dans l'espace de liberté, de sécurité et de justice », *in* BROSSET (C.), CHEVALLIER-GOVERS (C.) EDJAHARIAN (V.) et SCHNEIDER (C.) (sous la dir.), *Le traité de Lisbonne. Reconfiguration ou déconstitutionnalisation de l'Union européenne ?* Bruxelles, Bruylant, 2009, pp. 263-286.

- CORNELOUP (S.), « La coopération judiciaire en matière civile : vue d'ensemble », *in* FLAESCH-MOUGIN (C.) et SERENA ROSSI (L.) (sous la dir.), *La dimension extérieure de l'espace de liberté, de sécurité et de justice de l'Union européenne après le traité de Lisbonne*, Bruxelles, Bruylant, coll. Rencontres européennes, 2013, pp. 377-406.
- DELCOURT (B.), « La politique étrangère et de sécurité commune (PESC) », *in* DONY (M.) et BRIBOSIA (E.) (éds.), *Commentaire de la Constitution de l'Union européenne*, Bruxelles, Editions de l'Université de Bruxelles, 2005, pp. 355-374.
- DEPARIS (O.), « La Cour suprême au Royaume-Uni et la question de constitutionnalité », *in Les Nouveaux Cahiers du Conseil constitutionnel*, n° 32, 2011, pp. 223-231.
- DRAGO (G.) « Le contrôle juridictionnel », *in* MATHIEU (B.), VERPEAUX (M.) et MÉLIN-SOUCRAMANIEN (F.) (sous la dir.), *Constitution et construction européenne*, Paris, Dalloz, 2006, pp. 125-144.
- DE KERCHOVE, (G.), « L'espace judiciaire pénal européen après Amsterdam et le sommet de Tampere », *in* DE KERCHOVE (G.) et WEYEMBERGH (A.) (éds.), *Vers un espace judiciaire pénal européen. Towards a European Judicial Criminal Area*, Bruxelles, Éditions de l'Université de Bruxelles, 2000, pp. 3-17.
- DE KOSTER (P.), « L'évolution du système juridictionnel de l'Union européenne », *in* DONY (M.) et BRIBOSIA (E.) (éds.), *L'avenir juridictionnel de l'Union européenne*, Bruxelles, Éditions de l'Université de Bruxelles, 2002, pp. 19-29.

- DE SCHUTTER (O.),
  - « Le rôle de la Cour de justice des Communautés européennes dans l'espace judiciaire pénal européen », *in* DE KERCHOVE (G.) et WEYEMBERGH (A.) (éds.), *Vers un espace judiciaire pénal européen. Towards a European Judicial Criminal Area*, Bruxelles, Éditions de l'Université de Bruxelles, 2000, pp. 55-75.
  - « L'adhésion de l'Union européenne à la Convention européenne des droits de l'homme comme élément du débat sur l'avenir de l'Union européenne », *in* DONY (M.) et BRIBOSIA (E.) (éds.), *L'avenir du système juridictionnel de l'Union européenne*, Bruxelles, Éditions de l'Université de Bruxelles, 2002, pp. 205-255.
- DUBOS (O.), « Les instruments d'exécution au niveau proprement communautaire : l'acte unilatéral et ses déclinaisons », *in* DUTHEIL DE LA ROCHÈRE (J.) (sous la dir.), *L'exécution du droit de l'Union, entre mécanismes communautaires et droits nationaux*, Bruxelles, Bruylant, coll. Droit de l'Union européenne –Colloques, 2009, pp. 70-87.
- DUTHEIL DE LA ROCHÈRE (J.), « Droits fondamentaux : quelle place dans l'architecture de l'Union », *in Chemins d'Europe. Mélanges en l'honneur de Jean Paul Jacqué,* Paris, Dalloz, 2010, pp. 263-278.

- DUSÉPULCHRE (G.),
  - « Dimension politique de la politique communautaire de coopération au développement, quelle cohérence ? », *in* DONY (M.) et SERENA ROSSI (L.) (éds.), *Démocratie, cohérence et transparence. Vers une constitutionnalisation de l'Union européenne ?* Bruxelles, Éditions de l'Université de Bruxelles, 2008, pp. 265-286.
  - « La coopération avec les États tiers et l'aide humanitaire, *in* DONY (M.) et BRIBOSIA (E.) (éds.), *Commentaire de la Constitution de l'Union européenne*, Bruxelles, Editions de l'Université de Bruxelles, 2005, pp. 402-416.
- EDJAHARIAN (V.) « Les compétences dans le traité de Lisbonne : la constitutionnalisation de l'Union européenne interrogée », BROSSET (E.) CHEVALLIER-GOVERS (C.) V. EDJAHARIAN (V.) et SCHNEIDER (C.) (sous la dir.), *Le traité de Lisbonne. Reconfiguration ou déconstitutionnalisation de l'Union européenne ?* Bruxelles, Bruylant, 2009, pp. 227-259.
- FAVOREU (L.), « Rapport de synthèse : du droit constitutionnel (suite)* », *in* MATHIEU (B.) VERPEAUX (M.) et MÉLIN-SOUCRAMANIEN (F.) (sous la dir.), *Constitution et construction européenne*, Paris, Dalloz, 2006, pp. 85-91.
- FAVREAU (B.) « La Charte des droits fondamentaux de l'Union européenne. Pourquoi ? Comment ? », *in* FAVREAU (B.) (sous la dir.), *La Charte des droits fondamentaux de l'Union européenne après le traité de Lisbonne*, Bruxelles, Bruylant, 2010, pp. 3-37.

▪ FLAESCH-MOUGIN (C.), « La représentation de l'Union européenne post-Lisbonne dans les organisations internationales », *in* FLAESCH-MOUGIN (C.) et SERENA ROSSI (L.) (sous la dir.), *La dimension extérieure de l'espace de liberté, de sécurité et de justice de l'Union européenne après le traité de Lisbonne*, Bruxelles, Bruylant, coll. Rencontres européennes, 2013, pp. 207-241.

▪ FLORE (D.), « Les acteurs d'un système de justice pénale européen », *in* DE KERCHOVE (G.) et WEYEMBERGH (A.) (éds.), *Vers un espace judiciaire pénal européen. Towards a European Judicial Criminal Area*, Bruxelles, Éditions de l'Université de Bruxelles, 2000, pp. 79-100.

▪ FOURNIER (G.), « Coopération judiciaire de l'Union européenne en matière pénale : quelle contribution à un universalisme pénal ? », *in* FLAESCH-MOUGIN (C.) et SERENA ROSSI (L.) (sous la dir.), *La dimension extérieure de l'espace de liberté, de sécurité et de justice de l'Union européenne après le traité de Lisbonne,* Bruxelles, Bruylant, coll. Rencontres européennes, 2013, pp. 457-486.

▪ GAUTIER (Y.), « La mise en œuvre de l'espace de liberté, de sécurité et de justice en France », *in Rev. fr. adm. publ,* n° 129, 2009, pp. 73-97.

▪ GOVAERE (I.) et DEMEDTS (V.), « Quelle définition de « l'externe » en matière d'ELSJ ? Le cadre et les enjeux », *in* FLAESCH-MOUGIN (C.) et SERENA ROSSI (L.) (sous la dir.), *La dimension extérieure de l'espace de liberté, de sécurité et de justice de l'Union européenne après le traité de Lisbonne,* Bruxelles, Bruylant, coll. Rencontres européennes, 2013, pp. 489-508.

- GOVAERE (I.) et MUÑOZ (R.), « Les accords internationaux », *in* DONY (M.) et BRIBOSIA (E.) (éds.), *Commentaire de la Constitution de l'Union européenne*, Bruxelles, Éditions de l'Université de Bruxelles, 2005, pp. 416-429.
- HILLION (C.), « Cohérence et action extérieure de l'Union européenne », *in* NEFRAMI (E) (sous la dir.), *Objectifs et compétences dans l'Union européenne*, Bruxelles, Bruylant, coll. Droit de l'Union européenne – Colloques, 2012, pp. 229-261.
- KOVAR (R.), « La réorganisation de l'architecture juridictionnelle de l'Union européenne », *in* DONY (M.) et BRIBOSIA (E.) (éds.), *L'avenir du système juridictionnel de l'Union européenne*, Bruxelles, Éditions de l'Université de Bruxelles, 2002, pp. 33-48.
- KOUKOULIS-SPILIOTOPOULOS(S.), « Les droits sociaux : droits proclamés ou droits invocables ? (622) un appel à la vigilance », *in* FAVREAU (B.) (sous la dir.), *La Charte des droits fondamentaux de l'Union européenne après le traité de Lisbonne*, Bruxelles, Bruylant, 2010, pp. 265-315.
- LABAYLE (H.),
    - « Le juge dans l'espace de liberté, sécurité et de justice de l'Union européenne », *in Le dialogue des juges. Mélanges en l'honneur du président Bruno Genevois*, Paris, Dalloz, 2009, pp. 591-615.
    - « Les nouveaux domaines d'intervention de la Cour de justice : l'espace de liberté, de sécurité et de justice », *in* DONY (M.) et BRIBOSIA (E.), (éds.), *L'avenir du système juridictionnel de l'Union européenne*, Bruxelles, Bruylant, Éditions de l'Université de Bruxelles, 2002, pp. 73-105.

- LAMBRETH (I.), « Les aspects institutionnels de la dimension externe de la coopération judiciaire civile », DONY (E.) (éd.), *La dimension externe de l'espace de liberté, de sécurité et de justice au lendemain de Lisbonne et de Stockholm : un bilan à mi-parcours*, Bruxelles, Éditions de l'Université de Bruxelles, 2012, pp. 11-27.
- LEFÈVRE (S.), « Le Royaume-Uni et la Charte des droits fondamentaux », *in* E. BROSSET, C, CHEVALLIER-GOVERS (C.), EDJAHARIAN (V.) et SCHNEIDER (C.) (sous la dir.), *Le traité de Lisbonne. Reconfiguration ou déconstitutionnalisation de l'Union européenne*, Bruxelles, Bruylant, 2009, pp. 165-177.
- LAUGIER-DESLANDES (S.), « Les incidences de la création du mandat d'arrêt européen sur les conventions d'extradition », *in AFDI*, vol. 48, 2002, pp. 695-714.
- LENAERTS (K.),
  - « Le traité de Lisbonne et la protection juridictionnelle des particuliers en droit de l'Union », *in CDE*, n° 5-6, 2009, pp. 711-745.
  - « La systématique des voies de recours dans l'ordre juridique de l'Union européenne », *in Mélanges en l'hommage à Georges Vandersanden. Promenades au sein du droit européen*, Bruxelles, Bruylant, 2008, pp. 257-282.

- « La réorganisation de l'architecture juridictionnelle de l'Union européenne : quel angle d'approche ? », *in* DONY (M.) et BRIBOSIA (E.) (éds.), *L'avenir du système juridictionnel de l'Union européenne*, Bruxelles, Éditions de l'Université de Bruxelles, 2002, pp. 49-64.

- « L'encadrement par le droit de l'Union européenne des compétences des États membres », *in Chemins d'Europe. Mélanges en l'honneur de Jean-Paul Jacqué*, Paris, Dalloz, 2010, pp. 421-442.

▪ MEHDI (R.), « Les retombées de la Communauté de droit dans les États de droit », *in* RIDEAU (J.) (sous la dir.), *De la Communauté de droit à l'Union de droit. Continuités et avatars européens*, Paris, LGDJ, 2000, pp. 377-422.

▪ MENA PARRAS (F.-J.), « Retour sur *Kadi* : de la nécessité d'une jurisprudence de type *Solange I* dans les rapports entre le droit de l'Union européenne et le droit des Nations Unies », *in CDE,* n°s 5-6, 2010, pp. 683-729.

▪ MENGOZZI (P.), « Les particularités des accords OMC et le problème de leur invocabilité devant les juges communautaires », *in Mélanges en l'honneur de Philippe Manin. L'Union européenne : Union de droit, Union des droits,* Paris, A. Pedone, 2010, pp. 879-890.

▪ MICHEL (V.),

- « La subsidiarité », *in* AUBY (J.-B.) (sous la dir.), *L'influence du droit européen sur les catégories du droit public,* Paris, Dalloz, coll. Thèmes & commentaires, 2010, pp. 611-621.

- « Les objectifs à caractère transversal », *in* NEFRAMI (E.) (sous la dir.), *Objectifs et compétences dans l'Union européenne*, Bruxelles, Bruylant, coll. Droit de l'Union européenne – Colloques, 2012, pp. 177-209.

- MITSILEGAS (V.), « La mise en œuvre de l'espace de liberté, de sécurité et de justice au Royaume-Uni », *in Rev. fr. adm. publ*, n° 129, 2009, pp. 45-59.
- NEFRAMI (E.),
  - « Le rapport entre objectifs et compétences : de la structuration et de l'identité de l'Union européenne », *in* NEFRAMI (E.), (sous la dir.), *Objectifs et compétences dans l'Union européenne,* Bruxelles, Bruylant, coll. Droit de l'Union européenne - Colloques, 2012, pp. 5-26.
  - « L'aspect externe de l'espace de liberté, de sécurité et de justice : quel respect des principes et objectifs de l'action extérieure de l'Union », *in* FLAESCH-MOUGIN (C.) et SERENA ROSSI (L.) (sous la dir.), *La dimension extérieure de l'espace de liberté, de sécurité et de justice de l'Union européenne après le traité de Lisbonne*, Bruxelles, Bruylant, 2013, pp. 509-532.
  - « Le contentieux de la base juridique sous l'angle de l'article 47 du traité sur l'Union européenne », *in Mélanges en l'honneur de Philippe Manin. L'Union européenne : Union de droit, Union des droits,* Paris, A. Pedone, 2010, pp. 891-906.

▪ NIETO MARTIN (A.), « Architectures judiciaires du droit pénal européen », *in* GIUDICELLI-DELAGE (G.) et MANACORDA (S.) (sous la dir.), *Cour de justice et justice pénale en Europe*, Paris, Société de la législation comparée, 2010, pp. 271-304.

▪ NEUMAN (G.-L.), « Fédéralisme et citoyenneté aux États-Unis et dans l'Union européenne », *in Critique internationale,* n° 21, 2003, pp. 151-169.

▪ PASCOUAU (Y.), « L'encadrement de la qualification des actes fondés sur l'acquis de Schengen », *in Mélanges en hommage à Georges Vandersanden. Promenades au sein du droit européen*, Bruxelles, Bruylant, 2008, pp. 307-325.

▪ PEREZ (S.), « Les juridictions administratives françaises et les droits fondamentaux garantis par l'Union européenne », *in* RIDEAU (J.) (sous la dir.), *Les droits fondamentaux dans l'Union européenne. Dans le sillage de la Constitution européenne*, Bruxelles, Bruylant, coll. Droit de l'Union européenne – Colloques, 2009, pp. 321-343.

▪ PICHERAL (C.), « Le bilan des « ajustements spontanés ». Le mode d'ajustement de la Cour européenne des droits de l'homme au droit communautaire (1). Mérites et limites de la théorie de l'équivalence », *in* PICHERAL (C.) COUTRON (L.) (sous la dir.), *Charte des droits fondamentaux de l'Union européenne et Convention européenne des droits de l'homme*, Bruxelles, Bruylant, coll. Droit de l'Union européenne, 2012, pp. 69-92.

- PICOD (F.),
  - « Le développement de la juridictionnalisation », *in* RIDEAU (J.) (sous la dir.), *De la Communauté de droit à l'Union de droit. Continuités et avatars européens,* Paris, LGDJ, 2000, pp. 261-286.
  - « L'étendue du contrôle du juge sur l'activité communautaire d'exécution », *in* DUTHEIL DE LA ROCHÈRE (J.) (sous la dir.), *L'exécution du droit de l'Union, entre mécanismes communautaires et droits nationaux,* Bruxelles, Bruylant, coll. Droit de l'Union européenne – Colloques, 2009, pp. 89-108.
  - « Pour un développement durable des droits fondamentaux de l'Union européenne », *in Chemins d'Europe Mélanges en l'honneur de Jean Paul Jacqué*, Paris, Dalloz, 2010, pp. 527-545.
- PINGEL (I.), « Les références de la Charte des droits fondamentaux dans le traité établissant une Union européenne », *in Mélanges en l'honneur de Philippe Manin. L'Union européenne : Union de droit, Union des droits,* Paris, Éditions A. Pedone, 2010, pp. 795-802.
- PLATON (S.), « Le principe de non-discrimination dans l'Union européenne », *in* B. FAVREAU (sous la dir.), *La Charte des droits fondamentaux de l'Union européenne après le traité de Lisbonne*, Bruxelles, Bruylant, 2010, pp. pp. 125-163.

▪ POTVIN-SOLIS (L.),

- « Le respect de l'autonomie institutionnelle et procédurale interne devant la juridiction communautaire », *in* BARBATO (J.-C.) MOUTON (J.-D) (sous la dir.), *Vers la reconnaissance de droits fondamentaux aux États membres de l'Union européenne ? Réflexions à partir des notions d'identité et de solidarité,* Bruxelles, Bruylant, coll. Droit de l'Union européenne – Colloques, 2010, pp. 113-156.
- « Compétences partagées et objectifs matériels », *in* NEFRAMI (E.) (sous la dir.), *Objectifs et compétences dans l'Union européenne*, Bruxelles, Bruylant, Coll. Droit de l'Union européenne – Colloques, 2012, pp. 30-90.

▪ PRECHAL (S.) et MARGUERY (T.), « La mise en œuvre des décisions-cadres une leçon pour les futures directives pénales ? », *in* DUTHEIL DE LA ROCHÈRE (J.) (sous la dir.), *L'exécution du droit de l'Union, entre mécanismes communautaires et droits nationaux,* Bruxelles, Bruylant, coll. Droit de l'Union européenne – Colloques, 2009, pp. 225-251.

▪ RANCUREL (A.), « La cohérence de l'action extérieure de l'Union européenne en Amérique latine », *in* DONY (M.) et SERENA ROSSI (L.) (éds.), *Démocratie, cohérence et transparence. Vers une constitutionnalisation de l'Union européenne ?* Bruxelles, Éditions de l'Université de Bruxelles, 2008, pp. 231-247.

▪ RAPOPORT (C.), « La Cour de justice de l'Union européenne et les mesures restrictives dans le cadre de la lutte antiterroriste. Quelles évolutions après Lisbonne ? », *in* FLAESCH-MOUGIN (C.) LUCIA SERENA ROSSI (sous la dir.), *La dimension extérieure de l'espace de liberté, de sécurité et de justice de l'Union européenne après le traité de Lisbonne*, Bruxelles, Bruylant, coll. Rencontres européennes, 2013, pp. 131-169.

▪ RETTERER (S.) « Vers la protection de nouveaux droits », *in* RIDEAU (J.) (sous la dir.), *De la Communauté de droit à l'Union de droit. Continuités et avatars européens,* Paris, LGDJ, 2000, pp. 231-259.

▪ RITLENG (D.), « La loi », *in* AUBY (J.-B) (sous la dir.), *L'influence du droit européen sur les catégories du droit public*, Paris, Dalloz, coll. Thèmes & commentaires, 2010, pp. 215-242.

▪ SARMIENTO (D.) « L'arrêt *Melki* : esquisse d'un dialogue des juges constitutionnels et européens sur toile de fond française », *in RTD eur*, n° 3, 2010, pp. 588-598.

▪ RUELLE (E.), « Les conflits de compétences entre le premier et le troisième pilier en matière pénale », *in* JAULT-SESEKE (F.) LELIEUR (J.) PIGACHE (C.) (sous la dir.), *L'espace judiciaire européen civil et pénal. Regards croisés*, Paris, Dalloz, coll. Thèmes & commentaires, 2009, pp. 27-39.

▪ SAUTENET (A.), « L'intégration de l'espace de liberté, de sécurité et de justice dans les partenariats stratégiques : l'exemple de l'Asie », *in* DONY (M.) (éd.), *La dimension externe de l'espace de liberté, de sécurité et de justice au lendemain de Lisbonne et de Stockholm : un bilan à mi-parcours*, Bruxelles, Éditions de l'Université de Bruxelles, 2012, pp. 97-111.

▪ SCANDAMIS (N.), « L'intérêt de sécurité à l'œuvre dans l'Union européenne : l'ordre des compétences pris en défaut ? », *in* NEFRAMI (E.) (sous la dir.), *Objectifs et compétences dans l'Union européenne*, Bruxelles, Bruylant, coll. Droit de l'Union européenne – Colloques, 2012, pp. 123-176.

▪ SCHNEIDER (C.), « Brèves réflexions iconoclastes sur la « déconstitutionnalisation » de la politique étrangère, de sécurité commune et de défense », *in* BROSSET (E.), CHEVALLIER-GOVERS (C.) EDJAHARIAN (V.) et SCHNEIDER (C.) (sous la dir.), *Le traité de Lisbonne. Reconfiguration ou déconstitutionnalisation de l'Union européenne,* Bruxelles, Bruylant, 2009, pp. 287-312.

▪ STEPHANOU (C.-A.), « Le principe d'égalité statutaire des États », *in Le droit de l'Union européenne en principes. Liber amicorum en l'honneur de Jean Raux,* Rennes, Éditions, Apogée, 2006, pp. 373-391.

- SUDRE (F.), « La cohérence issue de la jurisprudence européenne des droits de l'homme. L' « équivalence » dans tous ses états », *in* PICHERAL (C.) COUTRON (L.) (sous la dir.), *Charte des droits fondamentaux de l'Union européenne et Convention européenne des droits de l'homme*, Bruxelles, Bruylant, coll. Droit de l'Union européenne – Colloques, 2012, pp. 45-65.
- TELÓ (M.),
  - « Une idée d'Europe adaptée au XXIème siècle », *in Mélanges en l'honneur de Philippe Manin. L'Union européenne : Union de droit, Union des droits*, Paris, Éditions A. Pedone, 2010, pp. 565-574.
  - « Le modèle européen d'acteur international : aspects institutionnels », *in* DONY (M.) et SERENA ROSSI (L.) (éds.), *Démocratie, cohérence et transparence. Vers une constitutionnalisation de l'Union européenne ?* Bruxelles, Éditions de l'Université de Bruxelles, 2008, pp. 219-230.
- THIES (A.), « Le devoir de coopération loyale dans l'exercice des compétences externes de l'Union européenne et des États membres », *in* NEFRAMI (E.) (sous la dir.), *Objectifs et compétences dans l'Union européenne,* Bruxelles, Bruylant, coll. Droit de l'Union européenne – Colloques, 2012, pp. 315-340.

▪ TINIERE (R.), « La cohérence assurée par l'article 52 § 3 de la Charte des droits fondamentaux de l'Union européenne. Le principe de l'alignement sur le standard conventionnel pour les droits correspondants », *in* PICHERAL (C.) COUTRON (L.) (sous la dir.), *Charte des droits fondamentaux de l'Union européenne et Convention européenne des droits de l'homme,* Bruxelles, Bruylant, coll. Droit de l'Union européenne – Colloques, 2012, pp. 3-19.

▪ VAN DEN WYNGAERT (C.), « *Corpus juris*, parquet européen et juge national : vers une chambre préliminaire européenne ? », *in* DE KERCHOVE (G.) et WEYEMBERGH (A.) (éds.), *Vers un espace judiciaire pénal européen. Towards a European Judicial Criminal Area,* Bruxelles, Éditions de l'Université de Bruxelles, 2000, pp. 131-138.

▪ VANDERSANDEN (G.), « Le traité de Lisbonne et le contentieux de la politique étrangère et de sécurité commune », *in Chemins d'Europe. Mélanges en l'honneur de Jean Paul Jacqué*, Paris, Dalloz, 2010, pp. 671-697.

▪ VANDEKERCKHOVE (K.), « Les règles dérogatoires (*forum more conveniens* et coopération judiciaire) », *in* JAULT-SESEKE (F.) LELIEUR (J.) PIGACHE (C.) (sous la dir.), *L'espace judiciaire européen civil et pénal. Regards croisés*, Paris, Dalloz, coll. Thèmes & commentaires, 2009, pp. 63-76.

▪ VAN RAEPENBUSCH (S.), « L'intérêt à agir dans le contentieux communautaire », *in Mélanges en hommage à Georges Vandersanden. Promenades au sein du droit européen,* Bruxelles, Bruylant, 2008, pp. 381-397.

▪ VERNIMMEN-VAN TIGGELEN (G.), « Exercices et conséquences des « *opt-out* », *in* DONY (M.) (éds.), *La dimension externe de l'espace de liberté, de sécurité et de justice au lendemain de Lisbonne et de Stockholm : un bilan à mi-parcours*, Bruxelles, Éditions de l'Université de Bruxelles, 2012, pp. 223-250.

▪ VILÀ (B.), « Coopération civile et coopération pénale dans le traité de Lisbonne : nouveauté en matière de contrôle de subsidiarité et des procédures spéciales. Quelques réflexions pour l'avenir », *in Chemins d'Europe. Mélanges en l'honneur de Jean Paul Jacqué*, Paris, Dalloz, 2010, pp. 699-706.

▪ WEYEMBERGH (A.),

- WEYEMBERGH (A) et RICCI (V.), « Les interactions dans le secteur de la coopération judiciaire : le mandat d'arrêt européen », *in* GIUDICELLI-DELAGE (G.) et MANACORDA (S.) (sous la dir.), *Cour de justice et justice pénale en Europe*, Paris, Société de législation comparée, 2010, pp. 203-244.
- WEYEMBERGH (A.) et SANTAMARIA (V.), « Le contrôle démocratique dans l'espace pénal européen », *in* DONY (M.) et SERENA ROSSI (L.) (éds.), *Démocratie, cohérence et transparence. Vers une constitutionnalisation de l'Union européenne ?* Bruxelles, Bruylant, 2008, pp. 73-92.

- « L'avenir des mécanismes de coopération judiciaire pénale entre les États membres de l'Union européenne », *in* DE KERCHOVE (G.) et WEYEMBERGH (A.) (éds.), *Vers un espace judiciaire pénal européen. Towards a European Judicial Criminal Aréa*, Bruxelles, Bruylant, Éditions de l'Université de Bruxelles, 2000, pp. 141-171.

- WIDDERSHOVEN (R. J.G.M.), « L'influence du droit européen sur le droit public néerlandais », *in* AUBY (J.-B), (sous la dir.), *L'influence du droit européen sur les catégories du droit public*, Paris, Dalloz, coll. Thèmes & commentaires, 2010, pp. 919-943.

VI. Table de jurisprudence
A. Jurisprudence européenne

1. – Cour de justice de l'Union européenne (CJUE)

CJCE, 5 février 1963, *Van Gend en Loos, aff.* 26/62, *Rec.*, p. 3.
CJCE, 15 juillet 1964, *Costa c/ Enel*, aff. 6/64, *Rec.*, p. 1141.
CJCE, 31 mars 1971, *AETR* aff. 22/70, *Rec.*, p. 263.
CJCE, 30 avril 1974, *Haegeman*, aff. 181/73, *Rec.*, p. 449.
CJCE, avis 1/76 du 26 avril 1977, *Rec.*, p. 741.
CJCE, avis 1/78 du 4 octobre 1979, *Rec.*, p. 2871.
CJCE, 7 février 1985, *ADBHU*, aff. 240/83, *Rec.*, p. 531.
CJCE, 15 mai 1986, *Johnston,* aff. 222/84, *Rec.*, p. 1651.
CJCE, 30 septembre 1987, *Demirel*, aff. 12/86, *Rec.*, p. 3719.
CJCE, 27 septembre 1988, *Commission/Conseil*, aff. 165/87, *Rec.*, p. 5545.

CJCE, 7 mai 1991, *Nakajima/Conseil*, aff. C-69/89, *Rec.*, p. I -2069.

CJCE, 11 juin 1991, *Commission/Conseil*, aff. C-300/89, *Rec.*, p. I -2867.

CJCE, avis 1/91, du 14 décembre 1991, *Rec.*, p. I -6079.

CJCE, avis 1/92 du 10 avril 1992, *Rec.*, p. I -2821.

CJCE, 7 juillet 1992, *Micheletti e. a.* aff. C-369/90, *Rec.*, p. I -4239.

CJCE, 16 juillet 1992, *Lourenço Dias*, aff. C-343/90, *Rec.*, p. I -4673.

CJCE, avis 2/91 du 19 mars 1993, *Convention n° 170 de l'OIT, Rec.*, p. I -1061.

CJCE, 23 mars 1993, *Weber/Parlement européen*, aff. C-314/91, *Rec.*, p. I -1093.

CJCE, avis 1/94 du 15 novembre 1994, *Rec.*, p. I -5267.

CJCE, avis 2/94, du 28 mars 1996, *Rec.*, p. I -1759.

CJCE, 10 septembre 1996, *Commission/Royaume-Uni*, aff. C-222/94, *Rec.*, p. I -4025.

CJCE, 3 décembre 1996, *Portugal c/ Conseil*, aff. C-268/94, *Rec.*, p. I- 6177.

CJCE, 10 mars 1998, *Allemagne /Conseil*, aff. C-122/95, *Rec.*, p. I -993.

CJCE, 2 avril 1998, *Outokumpu,* aff. C-213/96, *Rec.*, p. I - 1777.

CJCE, 16 juin 1998, *Racke,* aff. C-162/96, *Rec.*, p. I - 3655.

CJCE 20 septembre 1998, *Commission/Danemark*, aff. 302/86, *Rec.*, p. 4607.

CJCE, 19 novembre 1998, *Royaume-Uni/Conseil*, aff. C-150/94, *Rec.*, p. I -7235.

CJCE, 20 février 2001, *The Queen,* aff. C-192/99, *Rec.*, p. I -1237.

CJCE, 25 juillet 2002, *Union Pequenos Agricultores c/ Conseil*, aff. C-50/00 P *Rec.*, p. I -6677.

CJCE, 5 novembre 2002, *Commission/Danemark*, aff. C-467/98, *Rec.*, p. I -9519.
CJEC, 11 février 2003, *Gözütok et Brügge*, C- 187/01 et C-385/01, *Rec.*, p. I -1345.
CJCE, 11 septembre 2003, *Safalero*, aff. C-13/01, *Rec.*, p. I -8679.
CJCE, 18 mars 2004, *Siemens et ARGE Telekom*, aff. C-314/01, *Rec.*, p. I -2549.
CJCE, 15 juillet 2004, *Syndicat professionnel coordination des pêcheurs de l'étang de Berre et de la région/EDF*, aff. C-213/03, *Rec.*, p. I -7357.
CJCE, 15 mars 2005, *Espagne/Eurojust*, aff. C-160/03, *Rec.*, p. I -2077.
CJCE, 13 septembre 2005, *Commission c/ Conseil*, aff. C-176/03, *Rec.*, p. I -7879.
CJCE, 10 janvier 2006, *IATA et ELFAA*, aff. C-344/04, *Rec.*, p. I -403.
CJCE, avis 1/03 du 7 février 2006, *Rec.*, p. I -1145.
CJCE, 30 mai 2006, *MOX*, aff. C-459/03, *Rec.*, p. I -4635.
CJCE, 13 juillet 2006, *Reisch Montage*, aff. C-103/05, *Rec.*, p. I -6827.
CJCE, 28 novembre 2006, *Parlement/Conseil*, C-413/04, *Rec.*, p. I -11221.
CJCE, 28 septembre 2006, *van Straaten*, aff. C-150/05, *Rec.*, p. I -9327.
CJCE, 14 décembre 2006, *ASML*, aff. C-283/05, *Rec.*, p. I -12041.
CJCE, 18 janvier 2007, *PKK et KNK a. c / Conseil*, aff. C-229/05 P, *Rec.*, p. I -439.
CJCE, 27 février 2007, *Segi e.a./Conseil*, aff. C-355/04 P, *Rec.*, p. I -1657.
CJCE, du 3 mai 2007, *Advocaten voor de Wereld* aff. C-303/05, *Rec.*, p. I -3633.

CJCE, 23 octobre 2007, *Commission/Conseil*, aff. C-440/05, *Rec.*, p. I -9097.
CJCE, 23 octobre 2007, *Parlement/Commission*, aff. C-403/05, *Rec.*, p. I -9045.
CJCE, 18 décembre 2007, *Royaume-Uni c/ Conseil de l'Union*, aff. C-137/05, *Rec.*, p. I -11593.
CJCE, 20 mai 2008, *Commission/Conseil*, aff. C-91/05, *Rec.*, p. I -3651.
CJCE, 11 juillet 2008, *Rinau,* aff. C-195/08 PPU, *Rec.*, p. I -5271.
CJCE, 3 septembre 2008, *Kadi et Al Barakaat*, aff. jtes, C-402/05 P et C-415/05 P, *Rec.*, p. I -6351.
CJCE, 9 septembre 2008, *FIAMM e. a.*, aff. C-120/06 P et C-121/06 P, *Rec.*, p. I -6513.
CJCE, 6 novembre 2008, *Parlement/Conseil*, aff. C-155/07, *Rec.*, p. I -8103.
CJCE, 1er décembre 2008, *Leymann et Pustovarov,* aff. C-388/08 PPU, *Rec.*, p. I -8993.
CJCE, 19 février 2009, *Soysal et Savalti*, aff. C-228/06, *Rec.*, p. I -1031.
CJCE, 16 juillet 2009, *Mono Car Styling*, aff. C-12/08, *Rec.*, p. I -6653.
CJCE, avis 1/08, du 30 novembre 2009, *GATS*, *Rec.*, p. I - 11129.
CJUE, 3 décembre 2009, *Faraj Hassan,* aff. C-399/06 P et C-403/06 P, *Rec.*, p. I -11393.
CJUE, 26 janvier 2010, *Internationaler Hilfsfonds/Commission*, aff. C-362/08 P, *Rec.*, p. I -669.
CJUE, 4 mars 2010, *Chakroun*, aff. C-578/08, *Rec.*, p. I - 1839.
CJUE, avis 1/09, du 8 mars 2010, *Rec.*, p. I -1137.
CJUE, 29 avril 2010, *M. e. a.*, aff. C-340/08, *Rec.*, p. I - 3913.

CJUE, 29 juin 2010, *E et F*, aff. C-550/09, *Rec.,* p. I-6213.
CJUE, 1er juillet 2010, *Speranza*, aff. C-35/09, *Rec.,* p. I -6581.
CJUE, 6 juillet 2010, *Monsanto Technology*, aff. C-428/08, *Rec.,* p. I -6765.
CJUE, 8 septembre 2010, *Winner Wetten,* aff. C-409/06, *Rec.,* p. I -8015.
CJUE, 21 octobre 2010, *Eredics et Sápi*, aff. C-205/09, *Rec.,* p. 10231.
CJUE, 21 octobre 2010, *B,* aff. C-306/09, *Rec.,* p. I -10341.
CJUE, 28 octobre 2010, *Commission/Lituanie*, aff. C-350/08, *Rec.,* p. I -10525.
CJUE, 9 novembre 2010, *B et D*, aff. jtes. C-57/09 et C-101/09, *Rec.,* p. I -10979.
CJUE, 23 novembre 2010, *Tsakouridis,* aff. C-145/09, *Rec.,* p. I -11979.
CJUE, 7 décembre 2010, *Pammer et Hotel Alpenhof*, aff. C-585/08 et C-144/09, *Rec.,* p. I -12527.
CJUE, 21 juillet 2011, *Oguz*, aff. C-186/10, *Rec.,* p. I -6957.
CJUE, 15 septembre 2011, *Commission/Slovaquie*, aff. C-264/09, *Rec.,* p. I -8065.
CJUE, 21 décembre 2011, *Afrasiabi e. a.* aff. C-72/11, p. I -14285.
CJUE, 13 mars 2012, *Melli Bank/Conseil*, aff. C-380/09 P, publié (e) au Recueil numérique.
CJUE, ord. du 18 avril 2012, *Royaume-Uni/Commission,* aff. C-656/11 R, publié (e) au Recueil numérique.
CJUE, 26 juin 2012, *Pologne/Commission*, aff. C-336/09P, publié (e) au Recueil numérique.
CJUE, 28 juin 2012, *West*, aff. C-192/12 PPU, *Rec.*, p. I -404.

CJUE, 19 juillet 2012, *Parlement européen/Conseil*, aff. C-130/10, publié (e) au Recueil numérique.
CJUE, 11 avril 2013, *HK Danmrk*, aff. C-335/11 et 337/11, publié (e) au Recueil numérique.
CJUE, 19 juillet 2016, *H/Conseil de l'Union e.a*, aff. C-455/14 P, publié (e) au Recueil numérique.
CJUE, 25 juin 2020, *Centre satellitaire / KF, Conseil de l'Union,* aff. C-14/19 P, non encore publié (e).
CJUE, 16 juillet 2020, *Schrems II*, aff. C-311/18, *Rec.*, p. I -559.
CJUE, 6 octobre 2020, *Privacy International,* aff. C-623/17, *Rec.*, p. I -790.
CJUE, 6 octobre 2020, *Bank Refah Kargaran / Conseil,* aff. C-134/19 P, non encore publié (e).
CJUE, 22 juin 2021, *Venezuela / Conseil*, aff. C-872/19 P, non encore publié (e).
CJUE, 16 novembre 2021, *Governor of Cloverhill Prison e.a,* aff. C-479/21 PPU, non encore publié (e).

2. – Tribunal

TPICE, ord. du 28 juin 2005, *Eridania Sadam e. a./Commission*, aff. T-386/04, *Rec.*, p. II-2531.

TPICE, 21 septembre 2005, *AlBarakaat International Foundation* aff. T-306/01, *Rec.,* p. II-3533.

TPICE, 21 septembre 2005, *Kadi /Conseil et Commission*, aff. T-315/01, *Rec.,* p. II-3649.

TPICE, ord. du 18 novembre 2005, *Selmani/Conseil et Commission*, aff. T-299/04 *Rec.,* p. II-20.

TPICE, 15 mars 2006, *Italie/Commission*, aff. T-226/04, *Rec.,* p. II-29.

TPICE, 12 octobre 2007, *Pergan Hilfsstoffe für industrielle Prozesse*, aff. T-474/04, *Rec.* p. II-4225.

TPICE, 23 octobre 2008, *People's Mojahedin Organization of Iran*, aff. T-256/07, *Rec.,* p. II-3019.

T., 30 septembre 2010, *Kadi/Commission*, aff. T-85/09, *Rec.*, p. II-5177.

T., 7 décembre 2010, *Sofiane Fahas/Conseil*, T-49/07, *Rec.,* p. II-5555.

T., 23 novembre 2011, *Sison/Conseil*, aff. T-341/07, *Rec.,* p. II-7915.

Index alphabétique des matières

(Les chiffres renvoient aux numéros des pages)

A

B

C

R

S

Table des matières

DEUXIÈME PARTIE

Structures éditoriales du groupe L'Harmattan

L'Harmattan Italie
Via degli Artisti, 15
10124 Torino
harmattan.italia@gmail.com

L'Harmattan Hongrie
Kossuth l. u. 14-16.
1053 Budapest
harmattan@harmattan.hu

L'Harmattan Sénégal
10 VDN en face Mermoz
BP 45034 Dakar-Fann
senharmattan@gmail.com

L'Harmattan Cameroun
TSINGA/FECAFOOT
BP 11486 Yaoundé
inkoukam@gmail.com

L'Harmattan Burkina Faso
Achille Somé – tengnule@hotmail.fr

L'Harmattan Guinée
Almamya, rue KA 028 OKB Agency
BP 3470 Conakry
harmattanguinee@yahoo.fr

L'Harmattan RDC
185, avenue Nyangwe
Commune de Lingwala – Kinshasa
matangilamusadila@yahoo.fr

L'Harmattan Congo
219, avenue Nelson Mandela
BP 2874 Brazzaville
harmattan.congo@yahoo.fr

L'Harmattan Mali
ACI 2000 - Immeuble Mgr Jean Marie Cisse
Bureau 10
BP 145 Bamako-Mali
mali@harmattan.fr

L'Harmattan Togo
Djidjole – Lomé
Maison Amela
face EPP BATOME
ddamela@aol.com

L'Harmattan Côte d'Ivoire
Résidence Karl – Cité des Arts
Abidjan-Cocody
03 BP 1588 Abidjan
espace_harmattan.ci@hotmail.fr

Nos librairies en France

Librairie internationale
16, rue des Écoles
75005 Paris
librairie.internationale@harmattan.fr
01 40 46 79 11
www.librairieharmattan.com

Librairie des savoirs
21, rue des Écoles
75005 Paris
librairie.sh@harmattan.fr
01 46 34 13 71
www.librairieharmattansh.com

Librairie Le Lucernaire
53, rue Notre-Dame-des-Champs
75006 Paris
librairie@lucernaire.fr
01 42 22 67 13

www.ingramcontent.com/pod-product-compliance
Lightning Source LLC
LaVergne TN
LVHW011444061026
849535LV00004BA/943
* 9 7 8 2 1 4 0 4 8 5 2 2 0 *